sapientia
サピエンティア 47

朝鮮の対日外交戦略

日清戦争前夜 一八七六―一八九三

조선의 대일외교전략

李穂枝［著］

法政大学出版局

朝鮮の対日外交戦略／目次

凡例

・旧漢字は基本的に常用漢字に改めたが、一部の書籍のタイトルはそのまま旧字を使った。
・朝鮮の首都である漢城《ハンソン》を本書ではすべてソウルと表記した。ただし、史料を直接引用する際には元の史料の表記にしたがった。
・日付表記原則
第三章を除いて、すべて西暦で統一し、必要な箇所に陰暦を併記した。なお、陰暦の年度は元の資料の年号を表記した。

第三章は、引用史料がすべて韓国や中国のものであるため、陰暦表記で全体を統一し、必要な箇所だけ西暦を併記した。
・日本外交文書および外務省記録の和文の句読点はすべて引用者によるものである。漢文には句読点がついているので、そのままにしたがった。
・韓国、中国の漢文史料で句読点のあるものは原文どおり引用し、句読点のついていないものには引用者が句読点をつけ、その旨注に明記した。
・韓国語の出典は、日本語訳を（　）に付記した。
・特に断らないかぎり、訳文は筆者による。

序章　問題提起と本書の課題

第一節　問題の所在

本書は日朝修好条規締結（一八七六年）から日清戦争直前（一八九三年）まで、朝鮮が清との宗属（宗主国と属邦）関係をいかに活用しつつ対日外交を展開していったかを、戦略的な事大主義政策[1]という概念を用いて分析することで、朝鮮の主体的外交の様相を明らかにしようとするものである。

なぜ朝鮮の主体的な外交を明らかにしようとするのか。それは一九世紀後半の日朝関係史や東アジア国際関係史において、朝鮮を独自の主体と捉える視点に欠ける傾向があったからである。日朝関係史研究では日本の対朝鮮政策は詳細に検討されてきたが、朝鮮の動きは看過されがちであった。一方、当時の朝鮮に大きな影響力を及ぼしたとされる清には関心が向けられてきた。

こうした傾向は、東アジアの状況と深く関わっている。古代以来東アジアは、中国を中心とする華夷秩序が支配する世界であった。華夷秩序は、古代中国人が文明の発達した中国を華あるいは中華とし、周辺の文明の遅れた異民族を夷とした、上下優劣関係に基づくもので、宗主国の中国と属邦である周辺国との「宗属」関係で具現されていた(2)。

この宗属関係は上下関係ではあるものの、中国が属邦を力で支配するものではなかった。属邦から中国皇帝に定期的に貢物を捧げる朝貢と、属邦の首長が中国皇帝によって王に封ぜられる冊封という朝貢冊封体制によって運営されており、このような儀礼的な関係のもと、宗主国が属邦の内政に関与することはなかったのである。

朝鮮と清国の宗属関係は「事大字小」、すなわち大きいものに仕えて、小さいものを慈しむという原理に基づいて維持されてきた(3)。朝鮮ではこのような清国との関係を「事大」関係と称し、清国に対して事大政策をとってきたのである。

一方、日本は華夷秩序の外に位置しており、清国とは宗属関係ではなく、交易のみ行う「互市」関係であった。また、日本と朝鮮は、隣国どうしの対等な交流を意味する「交隣」関係にあった(4)。そこで、朝鮮の対外関係を事大交隣関係と呼ぶ。

このような事大交隣関係は、一九世紀後半、欧米との遭遇が東アジアにも影響を及ぼすようになると、次第に変化する。華夷秩序の維持に危機感を覚えた清国は、名目に過ぎなかった従来の宗属関係を実際的なものへと変え、朝鮮に対し干渉を強めるようになった。その過程で、清国は相当の圧力をかけて朝鮮の外交を牛耳ったというのが一九世紀後半の朝鮮外交に対する一般的な認識であった。

したがって、日朝関係を論じる際にも朝鮮側の動向に注目するより、その背後にある清国の動向を分析する研究が多かった。その結果、日朝関係史といっても、朝鮮をめぐる日清関係を究明することに重点が置かれてきたのである。そうした傾向を受けて最近まで、一九世紀末に日本と清国は朝鮮をめぐって争い、それが日清戦争の原因だったとする論調がずっと続いていた。しかし近年は逆に、日清両国は朝鮮に関して協調路線を守っていたので、日清戦争は必然の産物とは言えないという説が主流となっている(5)。

いずれの見方も日清両国に焦点を当てて検討しているため、対日外交における朝鮮側の意図や主体的な動きは見過ごされ、とりわけ朝鮮に対する清の宗主権が強まる天津条約(一八八五年)以降は軽視されている。しかし、果たして朝鮮は単に清の属邦として受動的に外交を展開するだけだったのであろうか。朝鮮政府がどのような意図で主体として対外政策に臨んでいたかを考察することで、朝鮮が日朝外交に及ぼした影響が浮き彫りになると思われる。

無論、朝鮮の自主的な動向に注目する研究がなかったわけではない。たとえば、朝鮮が清国と宗属関係にありながらも朝清関係において自主的な外交を行おうとしたことを明らかにした研究がある(6)。本書はそれら先行研究とは異なり、日朝関係を研究対象とする。日朝関係に注目するのは、日本が華夷秩序の外にあるため、対清外交とは違って、朝鮮は対日外交でいっそう自律性を発揮できたと考えるからである。条約で結ばれた日朝関係には、公式には清の直接的な干渉が及ばない領域が存在したため、朝鮮の主体的な外交の様子をより明確に見いだすことができると考える。

その際、清国という要因を日朝関係における変数として扱うが、本書の清国の捉え方は、従来の研究とは異なる。本書では、朝鮮が清国の影響力を対外関係に戦略的に活用した面があったと考える。それを本書では戦略的な事大主義政策と呼び、対日外交においてそれをどう展開していったのかを考察する。さらに、日本が朝清の宗属関係をどう認識し、いかに活用したかにも注目したい。この視点が本書の特徴であり、これらの分析を通して日清戦争へ向かう過程について新たな視座を提供できるのではないかと思われる。

さて、本書では一八七六〜一八九三年を研究の対象期間としている。一八七六年を起点としたのは、この年に朝鮮は日朝修好条規を結び、これを契機として次第に万国公法の外交体制のなかに編入されていったからである。朝鮮はそれ以前に条約に基づく外交を経験したことはなく、日朝修好条規によってはじめてそれを経験することになるのである。

そして終点を一八九三年に定めたのは、日清戦争が勃発する前年だからである。清国は日清戦争に敗北して宗主国の地位を失ったことで、その後の朝鮮外交に介入する名目も失った。つまり、本書の時期設定は、朝鮮に対する清の宗主国としての影響力が公式的に有効であった時期ということになる。

以下各章では、日朝の具体的な外交交渉を事例として検討していく。また、朝鮮のみならず、日本も戦略的に清を使ったことを明らかにし、終章では、戦略的な事大主義政策の射程についてまとめることにしたい。

第二節　先行研究の検討

1．日朝関係史の研究

一九世紀後半の東アジアを取り巻く国際情勢まで視野に入れた、日朝関係史の最も古典的な研究は、一九四〇年に刊行された田保橋潔の『近代日鮮関係の研究』である。(7) 近代朝鮮の政情について詳細に考察し、日朝修好条規から日清戦争に至るまで膨大な史料を駆使して丁寧に検討した優れた著作である。田保橋は、「朝鮮を中心とした極東国際政治史を、日清韓三国政府記録に拠って論述すること」と、「以上の三国政府記録文書を校訂編纂して、印刷にすること」を目的としたという。(8) それだけに同書は研究書としても史料としても高い価値を有する。引用史料が多いことは言うまでもなく、朝鮮内部の動向を緻密に検討した面でも、他の追随を許さないと言えよう。

ただし、膨大な史料を用い日中韓三国の動向を網羅しているため、朝鮮の内政に言及しているものの、朝鮮の動向はむしろ目立たない感がある。また、朝鮮がいかに主体的な外交を展開していったかという面は十分に追究されていない。田保橋のいう「朝鮮を中心とした極東国際政治史」とは、朝鮮を取り巻く日清関係、言い換えると日清が展開した対朝鮮外交を詳細に分析した研究であった。近代的な外交関係を図る日本と、旧来の宗属関係に依拠する清国が、朝鮮をめぐって角逐する状況では朝鮮の政治は受動的に捉えられ、戦略的に外交を行ったとはみなされなかったのである。(9)

朝鮮をめぐる日清関係という視座は、それ以降の日朝関係史研究でも同様であった。第一節でも触れたとおり、従来は日清の対立・競争関係と捉えてきたが、近年の高橋秀直の研究によって朝鮮をめぐって協調路線が働いたという見解が示された[10]。高橋は日本の対朝鮮政策には穏健路線と強硬路線があったが、政府は伊藤博文らの穏健路線をとったこと、それは清と協調して東アジアの安定を保とうとしたためであることを説明した。しかし、高橋の研究は一九世紀末の東アジアに対する理解を深めたのはもちろん事実だが、日清だけを分析の対象としているため、朝鮮が国際関係のなかでいかなる思想のもと動いたかはわかりづらい[11]。朝鮮の戦略が日朝関係や日本の対朝鮮政策に、ひいては日清関係に及ぼした影響を視野に入れることで、この時期をよりいっそう立体的に把握できるのではないかと考える。

2. 朝鮮外交の思想史的研究

本書の対象期間における朝鮮の自主的な動きを明らかにしようとした先行研究にはどのようなものがあるだろうか。

第二次世界大戦後の朝鮮史研究では、朝鮮内部の自主的な動向を明らかにすることが目指された[12]。そこで注目されたのが、甲申政変を起こした金玉均《キムオッキュン》らのいわゆる急進開化派であった。清との宗属関係を清算し、朝鮮の独立を標榜した甲申政変が、自主的な近代を切り開こうとしたと高く評価されたのである。その反面、清との事大関係を前提にし、漸進的な改革を図ろうとした穏健開化派は、主体性のない存在として低い評価が与えられた。

しかし、一九八〇年代に入ると、穏健開化派が再評価されるようになる。その代表的なものとして原田環と趙景達の研究が挙げられる[13]。原田は穏健開化派の代表人物の一人である金允植《キムユンシク》に注目し、彼の外交が当時の国際情勢においてリアリティーを持っていたと評価した。また、趙は、清国との朝貢関係を前提とした穏健開化派の「小国主義[14]」の構想を高く評価し、その後の穏健開化派研究が活発になる端緒を開いた。穏健開化派の構想は甲申政変後の政策にも影響を与えており、朝鮮政府はただ清に圧力をかけられ牛耳られるだけではなかった。こうした視座により穏健開化派に改めて関心が集まるようになったのである。

しかし、甲申政変で急進開化派が没落し、その後の一時期外交を主導した穏健開化派の金允植も政権から遠ざけられてしまったこともあって、開化派の自主的外交の追求に関する研究は、もっぱら思想史分野でなされたが、具体的な外交史分野では対象とされないまま現在に至っている。

3．朝清関係の研究

朝鮮の自主的な外交を具体的に明らかにしようとする研究が、近年一定の蓄積をみせている。それは、主として清国との関係における自主性に光を当てたものである。

まず、朝鮮が自主外交を展開したものの宗主権を強化した清に妨げられる過程を検討した具仙姫の研究[15]と、朝鮮は清国の「属国」でありながらも「自主」国であるという「属国自主」概念の曖昧さに着目し、この緩やかな概念に基づく朝清関係には朝鮮の「自主」の領域があったことを明らかにした岡本隆司の研究がある。[16]そして近年、この「属国自主」の領域で展開した朝鮮の自主外交の内実を、朝鮮内部の動きからより具体的に検討する研究が増えてきた。

たとえば、一八八二年に締結した朝清商民水陸貿易章程を取り上げ、清との関係でどのように「自主」をめざし、朝鮮の利益を追求しようとしたかに焦点を当てたものがある。秋月望や崔蘭英の研究である。[17]

秋月は、朝鮮はあくまでも華夷的な宗属関係に基づいて国の基盤を強固にしようとしたが、その範囲におさまりきらず、万国公法にのっとった関係に踏み出す必然性を内包していたと指摘した。そしてこうした朝鮮の動向に危機感を覚えた清国が、本来は名目的な主従関係に過ぎなかった宗属関係を、直接的で実質的な主従関係に変化させたと分析した。一方、崔は朝鮮が清との宗属関係を維持したとしてもそれが清への従属を意味したわけではないと指摘し、朝鮮は宗属関係を前提としながら万国公法に依拠して外交を展開したと分析した。宗属関係を前提とした外交に着目した点は秋月と同じだが、秋月がその矛盾における限界を指摘したのに対して、崔は朝鮮側が自分たちの提案した内容を清との交渉で実現させたことを明らかにし、対清外交の成果として評価した。

崔は朝清関係における朝鮮の意図に注目したが、本書は日朝関係における朝鮮の意図を一八七六〜九三年の期間で追い、その外交の性格と影響まで視野に入れるものである。

さらに、朝鮮の自主外交の内実を詳細に考察した酒井裕美による一連の研究がある。[18]酒井は、朝鮮が設置した外交機関の統理交渉通商事務衙門に注目しながら、朝鮮の対清政策の実態に迫った。とりわけ朝清商民水陸貿易章程の交渉を綿密に分析し、同章程が以降の朝鮮の外交をどのように規定していくか、それを朝鮮がどのように突破しようとしたかを、関税自主権や最恵国待遇条項を事例に検討した。

朝鮮外交の実態を明らかにする点では本書も酒井の研究に大きな示唆を得た。本書が酒井の研究と異なるのは一八八〇年代後半までをカバーすること、対日外交を扱うこと、清国の捉え方の三つである。これは他の先行研究とも異なる本書の特徴ともいえる。以下、三点について説明する。

第一に、酒井が一八八〇年代前半までの個別事案を中心に朝鮮外交を捉えようとするのに対して、本書では日朝修好条規を締結した一八七六年から日清戦争が勃発する前年の一八九三年までを対象として、日朝関係を中心に朝鮮外交の実態を検討する。周知のように、一八八四年末に起きた甲申政変以降、朝鮮に対する清の影響力が強まったとされ、朝鮮独自の動きについてはこれまで看過されてきた。果たして一八八五年以降の朝鮮はいかなる政情だったのか。第二に、清の宗主権が次第に強まる一八八〇年代の朝鮮外交の主体的な動きを捉えるには、清との関係ではなく、華夷秩序の外の国との関係を分析したほうが、より明確にできるのではなかろうか。第一節で述べたとおり、日本との関係を中心に検討すると、朝鮮外交のより自律的な領域が見えてくると考える。第三に、その際に日朝両国が清国を戦略的に利用する面に注目し、朝鮮外交の主体的な動きとそれが日清朝の三国関係に与えた影響について新たな観点を提供できるものと考える。

4．事例研究

最後に、本書が扱う時期において、朝清関係以外の事例研究について簡単に紹介する。田保橋潔以降、北原スマ子[19]、狐塚裕子[20]、許東賢[21]などによって、修信使や朝士視察団など、これまであまり扱われてこなかった日朝関係の事例研究が進んだ。また、金フンスや吉野誠は田保橋の著書の史料解釈が不十分であることを指摘し、新たな史料を加えて分析している。金は日朝修好条規に至るまでの日朝関係の変化について考察し[22]、吉野は防穀令事件の経緯をより詳細に検討した[23]。

さらに、朝鮮が欧米諸国と結んだ条約に関する研究[24]をはじめ、外交機関（統理交渉通商事務衙門）や海外へ派遣された朝鮮公使に関する研究[25]、駐朝鮮公使や西洋人顧問官などに関する研究も進んできた[26]。これらの研究により、朝鮮の外交担当者や組織に関する理解が深まっている。

このように最近は、日朝修好条規から日清戦争までの時期を網羅したものよりも、個別の事件や事例を取りあげ、それを丁寧に検討する傾向が見て取れる。いずれも朝鮮側の意図や政策に注目して考察する研究であり、当時の朝鮮の対応や外交の実態がより明らかになったと言えよう。

本書では、これらの具体的な事例研究を踏まえたうえで、朝鮮の対日外交をより長い時間軸で追っていくことを課題としたい。それによってこの時期の朝鮮外交の性格と、それが東アジアに与えた影響を浮き彫りにすることができるだろう。

このような問題関心を持つ本書にとって、吉野誠が用いた「戦略的な事大主義」という用語はたいへん示唆に富んだものであった[27]。「戦略的な事大主義政策」とは、壬午軍乱後清国の影響力が強まるなかで金允植、金弘集《キムホンジプ》、魚允中《オユンジュン》等の穏健開化派が目指した「清国との宗属関係の枠組を維持し、洋務派との連携をもとに改革をすすめ」る構想、「積極的に清との連携を強めることによって外圧に対抗しようと」する朝鮮の現実主義的な外交路線を指す(28)。原田や趙が論じた穏健開化派の現実主義路線ないしは小国主義の構想を踏まえた指摘であるが、吉野は、金玉均らの独立党勢力が主導した甲申政変が失敗した後も、朝鮮では「戦略的な事大主義政策」が追求されたとしている(29)。「戦略的な事大主義政策」が実際にどのような展開をみせたかについては、具体的な言及や実証までには至っていないが、この時期の朝鮮外交を把握するうえで重要な手がかりになると考える。

激動の時代のなかで、朝鮮はただ流れに身を任せていたわけではなかった。強まる外圧と国内の混乱に、それなりに「戦略的」な対応をしようと努めた。甲申政変以前はもちろん、その後も、いかなる対応をしたのか。とりわけ、対外関係における戦略的な朝鮮外交とはどのようなものであろうか。果たして戦略的な事大主義政策は、実際に改革を推進し、外圧に抵抗するのに役立ったのか。実際の対外関係においてはどのような効果をもたらしたか。日朝関係にどのような影響を及ぼすのか。検討すべき課題はまだ残されている。

本書は、従来の研究では必ずしも十分に明らかにされてこなかった朝鮮外交の自主的な側面を、政府がそれなりの戦略性をもって展開したとみなし追究しようとするものである。その際に吉野の「戦略的な事大主義政策」という用語を援用し、朝鮮の現実主義外交路線を表す概念として用いる。すなわち、そうした戦略を持って外交を展開する朝鮮の主体的な様相を描こうとするものである。その実態の究明を経て、朝鮮外交の特徴として戦略的な事大主義政策が持つ意味を終章でまとめることにしたい。

第三節　本書の課題と各章の構成

先行研究の成果を踏まえ、本書では以下のような課題を設定し、日朝関係における朝鮮外交を検討する。

第一に、一九世紀後半の朝鮮の主体的な外交を明らかにする。このことは、朝鮮をずっと受け身であり続けた国ではなく、自らの意図や「戦略」を持って外交を行った主体とみることを意味する。朝鮮が展開した現実主義的な外交路線を戦略的な事大主義政策と捉えて、その実態を検証する。朝鮮が実際に行った具体的な外交交渉過程を考察し、その真相に迫ろうとするのが第一の課題である。

第二に、日本との関係を中心に朝鮮外交を検討する。意図や戦略をそなえた、いわゆる「自主」外交に関する研究は最近進んでいる。だが、これらの先行研究は華夷秩序における朝清関係の変化を中心に検討してきたが、本書では日朝関係を軸に考察する。日朝関係を分析の対象とするのは、華夷秩序という清の圧力から自由な空間で朝鮮外交を捉えることができるからである。日朝関係には、朝鮮自身による現実的な対応が表れると考える。

第三に、本書は一八七六年から一八九三年までを分析の対象とする。日朝の新たな関係は、日朝修好条規という条約の締結を出発点とした。従来の事大交隣関係だけではもはや対外関係を維持することが難しくなったと朝鮮が意識するようになったのは、日本と新たな関係が始まったからである。そこで、日朝修好条規の締結から、清国の影響力が公的に有効であった日清戦争勃発前年までを対象に、朝鮮の外交を検討する。

本書では、この期間に朝鮮が直面した問題の解決策を模索するなかで、為政者たちがとった現実的な対応に焦点を当てる。従来の穏健開化派研究で指摘された朝鮮の現実主義路線について、その実態を解明していこうとするものである。ところで、為政者たちは必ずしも近代外交を目指したわけではない。変化する国際情勢に対応するために、朝鮮は万国公法に基づく条約関係を追求する一方で、時には従来の事大関係に頼った外交を展開したからである。

本書はこのような一見矛盾するところにこそ、この時期の朝鮮外交の本質があると考える。これがまさに一九世紀末の激動の時代に朝鮮が生き残るために選択した現実主義路線であり、本書で実証していこうとする戦略的な事大主義政策なのである。朝鮮が日本と新たな関係を結び、展開するなかで戦略的な事大主義政策をいかに取り入れたか、そしてそのような朝鮮の外交が日本に、ひいては東アジア国際関係にどのような影響を及ぼしたかを考えていきたい。

本書は以下の章から構成されている。まず第一章と第二章では、新たな日朝関係の始まりと初期の様相について検討する。第三章と第四章では、朝鮮が戦略的な事大主義政策をとって日朝関係を展開する様子を描く。その延長で第五章と第六章では、清の朝鮮に対する影響力が一層強まる状況における日朝関係を検討する。朝鮮の外交が結果的に日本のどのような対応を引き出したか、そしてそれが東アジアの国際関係に与えた影響について考察する。以下、各章の内容を簡単に紹介する。

第一章では、一八七六年に成立した日朝修好条規以降、実際に朝鮮で起きた変化について検討する。同条規が開港場である釜山にもたらした変化はどのようなものであったか。交隣時代に日朝間の制限的な貿易場所であった倭館の変化に着目し、従来の交隣関係の枠では解決しきれないさまざまな問題が起こり始めたことを明らかにする。そうした問題に朝鮮側が対応していくなかで一八七八年に釜山海関収税事件が起きるが、同事件と翌一八七九年の日朝交渉を、朝鮮の対日外交が変化していく姿を示す事例と捉えて、詳しく見ていく。なお、一八七九年の日朝交渉のうち関税関連の箇所は本書がほぼ初めて明らかにするものである。

第二章では、一八七九年の日朝交渉の際に朝鮮側が提案した関税設定をめぐる交渉の本格的な展開を検討する。具体的には一八八〇年に朝鮮から日本に派遣された第二次修信使が日本で行った関税交渉の様子と、その交渉の続きである一八八一年のソウルでの関税交渉、そしてその後再び日本で開かれた第三次修信使による関税交渉を検討し、この過程で収集した情報が朝鮮の国策に与えた影響と、外交の形式が徐々に変化していく様子を描く。そうして朝鮮側が次第に新たな条約関係上の方法を習得していく過程を考察する。

第三章では、一八八二年に調印された朝米修好通商条約の交渉過程を取り扱う。日本との関税交渉が展開していくなかで、朝鮮政府は協商に有利な位置を占めるためにも、かつ当時の国際情勢に対応するためにも、日本以外の国々とも外交関係を樹立する必要性を痛感するようになった。その一環として進められたのが朝米条約の締結である。この章は日朝関係が中心ではないが、清国という要因が朝鮮外交に登場するきっかけを理解するうえで重要である。朝鮮外交の新たな転機がみられるところであり、その様子が前後の日朝関係と深く関わっている。

なお、先行研究では、朝鮮の条約事務に宗主国である清国が干渉する事例として朝米条約締結の過程を捉える場合が多かったが、この章では朝鮮が進んで同条約を求めていたことに注目する。したがって、清の影響力によって結ばされた条約というより、むしろ朝鮮側が条約締結のために宗主国である清の権威を借りようとした戦略的な側面を明らかにする。朝鮮の戦略的な事大主義政策がうかがえる場面である。

第四章では、朝米条約を根拠に日本に高い輸入関税率を要求しようとした朝鮮政府が、一八八二年の壬午軍乱の後、日本政府と関税交渉の妥結に至る過程を考察する。清国は壬午軍乱の事態を収拾し、その後、朝清商民水陸貿易章程の締結により、朝鮮における優越的な地位を確保した。こうした新たな状況が朝鮮の対日外交に与えた影響と、それに対する朝鮮側の戦略的な対応を中心に交渉過程を検討する。そして、新たな朝鮮の政情に日本側はどう対応してゆくのかについても検討する。以上の考察を通して、以降の日朝外交の展開への手がかりを探る。

関税交渉が一八八三年にようやく妥結した後の一八八四年、朝鮮では独立党の金玉均らが朝鮮を清の束縛から脱却させ、自主独立国家を作ることを標榜して甲申政変を起こした。しかし、甲申政変は結果的には清国軍の鎮圧により幕を閉じた。以後、朝鮮における清国の影響力は一層強まっていくことになる。周知のように、甲申政変の事後処理として結ばれた一八八五年の天津条約以降、一八九四年の日清戦争に至るまでの一〇年間に関して日朝関係史における研究の蓄積は非常に少ないが、本書では電線架設問題と防穀賠償交渉の二つの事例に焦点を当てる。

第五章では、一八八五年に日朝間に起きた電線問題と、その結果である海底電線条約続約の締結までの経緯を検討する。この章では朝鮮が日本との外交問題を解決するために、当時朝鮮で影響力を発揮していた清国をどのように日朝交渉に引き入れようとしたかを、交渉過程を詳しく追っていくなかで明らかにする。また日本側も同様に朝鮮における清の影響力を利用し、対朝鮮外交を有利に展開していこうとする姿を確認する。清国という要因をめぐる日朝間の外交を考察したい。

最後の第六章では、一八八九年に起きた防穀令事件の経緯と、同事件の損害賠償をめぐって日朝間で行われた防穀賠償交渉について検討する。この賠償交渉で日本は清に調停を依頼するが、前章の電線問題とは異なり、清の調停は上手く機能しなかった。その際の日朝外交がいかなる動きをみせたかを考察することが、この章の目的である。

先行研究では賠償交渉の当事者である朝鮮側の動向に関しては、必ずしも充分に検討されてこなかった。この章では朝鮮の対応、とりわけ東京交渉案と、朝鮮に派遣されていた清国の官吏である袁世凱の動向を中心に最後交渉過程を考察し、朝鮮外交の展開が一八九三年の危機を招くようになる過程を追う。その上で、朝鮮の戦略的な外交が日朝清三国関係に与えた影響について考えることとしたい。

なお、本書を執筆するにあたって、多くの史料を利用した。しかし、一九世紀後半の朝鮮外交に関する韓国側の史料は日本の史料と比べて少ない。このころ統理交渉通商事務衙門（以下、統理衙門）という外交を担当する部署があったものの、統理衙門の記録は『日本外交文書』ほど詳細ではなく、各国との往復公文書（当時は「照会」と記述された）を記録したものが大部分である[30]。また、外交に関しては国王の権限が大きく、統理衙門の首長である督弁の決定権が保証されていたわけでもなかった。国王が自分の寵愛する官僚とどのような議論をし、どのような方策を講じたかが、朝鮮外交を知るうえでひじょうに重要だが、それは御前会議とは別の謁見の際に行われることが多く、御前会議の記録である『承政院日記』には載っていない。ごく稀にこのような記録が入手できる場合もあり、たとえば本書第六章で扱う防穀賠償交渉に関しては、高宗《コジョン》と内務督弁の対話が日本の雇った密偵によって日本側に報告され、それが日本外務省記録に残っている。しかし、このように確認できる事例は限られているのである。

したがって、以上のような史料の限界を意識しつつも、朝鮮の動向を考察するために、『承政院日記』『高宗実録』などの王室文書や、『旧韓国外交文書』、そして金允植の『陰晴史』や金弘集・趙秉《チョビョン》鎬《ホ》の「修信使復命」記録、朝士視察団の報告など実務に関わった当事者たちの残した記録を積極的に活用する。さらに日本側の史料や中国、アメリカ、イギリス、フランスの外交史料も用い、朝鮮が当時の国際情勢のなかでどのように現実問題に対応していったのかを考察する。朝鮮から東アジアを俯瞰すると、日本や清国中心の東アジア史とは違った姿が浮かびあがると筆者は考える。本書によって、一九世紀後半の東アジア史に対する理解が深まることを期待したい。

注

（1）戦略的な事大主義政策という用語は、吉野誠『東アジア史のなかの日本と朝鮮』（明石書店、二〇〇四年）で、金允植などの穏健開化派の政策を「戦略的な事大主義政策」と説明している際に用いられたものである（同書、一三〇、一三三頁）が、本書ではそれを援用して、朝鮮の現実主義的な外交路線を表す用語として用いることとする。詳細は「先行研究の検討」にて記述する。

（2）金基赫「19세기 중반기의 동아시아 정세（一九世紀中半期の東アジア情勢）」国史編纂委員会編『한국사（韓国史）』三七、国史編纂委員会、二〇〇三年、一七―一八頁。

（3）宗主国の清国に対して、朝鮮は「事大以礼」の義務を果たして、清国は朝鮮に対して「字小以徳」を行うということである（同前、二〇頁）。「事大字小」の出典については、金成根『朝・清외교관계 변화연구――朝貢・冊封을 중심으로（朝・清外交関係変化研究――朝貢・冊封を中心に）』韓国学術情報、二〇一〇年、三三頁の引用文と同頁の注44、45に詳しい。また、「事大」概念に関する具体的な分析は、全在晟「'사대'의 개념사적 연구（「事大」の概念史的研究）」河英善・孫洌編『근대한국의 사회과학 개념 형성사（近代韓国の社会科学概念形成史）』二、창비、二〇一二年を参照。

（4）華夷秩序の内部に位置していた朝鮮は、大陸と海を隔て華夷秩序の外にある日本とは交隣関係を結んでいた。交隣関係は対等な国同士の関係で、朝鮮は慶祝と弔問のための使節を派遣したり、日本の情勢や情報取得のために不定期に通信使という使節団を派遣するのみであった。それも一九世紀に入ってからはほぼ消滅し、対馬と釜山との貿易関係だけは一九世紀後半まで続いた。

（5）日清戦争必然論の代表的な研究として、中塚明『日清戦争の研究』青木書店、一九六八年。それに対して日清協調路線を唱えたのが高橋秀直『日清戦争への道』東京創元社、一九九五年である。

(6) 酒井裕美などの研究に詳しい。酒井裕美「甲申政変以前における朝清商民水陸貿易章程の運用実態――関連諸章程と楊花津入港問題を中心に」『朝鮮史研究会論文集』第四三集、二〇〇五年、同「開港期の朝鮮外交主体・統理交渉通商事務衙門の対内活動――甲申政変前の外交関連政策を中心に」『一橋社会科学』第二号、二〇〇七年、同「開港期朝鮮の外交主体・統理交渉通商事務衙門に関する一考察――甲申政変前における地方官庁との関係、とくに財政政策を一例として」『朝鮮学報』第二〇四輯、二〇〇七年、同「朝清陸路貿易の改編と中江貿易章程――甲申政変以前朝清関係の一側面」『朝鮮史研究会論文集』第四六集、二〇〇八年、同「開港期朝鮮の関税「自主」をめぐる一考察」『東洋学報』第九一巻第四号、二〇一〇年、同「統理交渉通商事務衙門の構成員分析」『日韓相互認識』第三号、二〇一〇年、同「最恵国待遇をめぐる朝鮮外交の展開過程――朝清商民水陸貿易章程成立以後を中心に」『大阪大学世界言語センター論集』第六号、二〇一一年。秋月望「朝中貿易交渉の経緯――一八八二年、派使駐京問題を中心に」『九州大学東洋史論集』一三、一九八四年、同「朝中間の三貿易章程の締結経緯」『朝鮮学報』第一一五輯、一九八五年。崔蘭英「近代朝鮮の外交政策の一側面――「朝貢関係」と「条約関係」」『朝鮮学報』第一八四輯、二〇〇二年、同「一八八〇年代初頭における朝鮮の対清交渉――「中国朝鮮商民水陸貿易章程」の締結を中心に」『朝鮮学報』第二二六輯、二〇一三年。

(7) 田保橋潔『近代日鮮関係の研究 上・下』朝鮮総督府中枢院、一九四〇年。

(8) 同前上巻、一四頁。

(9) こうした傾向は田保橋以降の日朝関係史研究においてもほぼ同様であった。李瑄根『朝鮮最近政治史』正音社、一九五〇年、中國柱『近代朝鮮政治史研究』博英社、二〇〇四年、白種基『近代韓日交渉史研究』正音社、一九七七年など。

(10) 高橋、前掲『日清戦争への道』。

(11) なお、崔碩莞『日清戦争への道程』吉川弘文館、一九九七年は、日清協調論に対する批判として、清国と開戦するか回避するかは、列強の干渉の可能性を日本政府がいかに判断するかにより変わると指摘し、清や欧米列強の動向と関連づけて日本の対外政策を究明した。朝鮮の動向と関連づけた分析ではない。

(12) 従来は甲申政変を起こした金玉均らを親日派と見なし、甲申政変や開化派はあまり評価されてこなかったが、戦後の北朝鮮の朝鮮史研究では、それが朝鮮の主体的な動向を示すものとして高く評価されるようになった。代表的なものとして、김희일「갑신 정변의 력사적 지위(甲申政変の歴史的地位)」사회과학원 력사연구소(社会科学院歴史研究所)編『김옥균(金玉均)』平壌:社会科学院出版社、一九六四年。日本や韓国では開化派と開化思想に注目し、朝鮮の主体的な動きを開化運動を通して究明する研究が行われた。とりわけ、その開化思想を朝鮮時代に遡って、実学思想から開化思想へつながる過程を検討し、やがて甲申政変や独立協会運動として表出するとしたのが、姜在彦『朝鮮の開化思想』岩波書店、一九八〇年である。

(13) 原田環「一八八〇年前半の閔氏政権と金允植——対外政策を中心にして」『朝鮮史研究会論文集』第二二集、一九八五年、趙景達「朝鮮における大国主義と小国主義の相克——初期開化派の思想」『朝鮮史研究会論文集』第二二集、一九八五年。

(14) 趙、前掲論文。趙景達は急進開化派と穏健開化派をそれぞれ変法的開化派と改良的開化派という用語で表現している。趙によると、甲申政変の失敗後、変法的開化派も大国志向型ナショナリズムから諸列強の勢力均衡を利用することによって小国として自立する方向を模索するようになったという(七五頁)。さらに、改良的開化派は、儒教型理想主義に立脚しつつ、富国策を優先し強兵策を猶予するという小国主義を目指したと指摘した(八一頁)。

(15) 具仙姫『韓国近代対清政策史研究』혜안、一九九九年。

(16) 岡本隆司『属国と自主のあいだ——近代清韓関係と東アジアの命運』名古屋大学出版会、二〇〇四年。

(17) 注6の秋月、崔の研究を参照されたい。

(18) 注6の酒井の研究を参照されたい。

(19) 北原スマ子「第三次修信使の派遣と「日朝通商章程」の改定・課税交渉」『朝鮮学報』第一九二輯、二〇〇四年。

(20) 狐塚裕子「一八八一年朝鮮朝士視察団(紳士遊覧団)の日本派遣——日本側から見た派遣経緯」『清泉女子

大学紀要』五一、二〇〇三年、同「一八八一年朝鮮朝士視察団（紳士遊覧団）の来日（一）——外務省の対応を中心に」『清泉女子大学紀要』五六、二〇〇八年、同「一八八一年朝鮮朝士視察団（紳士遊覧団）の釜山集結と新聞報道」『清泉女子大学人文科学研究所紀要』二九、二〇〇八年、同「一八八一年朝鮮朝士視察団（紳士遊覧団）の来日（二）——朝士の視察状況を中心に」『清泉女子大学紀要』五七、二〇〇九年。

(21) 許東賢「1881年朝鮮朝士日本視察団에 관한 一研究——〝聞見事件類〟와《随聞録》을 중심으로（一八八一年朝鮮朝士日本視察団に関する一研究——〝聞見事件類〟と《随聞録》を中心に）」『韓国史研究』五二、一九八六年。同『近代韓日関係史研究——조사시찰단의 일본관과 국가구상（朝士視察団の日本観と国家構想）』国学資料院、二〇〇〇年。

(22) 김흥수『한일관계의 근대적 개편 과정（韓日関係の近代的改編過程）』서울大学校出版文化院、二〇〇九年。

(23) 吉野誠「咸鏡道防穀令事件——賠償請求案の検討」『東海大学紀要文学部』第六六輯、一九九六年。同「咸鏡道防穀令事件——事件の発生」『朝鮮文化研究』五、一九九八年。同「防穀令事件の外交交渉——賠償請求から大石・趙交渉の停頓まで」『東海大学紀要文学部』第八八輯、二〇〇七年、同「防穀令事件の外交交渉——最後通告から妥結まで」『東海大学紀要文学部』第一〇〇輯、二〇一三年など。

(24) 代表的なものとして、한승훈「조영조약（1883.11）과 불평등조약체제의 재성립（朝英条約（一八八三・一一）と不平等条約体制の再成立）」『韓国史研究』一三五、二〇〇六年。

(25) 酒井、前掲「統理交渉通商事務衙門の構成員分析」。森万佑子「朝鮮政府の駐津大員の派遣（一八八三—一八八六）」『史学雑誌』第一二二編第二号、二〇一三年、同「朝鮮近代の外交実務担当者に関する基礎的研究——「統理交渉通商事務衙門続章程」制定に着目して」『東京大学アジア地域文化研究』第九号、二〇一三年。韓哲昊「개화기（1887-1894）주일조선공사의 파견과 활동（開化期（一八八七—一八九四）駐日朝鮮公使の派遣と活動）」『韓国文化』二七、二〇〇一年。金壽岩「韓国의（の）近代外交制度 研究——外交官署와（と）常駐使節을 중심으로（を中心に）」서울（ソウル）大学校外交学科博士論文、二〇〇〇年。

(26) 金賢淑「구한말 고문관 데니（O. N. Denny: 徳尼）의 반청외교활동의 성격과 경제개방정책（旧韓末顧問

官デニー（O. N. Denny: 徳尼）の反清外交活動の性格と経済開放政策）」『梨大史苑』第二九集、一九九六年、同「구한말 고문관 데니의『청한론』분석（旧韓末顧問官デニーの『清韓論』分析）」『梨花史学研究』第二三―二四号、一九九七年。孫湞淑『韓国近代駐韓美国公使研究（一八八三―一九〇五）』韓国史学、二〇〇五年。

(27) 吉野、前掲『東アジア史のなかの日本と朝鮮』二三〇、二三三頁。

(28) 同前、二三〇頁。

(29) 同前、二三三頁。

(30) 高麗大学校亜細亜問題研究所編『旧韓国外交関係附属文書　第五巻「統署日記」』高麗大学校出版部、一九七三年。

第一章　新たな日朝関係の開幕

はじめに

一八七六年二月、朝鮮は日本と修好条規を結び、釜山を開港した。それによって釜山の社会は大きく変貌する。両国の貿易は従来、朝鮮官吏の統制と監視のもと釜山の草梁《チョリャン》倭館において限られた人々のあいだで行われていたが、それが広く一般に開放されたため、これまでの外交の枠組みでは解決しきれないさまざまな問題が生じた。朝鮮政府はその対応に追われることになる。こうした事例の一つとして、本章では一八七八年に起きた釜山海関収税事件とその後の両国の交渉を取り上げ、日朝外交について考察する。(1)

釜山海関収税事件とは、朝鮮政府が釜山豆毛鎮《トゥモジン》に海関（税関）を設置して日本と貿易を行う朝鮮人商人に税を課したものの、日本側の抗議を受けて撤回したことを指す。しかしこの事件をきっかけに、それまで無関税だった日朝両国は、関税を制定するために交渉を始める。

この収税事件と関税交渉は、朝鮮の関税自主権の回復という視点から、これまでも注目されてきたテーマである。代表的なものとして金敬泰、崔泰鎬、夫貞愛の研究がある(2)。金敬泰は、不平等な日朝修好条規の改正という視角から収税事件と関税交渉を扱った。崔泰鎬は主に関税問題に焦点を当ててその制度面を検討し、部分的でありながらも朝鮮が関税権を回復したことを評価した。夫貞愛は朝鮮海関の設立史にかんがみて、朝鮮の関税権回復を評価した。

次に、関税交渉における朝鮮側の意図や戦略に注目した研究がある。酒井裕美は主に関税自主権における「自主」の内容に着目し、その実態について考察した(3)。北原スマ子は日朝関税交渉のうち、特に第三次修信使の日本での活躍を詳細に分析し(4)、朝鮮側の交渉戦略を明らかにした。

さらに日朝修好条規以降、変化しつづける釜山という文脈に収税事件を位置づけ、その背景や経緯を詳細に検討した相沙希子と朴漢珉の研究がある(5)。相は修好条規締結後の釜山の日本人居留地についで考察し、そこで起きた軋轢の事例として収税事件を検討した。とりわけ日本側の状況を詳細に分析している。朴は修好条規以降の朝鮮で貿易構造がいかに変化したかに着目し、朝鮮政府が課税を実施した背景を読み解いた。そのうえで、収税事件の翌年に開かれた日朝交渉について詳しく検討し、日朝修好条規以降の日朝外交初期の様相を明らかにした。

本章はこれらの先行研究を踏まえ、特に朴漢珉・相沙希子の研究と同様の視点を持つものである。

すなわち、初期の日朝外交を考察するために、日朝修好条規によって朝鮮国内にどのような変化が起こったのかにまず注目する。そしてその延長線上に収税事件を位置づけ、事件をきっかけに始まった交渉を検討し、当時の朝鮮外交の様子を探究する。ただし、本章では朴・相の研究とは異なり、日本との外交関係が変化していく過程に焦点を絞りたい。そうすることによってこの時期の朝鮮外交の様相がより鮮明に浮かびあがると思われる。

第一節　釜山草梁倭館の変化

1. 日朝修好条規の内容

一八七六年二月、日朝修好条規が締結された。日本政府にとってこの条規は、従来対馬藩が担ってきた朝鮮との外交関係を、外務省が担当する国対国の関係に変えようとしたものであった。しかし、朝鮮政府はこの修好条規を、新しい関係へ変化するものではなく、従来の延長線上で捉えていた(6)。つまり、交隣関係という文脈で条約の締結を承認したのである。それには理由があった。

当時の朝鮮は国王・高宗《コジョン》の生父である興宣大院君《フンソンデウォングン》（名は李昰應《イハウン》、大院君《テオォングン》とは国王の生父の呼称。以下、大院君と表記）の執権（一八六四～一八七三）が終わり、高宗が親政を始めてまもなくの時期であった。鎖国政策を堅持した大院君から一転して、高宗と一部の官僚たちは先代の頃から数度も修交を求めてきた日本との関係改善を図ろうとした。日本は一八七四年に台湾へ出兵しており、今度は朝鮮のようだという情報はすでに清国から朝鮮に伝わっていた。日本の軍艦が朝鮮近海で軍事力を誇示することもあった。このような状況のなか朝鮮政府は、日本との修交問題を解決して関係を改善しようとしたのである。しかし国内では日本と西洋を同一視する「倭洋一体論」を唱え、日本との条約締結に反対する勢力からの上疏が相次いでいた。

そうしたなか、日本との和平を図るために条約を締結させようとする勢力が名分としたのが、一八七六年二月二二日（高宗一三年一月二八日）付の尹到賢《ユンチヒョン》の上疏文である。(7) 尹は「倭（日本）は西洋とは違い、三〇〇年ものあいだわが国の交隣国」だったと強調し、今回の日本の要求は従来の関係の回復を目的としているのだから受け入れるべきだと主張した。高宗も尹の意見に大いに賛同し、条約の締結を支持した。こうして「倭洋分離論」に基づき、日本との外交関係を承認する方針が決まったのである。

以上のように、朝鮮にとって修好条規とは、従来の関係を回復するという意味があった。しかし、修好条規は当然ながら、かつての枠組みを越える内容も含んでいた。外交の相手が対馬藩から、日本という国家になったからである。具体的な例をあげると、対馬藩との貿易場所であった釜山の草梁倭館の性格が変化した。朝鮮側の統制と監視の対象であった倭館が開放され、日朝両国民の自由な往来と取引が可能になっただけでなく、その他の許可の出た地域でも両国民による商取引ができるようになった。

以下、一八七六年二月二六日（高宗一三年二月二日）に両国が決定した日朝修好条規（全一二款）の内容をみながら、外交関係が具体的にどう変わっていったかを検討する。最も顕著な変化は釜山の草梁倭館にみることができる。修好条規の第四款と第九款によると、

第四款　朝鮮国釜山ノ草梁項ニハ日本公館アリテ年来両国人民通商ノ地タリ。今ヨリ従前ノ慣例及歳遣船等ノ事ヲ改革シ、今般新立セル条款ヲ憑準トナシ、貿易事務ヲ措弁スヘシ。

第九款　両国既ニ通好ヲ経タリ。彼此ノ人民各自己ノ意見ニ任セ貿易セシムヘシ。両国官吏毫モ之レニ関係スル事ナシ。又貿易ノ限制ヲ立テ、或ハ禁沮スルヲ得ス。(8)

とある。また、修好条規の締結から六カ月後の一八七六年八月二四日（高宗一三年七月六日）に調印された日朝修好条規附録の第三款では、

第三款　釜山草梁項日本公館ニハ従前同国政府ヨリ守門設門ヲ設ケシカ、今後之ヲ廃撤シ一ニ新定ノ程限ニ依リ標ヲ界上ニ立ツヘシ。(9)

と定めた。この三つの条款からわかるように、日朝修好条規及び附録は従来の慣例を廃止し、官吏の干渉を排除して両国民が自由に貿易に従事できると明記している。また、日本公館の守門、すなわち城壁を撤去することにも合意した。

日本公館とは、「倭館」を指す(10)。元来倭館は、一五世紀に朝鮮政府が日本人との交易と接待などのために設置した官舎であった。最初は東萊釜山浦《トンネプサンポ》、乃而浦《ネイポ》、鹽浦《ヨンポ》の三カ所に設置されたが、一五一〇年に日本人居住者による暴動事件・三浦倭乱が起こってから、釜山だけとなった。倭館は一六七八年に釜山の草梁に移され、一八七六年に日朝修好条規が締結されるまで存続した(11)。そして、対日貿易の唯一の足場であったこの草梁倭館が大きく性質を変えた。守門の撤去によって、従来の閉鎖的な場所が両国民に開放されたからである。

しかし、朝鮮側は守門の撤去に最初から同意したわけではなかった。日朝修好条規をめぐる朝鮮側の交渉担当者であった申櫶《シンホン》が交渉の経緯を記録した『沁行日記《シムヘンイルギ》』(12)によると、倭館の開放、すなわち「開館」についてかなり懸念した様子がうかがえる。それゆえ朝鮮政府は、「必有定界之防限」と日本人の活動範囲を定め、「不可越界行走」として両国民のあいだでもめ事が起こるのを避けようとした(13)。日本人の活動範囲の制限は、修好条規の締結から半年後の一八七六年八月に、宮本小一《みやもとおかず》理事官と朝鮮の趙寅熙《チョインヒ》講修官(対日交渉担当のための実務官僚)が調印した修好条規附録に基づく。附録第四款に日本人の「行歩を得べき道路の里程」(以下、間行里程と記す)を「波戸場〔埠頭〕ヨリ起算シテ東西南北各直径十里(朝鮮里法ニ依る)」と定めたのである(14)。倭館の守門が撤去されることが決まって間行里程の条文が策定されたのは明らかで、その経過が前述した附録の第三款にみえる。同附録にはこのほかにも、日本人が釜山で家屋を賃貸する権利や朝鮮人を雇用する権利が記載された。

さらに、修好条規附録全一一款とともに、「於朝鮮国議定諸港日本人民貿易規則(修好条規附録ニ附属スル通商章程）」（以下、通商章程と略す）全一一則も調印された。[15] ここで注目すべきは、朝鮮政府がこれまで認めてこなかった米穀の輸出入を、開港場に居留する在朝日本人に許可したことである。後述するように、これは密貿易を拡大させる要因となった。また、修好条規附録と通商章程の調印の際、朝鮮国出張宮本理事官と趙講修官との「往復書翰」によって、日朝間で数年のあいだ無関税貿易にすることが決まった。[16]

修好条規附録と通商章程は、一〇月一四日に布告された。それに伴い、日本政府は一八七六年一一月、近藤真鋤《こんどうますき》を管理官として釜山港に派遣した。同月一三日、寺島宗則外務卿は近藤に対し、釜山における日本人の貿易活動の便宜と拡大を図るよう指示した。また、修好条規附録と通商章程をしっかり施行することも管理官の重要な任務であった。[17] 一方、朝鮮側も近藤管理官の赴任にあわせて従来の官職である釜山訓導（対日交渉の担当官吏）を「辦察官」に改称し、別差（訓導の補佐）を「訳学」（通訳官）に改め、日本との通商事務を担当させることにした。[18]

近藤管理官は寺島外務卿の指示を実行すべく、釜山に赴任してまもなく釜山東萊府使（東萊府の長官）と辦察官に面談を求めた。近藤は数回にわたる会談の結果を鮫島尚信外務大輔に報告した。それによると、守門と設門の撤去作業は一二月一六日から始まる予定だった。[19] しかし朝鮮側から、海関官吏の休憩所ができるまで守門だけは残してほしいとの要請があった。また、倭館の開放により日本人居留地に出入りし、貿易する朝鮮人も増えるだろうが、ごろつきも入り込む可能性があるので、現状を把握するためにも旧倭館に官吏を配置し、朝鮮人の出入りを調査したいという意向だった。この要求に対し近藤は、それは八月に調印された宮本と趙寅熙の約束に反すると抗議したが、朝鮮側の度重なる要請を受けて、やむを得ないことが生じた場合には官吏の派遣を許可するとして会談を終えた。[20]

近藤は官吏の配置に不満を隠さなかったが、朝鮮側の不安はたんなる取り越し苦労だったのだろうか。倭館が実際に開放されてからどのような問題が起こったのか、以下で検討する。

2．守門撤去後の状況

朝鮮側が倭館の守門の撤去にすぐ同意できなかったのは、両国民のあいだでさまざまな問題が起こりかねないと懸念したからである。その懸念のとおり、倭館が開放されてから間もなく事件が発生した。一八七七年の『承政院日記』（高宗一四年四月二五日条）には、倭館で朝鮮人の女性三名が日本人と姦通した廉で摘発されたという記述がみえる。姦通は朝鮮側が常に心配していた問題だった。この事件について朝鮮当局は、二日後の六月八日（高宗一四年四月二七日）、朝鮮人官吏に厳しく措置するよう指示した。

両国民が混在することで、姦通のほかにも多様な事件が起きた。一八七七年九月一〇日、東萊府使を務めたのち承旨（承政院の官吏、王命の出納担当）に選抜された洪佑昌《ホンウチャン》が高宗に謁見したときのやりとりから、当時の状況がうかがえる。高宗が釜山における日本人の情勢について尋ねると、洪は、守門を撤去してから倭館に人々が集まり混乱が生じている、釜山の住民たちは日本人を怖がっているが、逆に子供たちに石を投げられたりして、日本人も怖がっていると報告した。[21]

さらに深刻な問題は米穀の密貿易であった。朝鮮政府は修好条規の協議にあたって、当初、米穀貿易には徹底して反対を唱えた。それほど米穀は農業国朝鮮にとって重要なものだった。穀物不足や価格高騰が国内にもたらす混乱を懸念せざるを得なかったからである。だが、前述したように、結局は釜山在留の日本人に穀物の輸出入が許可された。朝鮮側が懸念したとおり、修好条規を締結したその年に朝鮮の全道は深刻な凶作に見舞われ、釜山では日本から大量の穀物が密輸入された(22)。近藤管理官も一八七六年一一月二六日付の鮫島外務大輔宛の報告書で「釜山近傍の韓民遂に我商民に就き米麦を求め候者不少、一旦は東莱府使より潜に日本人より米麦を買取候者を制止候故歟、多く夜陰に乗し潜買致候事も有之」と密貿易の状況を述べている(23)。密貿易の懸念が現実となり、朝鮮政府が強硬な措置をとろうとしたのも当然であろう。その一環として朝鮮側の海関の設置と課税を検討する。

一八七六年八月二四に日本と修好条規附録と通商章程を調印した際、朝鮮は無関税貿易を承認した。両国の船舶に課す港税については定めたが(24)、調印後の数年間は関税はかけないことになったのである。しかし、密貿易が摘発された以上、朝鮮政府としては海関を設置して輸出入の取り締まりに乗りださざるを得なくなった。しかし、この朝鮮政府の措置は日本側の激しい反発を招き、関税をめぐって長期にわたる外交交渉へ発展するのである。以下では朝鮮が海関を設置し課税したことが原因で起きた釜山海関収税事件について検討する。

第二節　釜山海関収税事件の顚末

1．収税を実施した背景

釜山海関収税事件とは、一八七八年九月に朝鮮政府が釜山豆毛鎮に海関を設置し、対日貿易に従事する朝鮮人商人に課税したことに日本側が反発し、軍事力を示威するなどして撤回させた事件である。もともと通商章程を調印したときは、前述のように数年間は関税はかけないと定めていた。[25] ただし「数年間」が具体的にいつまでかについては協議しなかった。朝鮮政府は無関税貿易が実施されてから二年後の一八七八年九月六日、議政府の建議に従い、関税を課すことを決めた。その内容は次のとおりである。

釜山を開港してから数年経ちました。貨物が出入りする所では元来課税するのが一般的な規則です。湾府〔義州。現・朝鮮民主主義人民共和国北西部〕では年に三回しか貿易しませんが、釜山では長期にわたって交易を行うので、湾府よりその分数〔課税額〕を増やさなくてはいけません。すべての輸出入品をよく調べて、各税目〔品目別課税額〕を定めて冊子にまとめて東莱府に送り、商人に従わせるべきです。[26]

すなわち、釜山港で輸出入される貨物は品目別に関税を定め課税すべきだという内容である。この建議を高宗は許可したが、それには理由があった。

その一つは、この建議が提出される前の『承政院日記』の記述にみることができる。一八七八年八月一七日（高宗一五年七月一九日）付の李萬稙《イマンジク》慶尚左道暗行御史（御名により密かに派遣される臨時官職）の別単（上奏文に添えた文書）がそれである。[27] 李萬稙は、日朝修好条規を締結して以来、穀物の密貿易は深刻であると述べ、米穀の密売や脱漏を厳しく取り締まるよう具申した。さらに朝鮮人の貿易商人に関税をかけることも提案している。この李の報告を受け、議政府は翌月、税則（関税規則）の制定にかんする建議書を提出したのである。

課税を決めたもう一つの理由は、朴漢珉の研究により明らかである。[28] 朴は「明治十一年代理公使渡韓始末」という日本の史料を用い、朝鮮政府が課税を始めた背景には「燕商」の存在があったことを見いだした。[29]「燕商」とは義州の貿易に従事する朝鮮商人で、義州で中国人と交易する許可を持つ商人であった。朴によると、この燕商と朝鮮人官吏が釜山で課税するよう政府に働きかけた。燕商は毎年朝鮮政府に納税し、その金は礼曹（朝鮮時代の国務をつかさどった六官庁〔六曹〕の一つ、対外関係や教育などを担当）及び司訳院（通訳・翻訳担当官庁）の費用に当てられてきた。ところで、日朝修好条規以降、従来清国から輸入していた唐木綿類の多くを釜山軽油で輸入するようになった。このままでは稼ぎが減ってしまうと燕商は恐れたのである。また、彼らの納税額はあらかじめ決まっているため、軽減してもらわないかぎり、「釜山貿易無税ナルトキハ義州ノ貿易自ラ衰ヘ」るといい、「若シ政府税ヲ釜山貿易ニ課スル無ケレハ義州通商ノ税ハ納ルニ道ナキニ至」るとし、政府に釜山へ課税するよう申し立てた。議政府はそれに応えて、釜山で収税するよう東萊府に指示したのである[30]。東萊府はその指示に従い、一八七八年九月二八日（高宗一五年九月三日）から関税の徴収をはじめたのである[31]。

2．事件の経緯

朝鮮政府が関税をかけはじめてから約一〇日後の一八七八年一〇月九日（高宗一五年九月一四日）、日本側が抗議の声をあげた。課税のせいで朝鮮人商人の出入りが減り、日本人商人にしわ寄せがきているというのである。日本側の抗議を受けて東萊府が議政府に指示を仰ぐと、議政府からは次のような命が下った。

貨物の出入りする処に税がかかるのは万国に共通する規則である。新しく条規〔日朝修好条規〕を定めてから数年が経った。課税制度を定めたからといっていまさら慌てるとは実に意外である。まして徴税は朝鮮人の混乱を防ぐためである。朝鮮政府が自国民に対して自国の法を施行するだけのことであって、隣国にどんな不都合があるのか。

かまわず実施せよと命じたのである[32]。

あいかわらず徴税がつづいたため、今度は日本の外務省が腰を上げた。釜山駐在の山之城祐長管理官が日本人商人たちの困難を日本政府に報告すると、外務省は花房義質《はなぶさよしもと》代理公使を派遣してこの問題を解決させようとした。寺島宗則外務卿より訓令を受けた花房は、近藤真鋤書記官らとともに一一月二〇日横浜を出発し、二九日に釜山港に着いた。花房代理公使はまず釜山港収税事件について調査してから、関税をやめさせるべく朝鮮側との交渉に入った(33)。

一八七八年一一月二九日、花房代理公使は山之城管理官の名義で日本政府からの正式な抗議書を朝鮮側に提出した。一二月二日、尹致和《ユンチファ》東萊府伯は、山之城管理官宛に次のような反論を返信する。

以前〔一八七六年〕商議で通商貨物を数年間免税すると決定したが、そのまま数年が経った。物には税がつきものだ。よってわが国の人民に課税することにしたため、特に貴国〔日本〕とは協議しなかった。それを貴国は約束違反だと言うが、全くそうではない(34)。

この手紙に対し、山之城管理官は再び東萊府伯へ反駁を試みる。条約で数年間無関税と定めたのだから、課税しようとするなら両者で協議しなければならない。修好条規のなかにはいまだに実施されていない条項があるにもかかわらず、満二年が経たないうちに課税を実施したのは遺憾であると不満を表明した。そして末尾に、条規違反は信義の道が絶たれたことを意味し、「兵革ノ禍」に至ると警告した。山之城は東萊府伯に対してまず課税を停止し、朝鮮政府に事態を報告するよう提案した。この問題について両国で協議すべきと主張したのである。

しかし東萊府伯は、朝鮮政府の命令がなければ勝手に課税を中止できないといい、政府から命令が下りるまでには時間がかかると答えた。近藤真鋤書記官は一二月三日、朝鮮側に収税を止める気配がないため、武力行使も可能であると示唆した。翌四日、日本側は実際に示威行動で朝鮮側を脅した。危機感を覚えた東萊府では海関官吏の職務を一時的に停止して課税の中止をよそおった。だが、日本側が調べてみると、依然として徴税は行われていたのである。そこで花房代理公使は豆毛鎮に通訳を派遣して事態を収束させ、貨物の出入りを自由にさせたのである。

こうした日本側の強硬姿勢を前に、朝鮮政府は一二月一九日に課税を中止した。東萊府使を通じて朝鮮政府のこの方針が日本側に伝わったのは一二月二五日であった。これで釜山港の収税事件は収束したかのようにみえた。しかし、花房代理公使はこの知らせを受けた後に、課税されたあいだに日本人商人が受けた被害について今後協議すべきであるとの書簡を二七日、朝鮮政府に送っている。翌日に花房は日本へ帰国した。そして翌一八七九年、花房は再び朝鮮にやって来て、収税事件の被害賠償を口実に通商条項七件を要求したのである。

第三節　関税交渉の始まり

1．背景

一八七九年一月一五日、釜山駐在の山之城祐長管理官は寺島宗則外務卿宛に「釜山港貿易景勢及朝

鮮国情ニ付建白」と題する建白書を送った(35)。釜山における日朝貿易の現状と、今後の商権拡大に向けた意見をまとめたものである。山之城は、より強硬な手段で貿易だけでなく日本の利益を拡大すべきと主張した。

こうした現地管理官の意見も参考に、寺島外務卿は一八七九年、日朝貿易のさらなる発展を求め、再び花房義質を代理公使として朝鮮に派遣することにした。寺島の三条実美太政大臣宛の上申書には、朝鮮との間で元山《ウォンサン》など開港の件も確定しておらず、前年の収税事件もまだ終結していないので、代理公使を派遣すると書かれている(36)。彼は収税事件はまだ解決されていないという見解であった。寺島は、釜山以外の港を開港させ、前年の収税事件を持ち出して朝鮮政府に通商条項七件を呑ませようと企図していた。

なお、田保橋潔の研究によると、日本政府は一八七八年の収税事件を一段落させて帰国した花房の報告を聞き、旧慣に左右されることなく、日本の商権を拡大させる必要を実感した。そして今回朝鮮が関税をかけたことは違法ではないと日本政府も認めていたが、今後重税を課せば日本の商権に被害を与えかねないため、協定関税を取り決める方針に決まったという(37)。

さて、寺島外務卿は花房を代理公使として朝鮮へ派遣する際に、元山などを開港させ、収税事件の賠償金を請求する代わりに後述する七件の要求を呑ませるよう指示した。さらに、朝鮮側が今回の収税事件をきっかけに再度税関を設置し関税を定めた場合の対応策も示した。

まず寺島外務卿は「朝鮮国開港場ニ於テ輸出入品ニ課スヘキ税額ヲ制定スルハ固ヨリ其政府ノ権理《ママ》

ニ属シ、我政府敢テ之ニ干預スルヲ欲セス[38]」といい、関税の制定がその政府の権限であることを認めた。しかし朝鮮が外国との通商に慣れていないため、数年間無関税で貿易することにしたのであって、今後朝鮮が課税を望むなら、日本政府も協議に応じるとした。そして「朝鮮国政府ニ於テ先ツ其無害トスル所ノ関税規則及其相当トスル所ノ税額目録草案ヲ作リ、以我政府ノ熟議ヲ経ルヲ要ス[39]」と述べた。このように、寺島は朝鮮の関税自主権を認めるような発言をしながらも、事実上朝鮮に協定関税を求めたのである。周知のように協定関税とは、甲国が乙国の同意なしには自国の関税率を定めることができない制度であり、自由に自国の関税率を決定できる関税自主権とは異なる。つまり朝鮮側にまず税則草案を作成させ、それについて日本政府は協議するという内容だった。

以上の方針を示した寺島だったが、当時日本は欧米諸国に対して関税自主権を保持していなかった。日本政府は関税自主権を回復するために、一八七八年にアメリカと改正条約（吉田・エバーツ条約）に調印した。しかしこれは他の締結国とも同様の条約を締結したら関税自主権が得られるという、条件付きの条約だった[40]。結局、同条約は英仏独の反対に遭って実現できなかったが、寺島外務卿が花房を朝鮮に派遣する時点では、まだその成否がわからない状況であった。寺島は、アメリカと条件付きの条約に調印し、他国とも締結を進めるために朝鮮とも関税を定めようとしたと思われる。

寺島はまた花房代理公使に対し、朝鮮に要求する条項七件のうち五件は必ず実現するよう強く求めた。もし朝鮮側が渋るようであれば、「背約ノ罪」を問うて協議させよと命じた[41]。花房は新たな開港と七件の通商案を実現させるため、一八七九年三月三一日、朝鮮へ向かった。

2．一八七九年の交渉

一八七九年四月に朝鮮に着いた花房代理公使は、新規の開港場を選定するために沿岸測量を実施してから、六月にソウルに到着し朝鮮との交渉に入った[42]。元山、仁川を開港させる交渉とともに、収税事件の処理問題をめぐって協議が行われた。ここでは収税事件を口実とした日本側の要求と、朝鮮の対応を中心に交渉過程を検討する。

この交渉過程をみると、朝鮮と日本がそれぞれ日朝修好条規をどのように理解していたかがわかる。朝鮮は従来の交隣関係の延長線上で、日本は万国公法に基づく条約として捉えていた。このような認識の差が、収税事件の賠償問題に対する異なる見解を生み出し、交渉も難航したのである。

日朝で最も見解が乖離していたのは、収税事件がなぜ賠償の対象とならなければいけないかという点であった。日本側は条規の「今後数年間は免税」という条項に違反するとし、朝鮮政府に違約の責任を問うた。前述したように、寺島外務卿は朝鮮政府の収税が必ずしも違法ではないことを認めていた。しかし今後の日朝貿易に与える影響を考慮し、条約違反と責めて日本に有利な関税協定を結ばせようとしたのである。一方、朝鮮側の論理は次のとおりであった。条約にはいつまで免税とするか明確な規定はなく、今回の課税では朝鮮国内の商人のみを対象にした。朝鮮政府が自国民に課税することは国内問題であるが、両国の友好関係を考慮のうえ中止の要求にも応じたのに、なぜさらに賠償しなければならないのか。

以上の一八七九年の花房と朝鮮側の交渉について、史料を確認してみよう。ここでは三分冊となっている「在釜山日本総領事館編『(明治十二年)朝鮮事務始末撮要』の「人編」に所収された「償害七件」と「請求四件」を用いる。[43] この交渉を詳細に記録した史料だが、日本の先行研究ではほとんど使われていない。まず、花房義質代理公使が沈舜澤《シムスンテク》礼曹判書に宛てた一八七九年七月六日付の書簡を検討する。日本側が賠償金の代わりとして七件の要求を提示したという内容である。七件の要求とは、

第一、日本貨幣ヲ通用シ及朝鮮貨幣鋳造スル事、第二、朝鮮人日本ニ到ルヲ聴許スル事、第三、朝鮮人日本船ヲ雇ヒ、貨物ヲ他口岸ニ輸送スル事、第四、開市ノ日、日本人モ行テ互市ヲ得ル事、第五、鉱山本草地学等研究ノ為メ内地旅行ノ事、第六、大丘互市ニ往テ加ル事、第七、灯台設立ノ事等ナリ。[44]

であった。この書簡に対して朝鮮側は七月八日に返答する。「税ヲ我商ノミニ責ムルヲ以テ初メ貴国ニ講議スルニ念到セサリシト雖モ、管理官ノ照会ニヨリ旋停税ヲ為シタリ」「今別束七件ノ来示アルハ、我政府ノ平日貴朝廷ニ望ム所ニアラス」。課税の対象は朝鮮人のみであったため貴国(日本)には説明しなかったが、それでも管理官の要求どおり中止した。そのうえ七件の要求をするのかと不満を表明している。[45]

花房代理公使はこれに対して、「免税貿易ハ本ト両国公許ニ出ツ。而シテ甲国私ニ徴税スレハ、其弊ヲ受ルモノ乙国ナリ」と、たとえ課税の対象を朝鮮人商人に限ったとしても、それは決して国内問

題に止まらないと説明した。課税されるのは朝鮮人だけでも、相手国にも被害が生じる。この被害について日本政府は賠償金を請求すべきところだが、両国の関係を重視して賠償金の代わりに要求事項（七件）を提示することにしたという[46]。

このように朝鮮側は課税はあくまでも国内の問題であると認識したが、日本側は自国にも影響を及ぼすと主張し、この機会に通商要求を押し通そうとしたのである。しかしこの日本側の解釈を朝鮮政府は依然として認めようとしなかった。七月一一日の交渉では、朝鮮側の洪祐昌講修官は日本が友好を重視し賠償金を要求しないことについて謝意を表した。しかし、日本の要求は現段階では受け入れ難いと一つひとつ理由を挙げて説明した[47]。ただし七番目の灯台の設置は承諾した。

花房代理公使は朝鮮側が日本の提案を受け入れようとしないことを不服とし、朝鮮側が両国の友好を軽んじるのであれば、日本政府は今後新たな対応をするしかないと警告した。そして「貴〔朝鮮〕政府再ヒ評議ヲ尽サレ協議アリテ然ルヘシ」といい、その時には「今日ノ談ハ此レニテ止メ、更ニ次会ヲ期スヘシ」と、しばらくこの件に関する協議を見合わせることを提案した。さらに、「若シ此上ハ別ニ評議ナサルヘキモノ無シトノコトナラハ、貴政府暴戾ニ謝絶スルノ意ヲ我政府ニ報上スルノ外ナシ」と念を押した[48]。

賠償をめぐる交渉はこの後一カ月程度小康状態に入った。当時日朝はこの案件のほかにも新たな開港に関して交渉を行っていた。朝鮮政府はようやく元山の開港を承諾したが、仁川についてはまだ交渉が進まない状況であった[49]。このため七月半ば以降は仁川の開港をめぐる協議が中心となり、花房代理公使が申し入れたとおり、七件の要求交渉はしばらく中断されたのである。

協議が再開したのは約一カ月後の八月一六日だった。この日洪講修官は七件の要求に対する意見を詳しく説明するノートを持参した。花房代理公使は翌日、「貴政府ノ意、前議ニ異ナル無シ。如此逐条只行ヒ難シト云ハ、、課税償害ノ如キハ何等ノ事ヲ以テ之ニ充ントセラル、ヤ」とし、もしこれらの要求を受け入れないのであれば、収税事件の被害をどのように弁償するつもりかと述べた。(50)

洪講修官は「七件ノ義ハ更ニ政府ノ議ヲ経テ返答ス可シ」と答え、八月二〇日に洪講修官から書簡が届く。この書簡は課税の件で初めて日本の被害を認めたもので注目に値する。すなわち、課税のせいで日本人商人が被害を受けたことを認めたうえで、今後税を定めるときは、最初の数カ月間は免税を実施して収税事件の補償とすると提案したのである。(51)朝鮮側は、日本の要求とは違うやり方で花房の弁償の要求に応えようとした。

これに対して花房代理公使は「此レ我政府ノ曾テ望ム所ニアラスト雖モ、貴政府ノ言此ニ及フ稍知過ノ意アルニ似タリ」と述べ、朝鮮政府が条約違反を認めて譲歩したことを評価した。これで「条約違反」を口実に要求を呑ませるために強い姿勢で交渉を進めることができると考えた花房は、より具体的な案を書面にして講修官へ送った。

これ以降、花房代理公使と洪講修官の交渉は、各要求をいかに実施するかというものに性格を変えていく。結局朝鮮政府は、七件のうち五件を認めることとなった。残りの二件の鉱山及び大丘開市については、実施は難しいという姿勢を最後まで堅持した。

一方、朝鮮政府も日本の要求に応じる代わりに、自国の懸案を解決しようと、関税の設定をはじめ四件の要望を日本へ提出しているのが注目される。八月一七日に洪講修官が花房代理公使に提出した要求書には、「税則ヲ定ム、米穀輸出ヲ禁ス、罪人ヲ交付ス、外国人ノ日本船ニ搭シ来ルヲ禁ス」とあった。これをめぐって花房と洪講修官が話しあった。特に関税を定める件に関する箇所を紹介しよう。


（花房）収税ノ義ヲ商議スルハ本官ノ権内ニアラス、唯我政府ニ此意ヲ通スルハ妨ケナシ。

（洪）此義ハ昨年取立タル薄記アレハ、之レ以テ弁察官ヨリ伺上ク可ケレハ宜ク希フ。

（花房）箇様ノ事ハ貴政府ヨリ別ニ人ヲ我国ニ派シ、篤ト相談アリテ相当ナル可シ。乍併本官ヨリ我政府ニ申立ルコトヲ乞ル、モ差支アルニハアラス。

（洪）拙者ヨリ貴官ニ申上、貴政府ヨリ回答セラレナハ可ナルヘシ。

（花房）可ナリ。乍然条約ニ於テ開クヘキヲ約シタル港ハ未タ開ケス。当分見合セ《ママ》ヘキヲ約シタル税ハ徴収セント云ル、是レ理ノ可然モノニアラス。

（洪）是レ既ニ開キタル釜山港ノミノコトナリ。[52]

花房は、課税については自分の権限外だが、日本政府に貴国の言い分を伝えることはできる。しかし、条約で決めた新たな開港がまだ実現してないのに先に税則を定めるのは道理にあわないと述べた。

これに対し洪講修官は、朝鮮政府のいう税則とはすでに開港している釜山港だけを対象とすると上手に言い返したのである。

八月二三日、両者はこの件を協議する場を再び設けた。税則に関する話しあいは、一七日と大して変わりなかった。日本側は課税を否定するのではなく、開港すべき港をまだ開いていないのに関税をかけては貿易を阻害してしまうと今回も強く訴えた。

講修官は朝鮮の事情もあるので今税則を定めなければならないと答えたが、花房は応じず、新たな開港を主張しつづけた。花房はさらに、関税を課す前にまず貿易を妨げない税目・税則を定めるべきだと述べ、朝鮮がそうすることに日本は反対しないとだけ語るに止まった。講修官は、税則を制定したいわれわれの願いをくれぐれも日本政府に伝えてほしいと頼んだ。ここでひとまず一八七九年の関税交渉は一段落する。(53)

花房代理公使は日本に帰国し、外務省へ関税問題を含む今回の交渉の経過を報告した。朝鮮側から四件の要請があったと言い、「一応我政府へ稟報ノ上ナラテハ議定スヘキ権ナキ旨申シ入レ置キタリ」と述べた。(54) 今後両国が関税交渉を行うことを示唆する表現である。

おわりに

以上、本章では日朝修好条規以降、朝鮮で実際にどのような変化があったかに注目し、その変化に対応するなかで日朝間の修好条規に対する認識の差が収税事件に至ったことを明らかにした。さらに、これまでの研究でほぼ使用されなかった『(明治十二年)朝鮮事務始末撮要』を検討し、朝鮮側が日本との問題解決のために税則を協議して決めようとする、以前の交隣関係の枠を越えた対応をみせるようになった経緯を確認した。このように、修好条規締結後に生じた日朝間の問題に取り組むなかで、朝鮮は次第に新たな対日関係の方法を模索しはじめることになったのである。第二章では、一八七九年の日朝交渉の際に朝鮮側が提案した関税をめぐる交渉の本格的な展開を検討する。

注

(1) 延甲洙も、朝鮮政府が、これまでの延長線上で日本との外交を考えてはならないと気づいた例として釜山海関収税事件を取り上げている(延甲洙『高宗代政治変動研究』일지社、二〇〇八年、八一頁)。だが、事件の具体的な過程については検討していない。

(2) 金敬泰「불평등조약 개정 교섭과 방곡문제(不平等条約改正交渉と防穀問題)」・「개항 직후의 관세권 회복 문제(開港直後の関税権回復問題)」『韓国近代経済史研究』創作と批評社、一九九四年、崔泰鎬『개항기의 한국관세제도―1880 년대를 중심으로(開港期の韓国関税制度―一八八〇年代を中心に)』財団法人韓国研究院、一九七六年、夫貞愛「조선해관의 창설경위(朝鮮海関の創設経緯)」『韓国史論』一、一九七三年。

(3) 酒井裕美「開港期朝鮮の関税「自主」をめぐる一考察」『東洋学報』第九一巻第四号、二〇一〇年。

(4) 北原スマ子「第三次修信使の派遣と「日朝通商章程」の改定・課税交渉」『朝鮮学報』第一九二輯、二〇〇四年。

（5）相沙希子「釜山港日本人居留地研究（一八七六〜一八八三）」高麗大学校韓国史学科修士論文、二〇〇六年、同「부산항 일본인 거류지의 설치와 형성──개항 초기를 중심으로（釜山港日本人居留地の設置と形成──開港初期を中心に）」『都市研究』三、二〇一〇年。朴漢珉「두모진 수세사건의 배경과 조일교섭（豆毛鎮収税事件の背景と朝日交渉）」高麗大学校韓国史学科修士論文、二〇〇九年、同「1878년 두모진 수세를 둘러싼 조일 양국의 인식과 대응（一八七八年豆毛鎮収税をめぐる朝日両国の認識と対応）」『韓日関係史研究』第三九輯、二〇一一年。

（6）たとえば、宮本小一理事官が寺島宗則外務卿宛に送った一八七六年九月二一日付の報告書は、朝鮮が日本公使の常駐に反対するのは、従来の日朝関係に基づいて考えているためだと指摘している。『日本外交文書』（以下、『外文』と略す）第九巻、二九四―二九五頁。

（7）尹到賢の上疏文は『承政院日記』高宗一三年一月二八日条。なお、この上疏文の意味に関する詳しい内容については、한우근（ハンウグン）「개항당시의 위기의식과 개화사상（開港当時の危機意識と開化思想）」『韓国史研究』二、一九六八年、一一八―一一九頁を参照。

（8）国会図書館立法調査局編『旧韓末条約彙纂（一八七六〜一九四五）上』一九六四年、一二―一六頁。

（9）同前、二一頁。

（10）「倭館」については、田代和生『倭館──鎖国時代の日本人町』文芸春秋、二〇〇二年、김동철（キムドンチョル）「조선후기 통제와 교류의 장소、부산 왜관（朝鮮後期統制と交流の場所、釜山倭館）」『韓日関係史研究』第三七輯、二〇一〇年、장순순（チャンスンスン）「초량왜관의 폐쇄와 일본 조계화 과정（草梁倭館の閉鎖と日本租界化過程）」『日本思想』第七号、二〇〇四年など。

（11）ただし日本政府は、朝鮮とまだ条約を締結していない一八七三年に、それまで対馬藩の所管であった倭館を「大日本公館」と改称し、その運営権を接収した。相、前掲「釜山港日本人居留地研究（一八七六〜一八八三）」五頁。

（12）申櫶著・김종학（キムジョンハク）訳『심행일기──조선이 기록한 강화도조약（沁行日記──朝鮮が記録

した江華島条約)』푸른역사、二〇一〇年に、申櫶の著述した『沁行日記』の原文が収録されている。原本は韓国国立中央図書館に所蔵されている。以下、申櫶『沁行日記』と記す。申櫶（一八一〇〜一八八四）は朝鮮末期の武官。

(13) 申櫶『沁行日記』丙子正月一八日・二八日条。

(14) 『外文』第九巻、二七七頁。なお、朝鮮の一〇里は日本の一里に当たる。

(15) 日本側の史料には「朝鮮国議定諸港ニ於テ日本国人民貿易規則」と記している。全文は『外文』第九巻、二七九—二八三頁。

(16) 米穀貿易条項や無関税貿易が決定される詳しい経緯については、金敬泰「개항과 미곡문제의 구조（開港と米穀問題の構造）」前掲『韓国近代経済史研究』参照。

(17) 『外文』第九巻、三一四—三一七頁。

(18) 『承政院日記』高宗一三年一〇月二二日条。

(19) 守門・設門とは、倭館に出入りする朝鮮人の商人や官吏を朝鮮政府が検問する門を指す。このほかに水門、北門もあったが守門と設門が主に使われた。ここで行われていた厳しい検問を撤廃することは、日本人と朝鮮人の交流を促すのに必要と考えられた（相、前掲「釜山港日本人居留地研究（一八七六〜一八八三）」六—七頁）。

(20) 『外文』第九巻、三二七頁。

(21) 『承政院日記』高宗一四年八月四日条。

(22) 『承政院日記』高宗一五年七月一九日条。

(23) 『外文』第九巻、三二二頁。

(24) 日本の船舶は無税とし、朝鮮の船舶のみ港税を納めることとなっていた。『外文』第九巻、二八三頁。

(25) 前掲『旧韓末条約彙纂（一八七六—一九四五）上』一一七—一二〇頁。『外文』第九巻、二八三—二八七頁。

(26) 『承政院日記』高宗一五年八月一〇日条。

(27) 同前、七月一九日条。

(28) 朴、前掲「豆毛鎮収税事件の背景と朝日交渉」。

(29) 同前、一五一―一八頁。同前、一五頁に引用された史料『明治十一年代理公使渡韓始末』にはこうある。

東莱府使ノ話ニ今般我政府収税ノ挙アルハ燕商輩ノ建議ニ因レリト。弁察官モ亦窃ニ云、(中略) 此議〔釜山における課税〕義州貿易懸リノ役人ヨリ起リ

(30) 同前、一七頁の注39の引用史料『明治十一年代理公使渡韓始末』による。

(31) 「以海関収税本月初三日為始挙行」韓国学中央研究院王室図書館「藏書閣」デジタル・アーカイブ所蔵「倭使日記」第九巻。「倭使日記」全一四冊は一八七五年から一八八〇年までの五年間、朝鮮と日本の外交関係及び日本に派遣した修信使の交渉についての記録である。議政府で編纂・刊行された。原本はソウル大学校奎章閣所蔵。なお、『倭使日記　東京日記』漢陽大学校国学研究院、一九七五年という影印本もある。

(32) 同前「倭使日記」第九巻。

(33) 収税事件の経過は同前「倭使日記」第九巻、及び「釜山港ニ於テ朝鮮国政府専断課税ノ件」『外文』第一一巻、三〇四―三一四頁を参照した。以下、特に断らない限り、すべてこの二つの史料による。

(34) 「通商物貨之数年免税即有年前商議故這間免税果至数年、而有物有税所不已今従我人徴税故未嘗議到貴国也。今此貴書中以背約乖信為辞者果不然矣」『外文』第一一巻、三〇八頁。句読点は筆者による。

(35) 明治一二年二月五日付「朝鮮釜山港貿易景勢及朝鮮国情ニ付テ山ノ城管理官ノ建白書進達ノ件」『外文』第一二巻、二二二―二二八頁。

(36) 『外文』第一二巻、二二一―二二二頁。

(37) 「朝鮮国政府が輸出入に課税するのは内政問題で、理論上之を阻止することが出来ない、けれども同国政府が日朝貿易の実情に即しない重税を課するときは、不測の損失を輸出入業者に与える惧がある」(田保橋潔『近代日鮮関係の研究　上』朝鮮総督府中枢院、一九四〇年、六五八―六五九頁)。

(38) 明治一二年二月二七日付、花房代理公使宛寺島外務卿訓条「附属書一」『外文』第一二巻、二一二―二一三

頁。

(39) 同前。

(40) 一八七八年七月二五日、吉田清成駐米公使とエバーツ (William Maxwell Evarts) アメリカ国務長官との間で調印された日米約書。一八七九年四月八日に批准書交換を終えたが、実施には至らなかった。

(41) 明治一二年二月二七日付、花房代理公使宛寺島外務卿訓条『外文』第一二巻、二一二―二一三頁。

(42) 田保橋、前掲『近代日鮮関係の研究 上』七〇一―七〇二頁。

(43) 釜山市立市民図書館所蔵、在釜山日本総領事館編『(明治十二年) 朝鮮事務始末撮要』三冊 (天・地・人編)。以下、『朝鮮事務始末撮要』人編というように略記する。

(44) 前掲『朝鮮事務始末撮要』人編の「償害七件提要」より。句読点は筆者。以下同。

(45) 同前。

(46) 「免税貿易ハ本ト両国公許ニ出ツ而シテ甲国私ニ徴税スレハ其弊ヲ受ルモノ乙国ナリ。縦令旋停税ヲ為スモ既ニ耗スルモノ不可。追此償害ノ説アル所以去ナカラ我政府金額ヲ友邦ニ責ムルヲ欲セス。於是修睦昌商ノ道以テ貴政府ニ望ム云々」(同前史料)。

(47) 「第一、貨幣通用件ハ如命取計ヘケレトモ鋳造ノ義ハ施シ難シ。第二、貴国船ヲ雇用スレハ貴国人随所揚陸ノ憂アリ。第三、我人民ノ貴国ニ到ルヲ得ルハ約内ノ事ナレトモ未タ管理ノ法ナケレハ許シ難シ。第四、市日通行ハ人民ニ開諭シ互ニ情熟ニ至ラネハ難行。第五、山ヲ鑿ハ山脈ノ衰ンコトヲ憂フ故ニ求ニ応シ難シ。第六、前年理事官ヨリ大丘市ノ議アレトモ之ヲ辞セリ。今日ノ議猶変ルナシ。第七、灯台ハ地所審定ノ上建置スヘシ」(同前史料)。

(48) 明治一二年七月一一日付、花房公使ト洪祐昌講修官対話書『朝鮮事務始末撮要』人編の「償害七件」。

(49) 元山と仁川の開港をめぐる交渉について詳しくは、それぞれ前掲注43『朝鮮事務始末撮要』天編・地編を参照。

(50) 明治一二年八月一七日付、花房代理公使与洪講修官応接大意『朝鮮事務始末撮要』人編の「償害七件」。

(51) 明治一二年八月二〇日付、講修官ヨリ差出定税ノ初ニ於テ特ニ数月免税以テ補害ヲ為ントノ書単、同前史料。原文は次のとおりである。句読点は原文ママ。

昨秋我国之課税旋撤、已述顚末、有所詳陳、想有照諒者存、而別柬七件、其四則挙条規経載、其三則論修睦昌商也、其於条規行之早緩、実由於事勢、其於修睦言之可否、亦拘於事勢而然、交好之際、寧有所負乎、惟我数月収税之間、貴国商民之被害不尠者、是所不安、将於定税之初、特許数月免税、俾以為補害、則庶幾不失修睦之意、須以此熟諒是希。

(52) 明治一二年八月一七日付、花房代理公使与洪講修官応接大意『朝鮮事務始末撮要』人編の「請求四件」。( )は筆者が補った。

(53) 明治一二年八月二三日付、花房代理公使与洪講修官応接大意、同前史料。原文は以下のとおりである。( )は筆者が補った。

公使ヨリ彼レ過日差出タル書面ノ写ニ附箋シテ示ス。

(花房) 此義ハ我政府ニ報上スレトモ、一応鄙見ヲ申述ルナリ。短文ニシテ意ヲ尽サス。

(洪) 開港ハ開港ニシテ別ニ議スレトモ収税ハ先ツ曾テ開ケル釜山港ニ行ハントスルナリ。新港ノ規則ハ従テ議スヘシ。

(花房) 我政府ノ意ハ開港ノ後、貿易昌盛ニ及フ迄ハ課税ヲ行ハヌコトトセリ。然ルニ圖ラズ昨年貴政府ノ擅ニ収税スルニ驚キ、照会ヲ経テ事中止スレトモ、深ク其背約ヲ怪ミタリシガ、今度段々情実ヲ承リ、其背約ノ意ニ非ルヲ知ル。

(洪) 我国ニ於テ速ニ収税ヲ議セサルヲ得サルノ事情アリ。

(花房) 我政府モ収税ヲ拒ムヲ欲スルニ非サレトモ、税ヲ収ル時ハ手数モ加リ、貨物ノ価モ随テ騰貴シ、自ラ貿易ノ勢ヒヲ屈スルモノアルニ、貴政府ハ勧誘昌商ノ道ヲモ拒ミ、開クヘキ港モ開スシテ、収税ヲハ行ハントセラルヽハ、偏ニ貿易ヲ妨ントスル者ノ如シ。収税ヲ欲セハ先ツ貿易ヲ妨ケサル税目税則ヲ設クヘキナリ。今本官ハ貿易ヲ勧誘スルノ道ヲ講スヘキノ命ヲ奉シタル使臣ナルニ、其事ヲハ未タ果サス。却テ他貿易ヲ妨ル事項ノミヲ以テ帰ルコトハ相成ラス。物ニ順序アルナリ。前ナル者議定リテ後ノ者ニ及フヘキナリ。我国モ収税法漸ク改リ、近来ハ輸出税ヲ廃スルノ議起リ、漸ク決行ニ及ントス。輸出税ヲ廃スレハ随テ物価低下ス。低下スレハ其売リ捌ノ道モ大ニ進ム故ナリ。貴国ニ於テモ追々其運ヒニ至ルナルヘシ。乍然今貴政府相当ノ税則ヲ定メテ施行スルハ敢テ異存アルナシ。

（洪）今般閣下ニ面スルヲ以テ此義ヲ協議シ、貴政府ヘ宜ク中立ラレンコトヲ乞。

（花房）承知ス。

（54）『外文』第一二巻、二一九―二二〇頁。

第二章　日朝関税交渉の展開

はじめに

前章で述べたように、朝鮮政府が提案した関税の制定をめぐり、日朝で一八八〇年から交渉が始まる。本章ではこの交渉をより具体的に検討したい。はじめに、一八八〇年に朝鮮政府から日本に派遣された第二次修信使の金弘集《キムホンジプ》(1)による交渉を検討する。第二に、一八八一年にソウルで開かれた花房義質弁理公使と金弘集講修官の協議を探究する。最後に、一八八一年に日本に派遣された第三次修信使の趙秉鎬《チョビョンホ》がいかに交渉に臨んだかを考察する。

関税交渉に関する代表的な研究としては、第一章でも述べたように金敬泰、崔泰鎬、酒井裕美のものがある。また、日本に派遣された修信使の活動については、李憲柱と北原スマ子の研究がある(2)。

これらの先行研究を踏まえたうえで、本章では従来の交隣関係とは異なる新たな日朝関係へ進む過程に焦点を当てて検討する。

第一節　第二次修信使の派遣

1．派遣の背景

一八八〇年三月、日本政府は一八七九年に解決をみなかった通商案を成立させようと、花房を再び朝鮮へ派遣することにした。ところが、朝鮮政府から修信使が派遣されることとなり、花房の出発は延期される。

修信使とは、日朝修好条規の締結以降に日本に派遣された朝鮮の外交使節をいう。それ以前は通信使と呼ばれたが、修好条規調印後、修信使に改称された。最初の派遣は一八七六年であり、一八八〇年の派遣はその二回目であった。朝鮮政府が第二次修信使の派遣を決めたのは高宗一七年二月九日条『承政院日記』で確認できる。それによると、修信使の派遣は「交隣する義理」であり、日本の公使が数回朝鮮を訪問したことに対する「答礼」として行うとある。

しかし、第二回目の派遣は、従来の答礼という性格だけではなく、別の意図もそなえていた。

一八七九年から八一年にかけて、朝鮮は外交における新たな枠組みを模索していた。一八八一年には、通商外交と軍事業務を担当する統理機務衙門（以下、統理衙門）を新設し、それまで礼曹が担当してきた交隣事務を徐々に統理衙門へ移した。一八八二年の朝米修好通商条約の締結は、こうしたなかで実現した。そのきっかけとなったのは、一八七六年の日朝修好条規の締結である。それ以降さまざまな問題が生じ、日本と協議する過程で、朝鮮は従来の交隣関係のやりかたでは乗り越えられないことを学んだ。既存の考え方では新しい世界の枠組みに対応できないと知ったのである。関税の問題もそうした懸案のひとつであった。

第一章で考察したように、朝鮮政府は当初、従来の交隣関係の延長線上で新たな課税を施行した(3)。豆毛鎮で課税したのは、朝鮮人商人に納税させるほか、密貿易を監視する目的があった。従来の課税慣行と同じように考えていたのである。しかし、一八七九年に朝鮮に乗り込んできた花房代理公使に強く抗議され、朝鮮政府は自国民だけを対象とした課税が日本人商人にも被害を与えたことを認めた。そこで朝鮮政府は、今後関税を定めてから数カ月間は日本人商人に免税措置を講じ、被害を補償すると応えた。そして関税を制定するために日本と協議したい旨申し出た。従来は朝鮮が自ら決めたことを、日本と協議して決めようとする朝鮮政府の以上のような変化から、いままでの交隣関係の枠組みを超えて課税の問題を捉えるようになったことがわかる。

第二次修信使の派遣が決まったのは、ちょうどそうした頃であった。修信使には、礼曹参議の金弘集が任命された。訪日前に金弘集は高宗に謁見している。その記録によれば、彼の任務はたんなる「答礼」に止まらず、関税をはじめとする通商問題に関する折衝のほか、日本にどのような意図があるのか探ることまで広範囲にわたっていた(4)。そもそもは「交隣する義理」で修信使を派遣したが、次第に交隣関係から外交問題を協議する関係へ変化する様子がうかがえる。

ただし、このころの朝鮮はまだ近代的な外交に慣れておらず、なんとか対処しようという意識はあったが、外交の形式ややり方などについては以前とあまり変わらないままだった。関税問題への対処のしかたを見てもそれは明らかである。重要な案件であるにもかかわらず、修信使は十分練り上げた交渉案を準備したわけではなかった。日本に到着後、日本側から草案を求められると、修信使は急いで作成した。

それでも修信使はこの訪日で重要な情報と経験を得て、以後の外交に生かしていった。その具体的な過程を、訪日後の修信使の活動を追いながら考察したい。

2. 修信使の活動

一八八〇年七月三一日（高宗一七年六月二五日）に釜山を出発した金弘集修信使一行（総勢五八名）は八月一一日に横浜を経て東京に到着し、浅草の本願寺に荷を下ろした。(5) 一三日に金修信使は、まず日本との公式外交文書である「書契」を提出しに外務省へ向かった。この書契には「釜山港で数年間無関税貿易が行われたが、これは一時的措置であった。課税の件はこれ以上延期すべきではない。関税規則について協議して、その条例を〔通商〕章程に加えたい」と記載されていた。(6) この日井上馨外務卿は不在だったため、上野景範外務大輔が代わりに書契を受けた。上野外務大輔は「収税ノ件ハ何時モ承リ相当ノ取極メモスヘシ」と答えた。(7)

以降日朝両国は数回にわたって関税問題を協議し、国際情勢についても話し合った。金修信使は井上外務卿や花房公使などと対話を重ねながら、何如璋駐日清国公使や黄遵憲参賛官とも面会してさまざまな情報を入手した。以下、修信使の日本における活動を順に検討する。(8)

一八八〇年八月一三日、書契を渡した日の午後、今度は上野外務大輔が金修信使を訪ねてきて、収税の件について朝鮮政府の税率・税則（関税規則）草案はあるのかと尋ねた。金弘集は、「両政府が合意に達してから、〔朝鮮の〕地方官と〔日本の〕領事官で商議して決めるべき(9)」だと答え、まだ草案は用意していないと返答した。それに対して上野は、税則は容易に決められるものではなく、必ず政府から全権委任を受けた両国代表の協議のうえで決めなければならないと強調した。金修信使が草案も用意せず、全権すら持たないことに遺憾の意を示したのである。(10)

税則を協議しようというのに朝鮮側が草案を準備していなかったのは、金弘集が説明したように、そんなことは地方官レベルで行うものだとみなしていたからである。朝鮮政府としては、税則を制定することについて日本側の合意を引き出し、ある程度の意見交換をすればよく、その後の具体的な交渉はこれまでの交隣関係のように地方官に任せればよいと考えていた。つまり、外交上の全権委任や草案に対する認識が、この時点ではまだ確立されていなかったのである。

だが、金弘集は上野外務大輔の話を聞くと、早速草案の作成に着手した。そうして一週間ほど過ぎた八月二一日に、随行員の李容粛《イヨンスク》別遣首訳（通訳官）を花房宅へ遣わし、税則草案を提出した。(11)この草案は、「修信使金弘集聞見事件（別単）」によると日清修好条規(12)を参考にしており、釜山東萊に出入りする貨物の時価をみて税率を五％に定めていた[13]。そこには米穀の輸出を禁ずるとも記載されていた[14]。草案を作成しながら金修信使は一五、一六、一七日とも井上外務卿や花房公使と面会し、世界各国の近況や今後の税則会談について話し合った。八月二〇日には清国公使の参賛官である黄遵憲と楊枢が金修信使を訪ねてきた。二人に来日の目的を問われると、金弘集は「報聘」（答礼に外国を訪問すること）と「定税」（関税を定めること）の件だと答えた。すると黄遵憲は、商務や日本の情勢に詳しい何如璋清国公使に相談するよう勧めた[15]。

金弘集は税則草案を作成しているあいだは誰にも相談していない。彼がはじめて清国側に税則や税率について意見を求めたのは、草案を花房公使に送った後である。それも、何如璋清国公使から日本の関税交渉に関する情報をもらったからであった。八月二三日に何如璋清国公使は張斯桂副使とともに修信使を訪ねた折、日本が最近欧米諸国との関税を改正しようとしていると教えた。すると金修信使は「もう日本側に税則草案を提出した」といい、初めて税則について質問した。何如璋は、日本政府の改正案が詳細で公平な内容なので参考にするよう助言した[16]。

何如璋のおかげで、金弘集は日本側に改正案があるという重要な情報を得た。しかもその草案が公平なものならば、朝鮮の税則にも活用できると考えたのであろう。そこで、八月二五日に花房が金のつくった草案をもってきて、それを井上外務卿に提出せよと言った際に、金弘集はこう尋ねた。私は日清修好条規の従価税五％に基づいてその草案を作成したが、日本が各国と税則を改正するのであれば、朝鮮も日本の改正関税に則って税を定めることはできないだろうか。また、日本の税率は現在五

%だが、改正案では税率を一〇～三〇%にした話を聞いたことも伝えた。もしそれが事実であれば、朝鮮のみ五%の税率になってはわが政府は私を責めるだろうし、公平ではないと主張した[17]。

花房公使はそれも一理あるかもしれないが、まだ欧米との条約（関税）改正は決まっておらず、そもそも日本から遠く離れている欧米と近い朝鮮とでは事情が異なると金弘集の提案に反対した。そして、これは日朝双方の全権委員が協議すべき案件であって、ここで決めるものではないと一蹴した[18]。

その翌日、金弘集は清国公館を訪問した。何如璋清国公使は金弘集に、欧米の国家は関税を自由に決められる（関税自主権）と言い、日本の改正案にも「関税の軽重は本国が主に決める」と明記されていると教えた。金弘集はこのときはじめて関税自主権という概念を知ったのだった。日朝がその後関税交渉を重ねる過程で、朝鮮側はこの関税自主権を重要な案件と捉えるようになる。何如璋と金弘集はこのほかにも、イリをめぐる露清の国境紛争であるイリ事件について話し合った。何如璋はロシアの危険性を強調し、朝鮮側にアメリカと条約を結ぶことを勧めた[19]。これもまた朝鮮外交に影響を及ぼしたのだが、それについては後述する。

八月三一日、金修信使は外務省を訪れ、井上外務卿と会談した。そこでも金は先日花房に対して主張したように、日本は他国との関税率を改正するというのに、朝鮮のみ低い税率にするのは不公平ではないかと述べた。しかし、井上は日本と朝鮮の事情は異なるとし、朝鮮はまず低い税率を数年間試してから改定しても遅くないと答えた。また、日本も最初は多額の税を課したところ脱税も多く争いも絶えなかったが、税率を五%に下げてからは税務が円滑になったので、朝鮮も参考にするよう忠告した。[20]要するに、日本側は朝鮮との貿易関税率を五％程度に抑える方針だったのである。金弘集は花房公使や井上外務卿との会談を通して、日本側の本心を察知したと思われる。

九月六日に、清国の黄遵憲が修信使を訪ねた。この日黄遵憲が金弘集に渡した『朝鮮策略』は、朝鮮の対外政策について清国の立場から忠告するために何如璋が黄遵憲に命じて作成させた冊子である。『朝鮮策略』の内容は後に朝鮮国内で大きな議論を引き起こした。これについては後述する。黄遵憲は金弘集に日本側との会談の様子を尋ね、関税自主権を確保することの重要性を強く主張した。二人の話題は主に通商や関税に関するものだった。ここから、この時期の金弘集が通商・関税規則の制定に大きな関心を持っていたことがわかる。[21]

しかし金弘集は、日本で関税に関する情報だけを集めて満足していたわけではなかった。国際情勢についても、日本や清国の官吏たちからさまざまな情報を聞きだした。九月七日に外務卿宅を訪問した際には、欧米諸国や東アジアの緊迫した情勢について語り合った。井上はロシアが危険であると警告し、朝鮮は西洋国家と修好条約を結んだほうがよいと忠告した。ロシアの危険性について言及したのは清国の何如璋公使と同じだった。ただし、清国公使がその対策としてアメリカとの条約締結を勧めたのに対し、井上外務卿はドイツとの修交を提案した点が異なる。[22]金弘集は、ロシアには注意した方がよいこと、欧米に対する戦略が必要なことについて考えるきっかけを得たであろう。

日本を離れる挨拶のため、同じ日に清国公館を訪問すると、何如璋は関税自主権を確保するよう再度助言した。また、金弘集が、先ほど井上外務卿にもロシアの危険性を警告されたと伝えると、公使は、今日情勢は予断を許さないので、アメリカと修好条約の締結を急いだほうがよいと勧めた[23]。翌日、井上外務卿が修信使へ別れの挨拶を告げに本願寺にやってきた。そして、近いうち日本から朝鮮へ公使を派遣すると述べた。

3．成果とその影響

訪日によって修信使一行が得たものは少なくなかった。まず関税自主権という概念やその重要性に気づかされた。そして日本が関税をめぐって欧米諸国と条約改正に向けて交渉中であること、その関税率はかなり高く設定されていることも知った。金弘集一行は日本に滞在中に自分たちに関する記事や日朝関係、清国関連の新聞記事を収集したスクラップブック「中東新聞抄[24]」をつくっており、こうした新聞記事からも関税問題に関わる知識を得たと推測される。

一方井上は、関税が低率である利点を繰り返し説明して、朝鮮側を説得しようとした。花房も朝鮮は欧米と事情が違うと述べ、欧米に対して条約の改正を求める日本の提案を朝鮮にも適用してほしいという要求を退けた。日本政府はあくまでも寺島宗則前外務卿が定めた「協定関税」方針に基づき、低率の関税を課そうとしたのである。欧米とは異なる枠組みで朝鮮との通商関係を構築する腹づもりだった。

ところが金弘集らが日本の条約改正案に関する情報を得てしまったため、日本政府は低率の関税を主張しづらくなった。朝鮮との関税交渉に関してさらに具体的な方針を決めざるを得なくなった。修信使が来日する前と後で、花房宛ての訓令の内容に変化がみられ、これを確認することができる。一八八〇年三月の花房宛ての訓令は、「議関税ノ事ニ渉ルトキハ、先ツ其税目ヲ立テ収税法則ヲ設ケ、我政府ノ商議ニ附スヘキヲ告ル」目的のほかに、「我政府ハ数月免税ヲ以テ償補ニ充ルヲ欲セス。必ス大丘〔邱〕行商内地旅行ノ許諾ヲ得ルニ非レハ止サルノ意ヲ以テ談判スヘシ」[25]と指示している。それが修信使が東京に到着して、花房を後日朝鮮に派遣することが決まると、

関税ノ事ハ彼ヨリ委員ヲ来シ東京ニテ議定スルヲ欲セハ先ツ彼政府ニテ起草シ来ルヘク、漢陽ニテ議定スルヲ欲セハ彼ノ政府内議之草案ヲ得、該書ニ見込書ヲ添ヘ議約ノ権ヲ乞フヘシ。但シ右ニ付可心得大略ノ目的ハ、輸出ハ米壱割、金銀無税、其他ハ従価五分ヲ準トシ、輸入ハ金銀米穀無税、酒精類壱割、其他ハ亦従価五分ヲ準トス。六年ヲ経テ之ヲ改定スルヲ得ヘク[26]

と、訓令はより詳細になった。具体的な税率を決めただけではなく、改正の期限まで設けている。三月の訓令にあった「大丘〔邱〕行商・内地旅行」の件は、別項とされた。これは、日本の条約改正案の税率を自らにも適用したいという朝鮮側への対応策だった。

しかし、すでに清国公使や新聞によって関税自主権や関税率について情報を得ていた朝鮮にしてみれば、日本政府のこの案は受け入れ難かったことは言うまでもない。関税をめぐって両国のあいだに対立の火種がくすぶるようになったのである。

金修信使は、清国の黄遵憲参賛官からもらいうけた『朝鮮策略』を朝鮮へ持ち帰った。従来の研究では、この『朝鮮策略』を持ち帰った点で、第二次修信使の意義を認めることが多い(27)。この冊子が朝鮮のいわゆる「開化政策」に大きな影響を与えたといわれている。しかし、李憲柱は、あまり大きな影響はなかったと分析する。朝鮮にとってそれほど新鮮な内容ではなかったからである。ただ、開化政策を推進しようとしていた高宗、及び「開化派」に根拠を与える役割を果たし、その結果として再び開化政策を進めることができるようになったというのである(28)。

李憲柱の研究は、修信使が持ち帰った『朝鮮策略』の影響と、以後の朝米条約との関連に焦点を当て、朝鮮の開化政策を論じたものである。本章ではこれと同じ視角を持ち、関税交渉をとおして朝鮮外交の変化を追う。『朝鮮策略』という根拠は得たかもしれないが、開化政策を推進するようになった理由はそれだけではないと考えるからである。本章では、第二次修信使が日本で実際に交渉しながら学んだ知識や情報に重点をおいて分析した。関税という懸案を交渉するなかで、朝鮮政府は交隣関係とは異なる対日外交の必要性を痛感する。それが実質的な「開化」政策に繋がったと思われるのである。

第二節　花房弁理公使のソウルにおける関税交渉

1．花房弁理公使の朝鮮派遣

第二次修信使が帰国すると、日本政府は金弘集に告げたとおり、花房義質弁理公使らを朝鮮へ派遣した。一行は一八八〇年一二月五日に釜山、一三日に仁川を経て、一七日にソウルに到着した。[29]

今回の花房たちの主な目的は、国書の奉呈と仁川開港の許可を得ることであった。国書とは、これまで外務卿と礼曹のレベルでやりとりしてきた書契と異なり、元首レベルのやりとりを意味した。また、国書には花房義質を弁理公使に任命し、朝鮮に駐劄させ交渉案件にあたらせることも記載されており、朝鮮が国書を受け取ると、日本公使の常駐も認めることになるのであった。[30]

花房弁理公使はソウルに着いてからまず国書奉呈をめぐって朝鮮側とその形式などについて数回話しあいを持った。そして一二月二七日には国王の高宗に謁見し、国書奉呈を実現した。[31] こうして日本公使の常駐も認められたのである。

国書奉呈が無事に終了すると、花房は仁川開港の問題に取り組んだ。仁川の開港は、日本政府が一八七九年以来粘り強く求めてきた案件であった。この問題は、翌年二月二八日に朝鮮政府が承認し、妥結に至った。二〇カ月後の一八八二年九月に開港することを、金弘集講修官と花房弁理公使のあいだで合意したのである。本節で注目したいのは、この仁川開港をめぐる交渉の最中に、金講修官が税則の問題を持ち出したことである。税則の制定は日本側にとって、仁川の開港ほど喫緊の課題ではなかった。しかし朝鮮側にとっては、税則と米穀の輸出入禁止を定めることこそが最優先課題であった。

第一節で述べたとおり、花房宛ての最終的な訓令は、おおよその税率を定め、それに則って朝鮮側と折衝するよう指示していた。以下、花房と金弘集のソウルにおける協議を検討する。

2．花房と金弘集の交渉[32]

金弘集は、仁川の開港について話しあっていた一八八一年二月一八日に、関税の問題を持ち出した。仁川を開港することは朝鮮政府も同意していたものの、その時期に関してはまだ両国で合意に至っておらず、交渉が続いている状況だった。仁川の開港をめぐる第五回目の交渉で、金弘集は次のように述べた。仁川を開港するにあたって最大の懸念は米穀の輸出である。それを禁じないとわが国民が暴動を起こす恐れがあるので、まず税則を定め、米穀の輸出禁止を明確にしたい。そうすれば、開港の時期も早めることができる。また、米穀の輸出禁止は仁川だけでなく、釜山にも適用すべきであるとした[33]。朝鮮は税則の問題と米穀の輸出禁止はセットとみなし、日本側の念願だった仁川の開港と引き替えにこの問題を解決しようと目論んでいた。

花房弁理公使はこの提案に強く反対したが、金弘集がこれを言い出したのは、自国民が仁川の開港に猛反発する懸念があったからである。また、仁川の開港を利用して税則の制定に拍車をかけようとした側面もあった[34]。

以後、金弘集は繰り返し税則の問題を持ちだした。花房は、税則に関して自分は委任を受けているのでいつでも協議できると答えた。すると金弘集は、「其昨年外務卿之詞ニ此件公使ニ任シ置ヘシトノ儀アリ、惟ニ必ス委任アラン。既ニ委任ト云ヘハ自ラ決定ノ権アルヘケレハ、必ス此地ニテ直ニ決定シ度」と返答した。昨年井上外務卿はこの件は公使に任せたいと申されたが、すでに委任を受けているなら決定権もお持ちのはずだから、いますぐにでも決定していただきたいと述べたのである。[35] 金弘集は修信使として訪日した昨年、全権委任状がなかったため関税に関する正式な交渉ができなかった自身の経験から、花房の委任権とは全権委任状だと判断した。そして二月二五日には、税則案を携えて花房を訪ねた。「日本及清国之約定ニ基キ、就中亜米利加ト日本ト最初ノ約定ニ拠リ、公平ヲ旨トシテ取調タリ」と、この案をたたき台に協議したいと主張したのである。[36]

この草案は「通商新約草案」全三一条と「税則草案」から構成されていた。[37] 前年に日本に着いてから大あわてで作成した草案とは、まったく別物であった。なかでも注目に値するのは、何如璋が繰り返し忠告したとおり、関税自主権を明記している点である。[38] 金弘集は関税を定める権限は朝鮮にあるとし、関税規則を以下のように提示した。

まず輸入品を五種類に、輸出品を二種類に分類した。輸出入品ともに税率は五～三五％までわたる。朝鮮へ輸入する品目では、金銀衣服類は無税にし、船具・漁具・蒸気機械などは五％、西洋や日本製の酒類は三五％、時計類は二五％、その他のものはすべて一〇％に定めた。朝鮮からの輸出税は、綿布・絹糸・牛皮が一〇％、その他は五％に設定した。日本で急いで作った案では税率はすべて五％だったが、その時に比べて品目は細かく分かれ、税率は幅広くなったことがわかる。また、今回の草案には米穀の輸出禁止、増税は三カ月前に予告して施行するという条項も入っていた[39]。このように、金弘集は日本で得た情報と経験をできるだけ反映させたのである。

こうして金弘集が草案を提出してから三日後の二八日に、これを議題に協議することになった。この草案は花房弁理公使が受けた訓令とは大きく乖離していたため、当然日本側は反対した。花房は以下の四つの理由を挙げて反対の意を示した。①一八八〇年に提示された草案と主旨がまったく異なる、②禁止事項が多すぎる、③重要な条項が抜け落ちている、④委任権の範囲を超えた条項もみられる、の四点である[40]。

金弘集は特に④の委任権について、委任を受けたにもかかわらず決定権がないというのは理解し難いと応酬した。前述したように、委任を受けていると言うからには、全権委任であるはずだと判断したからであろう。金は彼自身が日本で経験して学んだ外交の手法を披露したのだった。しかし花房弁理公使は、本来、国家間で協議することと決定を下すことは異なるものであり、最初からその両方の権利を委任するケースはごく稀であるといい、金の提出した草案も東京に送って外務卿の指示を待ってから返答すると言い返した。ここではただ便宜上自分の意見を示したのであった[41]。

朝鮮政府は今度こそ税則問題に決着をつけようとしていたのに、日本側が応じなかったため、対策を講じなければならなかった。そこでこの問題を協議するために再び東京に使節を派遣したいと花房弁理公使に打診した[42]。使節を派遣することになると、当然、日本が先だって奉呈した国書への回答国書も携えるはずである。回答国書の持参と日本での協議の両方とも今の状況に適当だと考えた花房は、これに同意した。こうした事情で、朝鮮の第三次修信使の派遣が決定した。

以上、一八八一年のソウルにおける金弘集と花房の交渉を検討した。朝鮮側が提出した税則案や花房との交渉内容から、金弘集修信使の訪日以来、外交事案に対する知識を次第に吸収し、新しい外交の方法に少しずつ慣れていく姿が見て取れるのである。

第三節　第三次修信使の派遣

1．人員構成

一八七六年に日朝修好条規を締結した後に朝鮮政府が送った第一次修信使（代表は金綺秀《キムキス》）、一八八〇年に関税問題を交渉した第二次修信使（代表は金弘集）につづき、一八八一年には趙秉鎬を正使とする第三次修信使の派遣が決まった。今回の目的は、花房弁理公使の奉じた国書への回答の国書を送ることと、関税問題をはじめとする通商交渉であった。これまで金弘集が日本との関税交渉の窓口だったので、第三次修信使の正使に最適と思われた。だが、金弘集は当時開化政策に反対する斥邪派[43]など世間の強い反感を買っていたことを理由に、高宗の度重なる任命にもかかわらず、固辞しつづけた[44]。そこで趙秉鎬を修信使にすることになった。国王の戚属である趙秉鎬は守旧派であり、彼を任命することで守旧派による反発を弱める狙いもあった[45]。

しかし趙秉鎬以外のメンバーは、大半が対日外交の実務経験のある官僚で構成されていた。[46] 従事官である李祖淵《イジョヨン》は、第二次修信使のときも随行員として加わっており、その後も金弘集とともに日朝外交の最戦線で活躍した人物であった。[47] また、随行員の玄昔運《ヒョンソクウン》は訳官出身の釜山東萊府訓導で、日朝修好条規に関する協議の前から関わってきた対日外交通であった。修好条規の締結後は辦察官として日朝間の外交問題を担当するなど活躍していた。このように、今回の使節派遣にはより積極的な外交をめざす決意が表れていた。同時に、国内的な反発を考慮し、趙秉鎬を正使として任命するなど、柔軟な対応を取っていたことも見て取れる。

2．朝鮮側の工夫

一八八一年九月二八日にソウルを出発した第三次修信使一行は、一〇月一九日に釜山から船に乗って長崎、神戸を経て一〇月二八日に横浜に到着し、同日に東京に入った。[48] それから一二月一七日までのおよそ一カ月半、日本に滞在して回答国書を奉呈し、通商問題について話しあった。一一月九日に日本側に国書を奉呈し、ついで関税交渉の日程が決まった。第一回目の一八日から、一一月三〇日、一二月二日、六日、八日、一二日まで全六回にわたって交渉を行ったが、[49] 双方合意に至らないまま終了した。進展はなかったものの、この交渉において朝鮮の対日外交への工夫の痕跡が一段とはっきり現れるのである。この時に朝鮮側から日本政府へ提出された書簡や草案を見れば、それは明らかである。以下ではこれらの史料を中心に、朝鮮外交の変化を検討する。

一八八一年一一月一八日、趙秉鎬修信使は外務省を訪問し、井上馨外務卿と対談した。趙修信使は礼曹判書からの書簡と「新修通商章程草案」、「朝鮮国海関税則草案」を提出した。これらの文書には、日本で通商問題を協議せよという朝鮮政府の命令と委任が記載されていた。[50]しかし井上外務卿は礼曹判書の書簡だけで「全権委任状」がなければ「全権ヲ有セル者トハ難認、随テ談判亦効ナカルヘク被存候[51]」と答えた。

朝鮮側は、一八八〇年に金弘集が全権を持っていなかったため、正式な交渉を断られた経験がある。その翌年に花房弁理公使は訪朝した際、交渉の権利は与えられているが決定権はないとして朝鮮側の要求に応じず、全権大臣を東京に派遣して協議するよう勧めたのである。したがって朝鮮政府としても、全権委任状が重要なことはすでに知っていたと思われる。第三次修信使にとって、税則の制定をはじめとする通商交渉は重大な事案であったため、朝鮮政府はこの件に関しては修信使に全面的に任せることを外務卿宛の書簡で明確に示していた。

我政府稟旨特派信使趙秉鎬・従事官李祖淵前往、益念締盟之誼、庸修交聘之儀、至若税則条款、自必講定、務求公平。[52]〔以下、説明の便宜上これを①とする。傍線は筆者、以下同様〕

後半部分は、「関税規則の条項に関しましては〔修信使が直接日本側と〕交渉して決めて、公平な協議になるように努めます」という意味である。

また、「新修通商章程草案」は、以前花房弁理公使が朝鮮で、自分には決定権がなく日本政府の指示を待たねばならないと言い逃れ、合意できなかった経緯を説明した後、こう記している。

茲者我国特派信使、礼答国書、命以改修章程事務。而不俟秉鎬等実膺是任。[53]〔以下、②〕

すなわち、「我国は修信使を特派して、日本の国書に対して回答することと、通商章程の改正（改修章程）事務を命じました。そうしてわたくし秉鎬が確かにこの任務を引き受けました」という。花房弁理公使に全権がなかったため朝鮮では税則を定めることができなかったから、今回は趙秉鎬を日本に派遣して通商章程の改正の責務を任せるという内容であった。

①と②の内容から、朝鮮政府が第二次修信使の訪日とその翌年の花房弁理公使の訪朝の経験によって、全権委任についての知識を得たことがうかがえる。第三次修信使派遣においては、全権委任を朝鮮独自のやり方で明確にしようとしたのである。ここに引いた二つの文書は、第二次修信使の金弘集が日本外務省に提出した文書（書契）と比べても、はるかに具体的な内容であった。一八八〇年に提出したその書契には

釜山港口収税、曩以数年限免者、寔出一時権宜、則趁今徴課、無容更緩、凡係条例講議協立、庸附章程、幸甚。[54]〔以下、③〕

とだけあり、釜山で数年間関税を無税にしたのは一時的な便宜に過ぎず、これ以上無関税を延長することはできない。課税に関する条例を協議して制定し、〔一八七六年に調印した修好条規附録に付属する〕通商章程に付け加えるようにしたら幸いであるという。

この③と一八八一年の二つの文書①、②を比べれば、第一に、一八八一年の①②は、誰にこの交渉の責任を負わせるかが明示されていることがわかる（傍線の部分）。第二に、③では「凡係条例講議協立、庸附章程、幸甚」だけだったのに対して、今回は①のように「自必講定」と明確であった。すなわち、交渉を担当する者がこの案件を「決定する」とはっきり示したのである。また、②の「命以改修章程事務。而不佞秉鎬等実膺是任」も、通商章程の改正、すなわち税則制定の命を受けたと記していることから、この案件に関する決定権を与えられたと解釈できるであろう。

このように、外交上の形式を重視する日本に対して、朝鮮政府は自分なりのやり方で全権委任を表明しようとしたと考えられる。しかし、日本政府にとって、このやり方はとうてい容認できるものではなかった。それがたんに外交文書の問題なのか、あるいは別の理由も含まれていたかについては後述する。

朝鮮側の工夫は、条約条文を用いて交渉を進展させようとする様子からも見て取れる。今までは日本政府が日朝修好条規の条文に基づき朝鮮政府に対してさまざまな主張や要求をくりひろげる場合が多かった。今回の第三次修信使派遣においては朝鮮政府が、通商章程の条文にある同章程の改正規定を取り上げ、協議を求めた。朝鮮政府の積極的な姿勢が目に付く。たとえば、「新修通商章程草案」

には、一八七六年の条約（日朝修好条規附録）の不備を補完するために盛り込んだ第一一則（両国現ニ定ムル規則ハ今後両国商民貿易形況ニ依リ各委員時ニ随テ事情ヲ酌量シ商議改正スルヲ得ヘシ）を引いて、この条文にあるとおり、関税を定めるべきだと論破したのだった。[55]

こうした朝鮮政府の姿勢は、釜山海関収税事件のころとは異なり、注目に値する。朝鮮政府は一八七八年に釜山で関税を課して日本政府に抗議されると、朝鮮人商人だけに課税したと説明した。自国民に対して政府が自由に課税していた慣習の延長線上で講じた措置であった。だが今回は、条約に基づいて、協議して税則を定めようとする認識が表れているのである。

さらに「朝鮮国海関税則草案」には、開港したのにいまだに海関の設置も課税もしないのは「万国通行事例之所無者、夫各国収税之権、悉由自主、此貴国之所熟知、亦不佞之所習聞者也」という。[56]海関の設置と課税は各国間に通用することであり、「収税の権利」が「自主による」ことを日本がすでに熟知しているように、朝鮮も知っているのだと強調した。朝鮮は、交隣関係とは異なる外交の手法を学習し、それを実際に日朝交渉で使いこなそうとしたのである。なお、この事案を万国に共通することだと述べ、日本や清国を越えて世界観が広がっているのも興味深い。

3．日本側の対応

さて、こうした朝鮮の積極的な対日外交に、日本側はどのように対処したのだろうか。日本政府は、趙秉鎬修信使が外務卿宛の書簡や文書のほかに別途委任状を携行していなかったので、全権を持たないと判断し、会談に実効性はないと答えた。また、朝鮮側の提示した税率は高すぎ、海関税則が細かいうえに禁止事項も多いとして、この草案には決して同意しないと言明した。ただし、今回の修信使の目的が国書奉呈を除けばこの税則の協議にあることは認めていたため、外交関係上、会談は拒否できず、朝鮮側の提出した税則草案の改正を前提に予備会談を行うと答えた[57]。

先行研究では、日本政府ができるだけ関税交渉を遅らせようとして、わざと全権委任状の不備を指摘して正式な交渉にするのを拒み、今回の交渉を単なる予備会談に格下げしたとみなしてきた[58]。朝鮮側が関税自主権を主張し、比較的高い関税率を示したことを勘案すると、そのような解釈もできるだろう。

だが、日本が全権委任状の形式にこだわったことを別の観点から解釈することもできる。朝鮮政府は自国なりの委任状を提示したつもりだったが、日本政府は万国公法上の条約を結んだ国ではそれでは通用しないと判断した可能性もありうる。日本側は委任の内容が書簡に記載されていることは認めたが、修信使が正式な委任状を持参しなかったことを問題視したからである。このように、第三次修信使が正式な交渉に至らなかったのは日本側の引き延ばし策だけが理由ではなく、日本が外交の形式にこだわったのも一因と言えるであろう。

こうした日本側の論理や、第三次修信使が自分は委任を受けたと主張する場面のやりとりが、「善隣始末」巻五（第四章の注10を参照）から確認できるが、非常に興味深い内容である。結局は前述のように予備会談となり、『日本外交文書』によると、修信使はその後も花房義質や宮本小一と交渉を重ねたが、悠然とした姿勢だったという[59]。税則改正問題は一番重要な事案であったにもかかわらず、なぜ趙秉鎬はより積極的に交渉しようとせずに会談を終了させたのか。

このように一見消極的に見えるため、従来、第三次修信使の活動は注目を集めなかったし、大した評価もされなかった。しかし、北原スマ子の研究は第三次修信使を本格的に取りあげたものとして注目に値する[60]。北原は第三次修信使の構成員や日本での活動を細かく検討し、修信使の活動を別の角度から解釈した。それによると修信使は、日本がイギリスとの条約改正を成し遂げてから協議するほうが得策だと判断し、交渉を次の年に延期しようとしたという[61]。もしこの条約改正が実現すれば、日本は税率を上げられる。すると朝鮮側が日本に提示した高い関税率も承認されやすくなるだろうという考えであった。趙秉鎬たちは日本の清国公使館を訪問した際、何如璋から情報を得てこの方針をとったという[62]。

北原のこうした考察は、趙秉鎬ら第三次修信使一行が帰国後提出した報告書「信行別単」を根拠としている[63]。一方、金允植の『陰晴史』によると、第三次修信使一行が、「信行別単」の記録とは多少異なる戦略を立てて、今回の交渉に積極的に応じなかったことがわかる。『陰晴史』には一八八一年の修信使について何如璋が李鴻章へ送った報告書の要約が収められており、そこに李祖淵従事官が外交について相談しに来館したという記述がある。つづいて「就近商権、因此次議税不成、意欲先与美国結一善約、然後倣照定議、如章極賛成[64]」とある。これは、李祖淵が今回日本と税則を定められなかったので、まずアメリカと条約を結び、その条約の内容（関税率）に基づいて日本との税則を定めよ

う と思うと述べたら、何如璋が大いに賛同したという意味である。すなわち、朝鮮側はまず他の国と条約を結んで、その成果を日本との関税交渉へ反映させようと考えていたのである。[65] 何如璋のアドバイスだけに頼って税則問題を扱ったのではなく、独自の構想も持っていたことがわかる。この発想はどこからきたのだろうか。

その手がかりとなるのが、第二次修信使と第三次修信使のあいだに日本を訪問した「朝士視察団」の記録である。次にこの視察団の活動と関税交渉との関わりから、対日外交における朝鮮側の積極的な動きを考察する。

4. 朝士視察団の派遣

前述したように、一八八一年に朝鮮国内では、いわゆる斥邪派の反発が強まりつつあった。地方の多くの儒生が朝廷に上奏し、開港や金弘集の持ち帰った『朝鮮策略』など、新たな外交の試みをはげしく非難した。こうした状況のなか、朝士視察団を日本へ派遣することがひそかに決まる。[66] 彼らは高宗の密命を受けて、日本の情勢や開化政策を詳しく調べる任務を帯びていた。任務を受けた朝士は一〇人で、名目は遊覧とし、四〇人の随行員を合わせて五〇人の遊覧団が渡日するという連絡が、東萊府使から近藤真鋤釜山領事にあった。日本政府は、この視察団は開化勢力の支柱となって朝鮮情勢を一変させるかもしれず、そうなれば日朝関係にも好影響を及ぼすはずだと期待した。そこで視察団が正式な使節ではなく、あくまでも「遊覧」の名目で訪日したものの、接待に気を配ったのである。[67]

後に視察団の規模は朝士一二人と随行員を合わせて六三人と拡大される。視察団の調査対象は内務省、文部省、司法省、工部省、外務省、陸軍省、大蔵省、税関、陸軍調練、汽船運航などであった。そのうち税関については三人に視察の任務が与えられた。[68] 李𨯶永《イホンヨン》、閔種默《ミンジョンムク》、趙秉稷《チョビョンジク》の三人である。視察団はそれぞれ記録を残したが、なかでも李𨯶永の『日槎集略』は税関と税則に関して詳細に報告している。[69] 李はさまざまな税務担当者と会い、日本における税関の事情や、外国の事例、そして日本が当時取り組んでいた関税改正について情報を収集した。閔種默も『日本国際条例目録』や『税関規例』、『各国税則』など豊富な記録を残している。[70] 本節では主に李𨯶永の記録を検討するが、それは李の記録に日本の担当者や清国官員との対話が豊富に含まれていることから、当時の事情をより詳しく把握できると考えるからである。以下、『日槎集略』からいくつかを紹介したい。

まず、神戸の税関で奥升清風書記官と税務について問答した記録（辛巳四月二八日）である。奥升は、日本は当初税関の法を定める時に諸外国に騙されて五%にしたが、外国の実情を調べてみるとアメリカは三〇%、フランスは二〇~四〇、五〇%も課していることがわかったと語った。もし朝鮮が税法を定めるときは必ず世界各国の税法を参考にして、日本の轍を踏まないようにと忠告した。李が日本はその条約を改正しないのかと尋ねると、奥升は今年（一八八一年）の秋に改正すると約束されたので、必ず改正されるはずだと答えた。[71]

次に、外務省において宮本小一と税関業務について問答した記録を見る。李は日本の関税局が作成した抄録を持参して、その内容について宮本に質問した。李は米穀が無税であることに注目し、それは西洋諸国も同様なのか、税金を課す国もあるのかと尋ねた。穀物の輸出は朝鮮にとって大事な問題であったため、抄録のなかでも米穀税に関する項目は特に彼の目を引いたのであろう。宮本は日本の例を挙げて、米穀の輸出は決して懸念する問題ではないと説明した(72)。

李は駐日清国公使の何如璋とも話す機会を得て、たとえば条約を定める際にどうすれば公平を保つことができるか、アメリカが条約の締結に関して公平だと言われているが本当なのか、日本は条約を改正するというが、条約改正とはどうするものなのかなどと質問した。何如璋は、公平とは海関の税則を自国が自律的に制定すること、ある国に居住する商人はその国の法に従うことだと説明した。一八八〇年に金弘集修信使に関税自主権について話したのと文脈は同じである。李は宮本に質問した米穀の無税について何如璋にも尋ねた(73)。朝鮮の高い関心がうかがえる。

このように、李は日本の税関職員や外務省の役人、清国の官吏とも会って税関業務に関する多様な情報を集めた。また、同じ質問を他の立場の人にも訊くことで、調査の内容を一層具体的、かつ詳細にした。

こうして、李たちが苦労して集めた情報はその後の第三次修信使一行にも伝えられた。視察団が調査を終えて朝鮮に帰国する頃に一八八一年の修信使一行が日本に向かって出発し、双方は朝鮮国内で会って情報の交換を行った。その様子が『日槎集略』や『承政院日記』に記されている。

まず『日槎集略』には、一八八一年一〇月二二日（辛巳八月三〇日）、李鑢永が帰国して高宗に謁見した際の会話が書かれている。

臣〔鑢永〕が担当したのは海関事務でした。海関は通商のため設けられたものです。今日、諸外国は通商を事務とし、わが国でも釜山と元山を開港することになりました。ですがまだ税則を定めていないので、詳細に調べる必要があります。日本の開港場は長崎・神戸・大阪・横浜・箱館・新潟ですが、大阪は神戸の税関に属しており、横浜は諸港のなかで最も繁栄していました。箱館と新潟は繁栄しているとは言えません。まず長崎税関を視察し、次に神戸と大阪の税関を視察しました。横浜には一カ月滞在し、調査しました。税則は輸出入を問わず品物の価格の百分の五であり、定額と従価の区別があります。定額とは額が固定された税で、従価とは時価のことです。西洋各国の税率は百分の十から二十、三十など、百分の百や二百のものもあります。しかし日本のみ税率が価額の百分の五であることは西洋諸国の定めた条約に従い、関税自主権を得られなかったからです。それゆえ、関税率を定める際には自主権を持たなければ被害を受けてしまうのです。税関の各業務のなかで、物価の鑑定が一番難しいものです。日本人はまだ鑑定ができないため、西欧人を雇って鑑定の当否を決めます。

高宗曰く、途中で修信使と会って相談できたか。

鑢永曰く、臣は途中修信使と遇い、税則のことを大体話しました。ですが定額・従価税則については短い時間で話しあって決めることはできませんでした。

高宗曰く、百分の十は如何か。

鑢永曰く、それについては話さなかったですが、日本での議論を考えてみますと、百分の十も可

能でしょう。(中略)
鑢永曰く、日本は米穀が無税であり、輸出も禁止していません。西欧諸国から迫られてそうなりました。米穀は大変重要なので、輸出を禁止することが最善の策ですが、止むを得ない場合には、重税を課すべきだと修信使と論じ合いました。(74)

さらに『承政院日記』によると、閔は一八八一年一〇月二三日(高宗一八年九月一日)に高宗に謁見してこう報告している。「税関についてわかったことは途中修信使と会ったときに知らせましたし、参考になりそうな本を数冊渡しました」。また、日本の税務事情も報告した。高宗は米穀と紅蔘の輸出禁止についても修信使と話しあったのかと尋ねた。閔はそうだと答え、米穀に重税を課すことについて説明した。(75) 李鑢永の報告とも一致している。

こうした記録から、修信使は日本に向かう前に視察団の詳細な報告に接し、ある程度の情報を得たうえで交渉に臨んだことがわかる。要するに、第三次修信使は日本で清国公使に話を聞く前に、すでに日本の税則改正について知り、朝鮮の関税制定について基本方針は決めていたと推測できるのである。

第三次修信使一行は、第二次修信使の見識と、金弘集と花房のソウル会談の経験、そして朝士視察団の情報や助言に基づいて日本との交渉に臨んだ。以下に、第三次修信使の税則草案の内容や交渉経過を簡単にまとめる。(76)

まず、日本との交渉で最も対立したのは税率であった。今回趙秉鎬たちが提示した輸入税率は一〇〜三五％と高率であった。朝鮮への輸入品は六種類に分類され、基本が一〇％、酒類は三五％で一番高く、その他、時計類や西洋の珍貴品が二五％であった。船舶の装備は五％にし、米麦大豆は無税に設定した。また、金銀幣（金貨・銀貨）、衣服類などは免税とした。朝鮮からの輸出品は、すべて五％にした(77)。

この趙秉鎬案は、一八八一年の花房との会談の際金弘集が提示した税率とほぼ同じであった。輸入品の分類や分類ごとの税率に若干の違いがみられるだけで、基本は金の案を継承している(78)。金弘集の案では輸出品を二分類し、それぞれ五％と一〇％と税率を定めたのに対して、趙秉鎬の案では輸出品を一種類としてすべて五％に定めたことが異なっている。

金が提示した輸入品の税率が高すぎると反対していた日本にとっては、趙秉鎬の案も受け入れ難いものであった。日本政府は今回の交渉においても輸出入品ともに五％の税率を主張したのである。日朝で意見が一致した部分は輸出品の税率だけであった。

さらに、朝鮮から米穀や紅蔘の輸出禁止については第三次修信使と朝士視察団が話し合った案件だが、これにも日本側は強く反対した。だが、修信使はあくまでも朝鮮の草案を成立させようとしたのである。前述した朝士視察団による調査も大きな影響を与えたのだろう。また、他の欧米諸国と先に有利な条約を締結したうえで、日本と税則について協議すればよいという考えもあった。

しかし井上は、国家間の交渉では全権を帯びた委員が双方意見を斟酌しながら協議するのが世界共通の認識であるのに、朝鮮側が妥協しようとせず自国政府の命令だけに従おうとする姿勢は協議ではないと抗議した(79)。結局交渉は中断してしまう。

一八八一年に決裂した交渉は、翌年の一八八二年、別の局面へと発展していく。これについては次章で論じる。

おわりに

朝鮮は交隣関係の時代には日本と関税問題を協議する必要がなかった。しかし、収税のため日本と交渉するようになったことは日朝間の新たな関係、すなわち条約関係への変化を反映しているものと考えられる。本章では一八八〇年の第二次修信使の日本派遣と、一八八一年のソウルでの関税交渉、そして朝士視察団及び第三次修信使の派遣をとおして、朝鮮側が次第に万国公法秩序上の条約関係を受け入れつつ対日外交を展開していく様相を捉えた。

第三次修信使の関税交渉は妥結に至らなかった。しかし、積極的な情報収集活動により、関税交渉において日本以外の国と先に有利な関税率を決めようとする戦略まで引き出すようになった朝鮮側は、実際に行動に乗り出す。アメリカと密かに条約を締結しようとしたのである。しかし、これまで洋夷とみなして排斥してきた国と、どのようにして条約を締結できるのか。朝鮮の外交にさらなる工夫と戦略が必要となるのである。次の章では、朝鮮がどのような戦略を立てて、アメリカとの条約締結を成し遂げたかについて検討する。

注

(1) 金弘集（一八四二〜一八九六）は朝鮮末期の文官。史料では「金宏集」と表記されているが、これは清国の乾隆帝の名前である「弘暦」と同じ字を避けるためである。本章では史料を引用する場合を除き、すべて「金弘集」とした。

(2) 詳細は第一章の本文冒頭と注2、3、4のほか、本章注8の李憲柱の研究を参照されたい。

(3) 朴漢珉「1878년 두모진 수세를 둘러싼 조일 양국의 인식과 대응（一八七八年豆毛鎮収税をめぐる朝日両国の認識と対応）」『韓日関係史研究』第三九輯、二〇一一年、三八七―三九一頁。

(4) 『承政院日記』高宗一七年五月二八日条。

(5) 金敬泰「불평등조약 개정 교섭과 방곡문제（不平等条約改正交渉と防穀問題）」『韓国近代経済史研究』創作과 批評社、一九九四年、一〇一―一〇三頁。

(6) 井上馨外務卿宛尹滋承礼曹判書の書契の別録には「釜山港口収税、曩以数年限免者、寔出一時権宜、則趁今徴課、無容更緩、凡係条例講議協立、庸附章程、幸甚」と書いてあった。市川正明編『日韓外交史料2 壬午事変』（以下、『日韓外交史料』2と略す）原書房、一九七九年、四一六頁。以下、句読点は筆者による。

(7) 「井上外務卿朝鮮国修信使ト談判ノ大略并朝鮮政府ト往復文書類」市川、前掲『日韓外交史料』2に収録されている「明治一三年八月朝鮮国修信使談判始末」四二〇頁。

(8) 修信使の行跡についての資料は、市川、前掲『日韓外交史料』2、四二〇―四三四頁、及び宋炳基編訳『개방과 예속――대미수교관련 수신사기록（1880）초（開放と隷属――対米修交関連修信使記録（一八八〇）鈔）』檀国大学校出版部、二〇〇〇年（以下『修信使記録鈔』と略す）を参照した。前者には日本との交渉の様子が、後者には日本との交渉の内容のほか、清国官吏との面談の様子も詳しく書かれている。なお、金弘集

修信使と清国官吏との六回にわたる面会については、李憲柱「제 2차 수신사의 활동과『朝鮮策略』의 도입（第二次修信使の活動と『朝鮮策略』の導入）」『韓国史学報』第二五号、二〇〇六年一一月、二九三—二九七頁。

（9）「修信使金弘集聞見事件（別単）」、前掲『修信使記録鈔』一六八—一六九頁。

（10）市川、前掲『日韓外交史料』2、四二〇—四二一頁。

（11）同前、四二一頁。

（12）一八七一年九月一三日、日清間に調印された通商航海条約。批准は一八七三年。この条約は修好条規一八条、通商章程三三款及び海関税則で構成されている。

（13）「修信使金弘集聞見事件（別単）」、前掲『修信使記録鈔』一六九頁。

（14）この草案を作成する際に金弘集が依拠したという日清修好条規の通商章程二二款には、穀物輸出禁止条項が記載されていた。金はこの内容も参照したと思われる。朝鮮側の最初の税則草案作成については、金弘集の世界認識や日本で収集した情報との関連も含めて今後の課題としたい。

（15）「大清欽使筆談（録）」七月一五日条、前掲『修信使記録鈔』一二一—一二四頁。

（16）「大清欽使筆談（録）」七月一八日条、前掲『修信使記録鈔』一二五—一二八頁。

（17）「八月二五日於本願寺花房義質修信使金宏集ト対話ノ略」（市川、前掲『日韓外交史料』2、四二三—四二四頁）。

（18）同前。

（19）「大清欽使筆談（録）」七月二一日条、前掲『修信使記録鈔』一二八—一三四頁。

（20）「八月三一日於外務省外務卿井上朝鮮修信使金宏集ト対話大意」市川、前掲『日韓外交史料』2、四二六—四二八頁。

（21）「大清欽使筆談（録）」八月二日条、前掲『修信使記録鈔』一三四—一四一頁。

（22）「九月七日於外務卿宅修信使ト対話ノ略」市川、前掲『日韓外交史料』2、四二八—四三〇頁。

(23)「大清欽使筆談（録）」八月三日条、前掲『修信使記録鈔』一四二―一四五頁。

(24) 修信使一行が新聞記事のスクラップを作成したことは、金敬泰、前掲「불평등조약 개정 교섭과 방곡문제（不平等条約改正交渉と防穀問題）」一〇五頁による。「中東新聞抄」は韓国学中央研究院蔵書閣に所蔵されており、マイクロフィルムで閲覧できる。

(25) 明治一三年五月七日付、三条太政大臣宛井上外務卿書簡附属書一『外文』第一三巻、四二一頁。

(26) 明治一三年一〇月一四日付、三条太政大臣宛井上外務卿書簡附属書二『外文』第一三巻、四二七頁。

(27) 李憲柱、前掲「제 2차 수신사의 활동과『朝鮮策略』의 도입（第二次修信使の活動と『朝鮮策略』の導入）」二八八頁の注5を参照。『朝鮮策略』を取り扱った代表的な研究が詳しく紹介されている。

(28) 李憲柱、前掲「제 2차 수신사의 활동과『朝鮮策略』의 도입（第二次修信使の活動と『朝鮮策略』の導入）」。

(29) 安岡昭男「花房義質の朝鮮奉使」（解題）『花房義質関係文書』北泉社、一九九六年、二五頁。

(30) 日本政府が朝鮮政府に送る国書の内容は、『外文』第一三巻、四二五―四二六頁。

(31)『承政院日記』高宗一七年一一月二六日条。国書奉呈については、田保橋潔『近代日鮮関係の研究 上』朝鮮総督府中枢院、一九四〇年、六一三―六三九頁。

(32) この「ソウル交渉」についての最初の実証研究は、金敬泰、前掲「불평등조약 개정교섭과 방곡문제（不平等条約改正交渉と防穀問題）」一一六―一二二頁。

(33) 明治一四年二月二〇日付、井上外務卿宛花房弁理公使報告附属書「二月一八日仁川開港談判大意」『外文』第一四巻、三四八―三四九頁。

(34) 一八八〇年、金が東京で何如璋と会った時に何如璋がこのように忠告したことがある。前掲「大清欽使筆談（録）」一三三頁。

(35) 金がこのように述べたのは、前年修信使として訪日中に井上外務卿が次のような書簡を朝鮮の礼曹判書に送ったところにその根拠があると見られる。「税録収税ノ事ハ曾テ明治十二年七月代理公使花房義質ヨリ沈判書ニ照会セシ書ニ於テ備悉シタレハ、両国随時会同訂立致スヘキ義ニ有之、今復タ此意ヲ以テ該使ニ面商致置候」。明治一三年九月七日付、礼曹判書尹滋承宛外務卿井上馨書簡（市川、前掲『日韓外交史料』2、四一六頁）。

(36) 明治一四年三月二日付、井上外務卿宛花房弁理公使報告「税則商議ニ関シ報告ノ件」税則一件第一（市川、前掲『日韓外交史料』2、七一―七二頁）。

(37) 酒井裕美も指摘したとおり、この草案の原文の所在は不明であるが、それに花房公使が附箋でコメントを添付した「通商新約附箋」（図書番号 23124）と、それに対して朝鮮側がさらにコメントを付した「通商新約附箋條辨」（図書番号 23125）が、ソウル大学校の奎章閣に所蔵されている。酒井裕美「開港期朝鮮の関税「自主」をめぐる一考察」『東洋学報』第九一巻第四号、二〇一〇年、一〇―一一頁。草案の内容は、金敬泰、前掲「불평등조약 개정교섭과 방곡문제（不平等条約改正交渉と防穀問題）」一一七―一二二頁及び市川、前掲『日韓外交史料』2、七一―七二頁を参照した。

(38) 金敬泰、前掲「불평등조약 개정교섭과 방곡문제（不平等条約改正交渉と防穀問題）」一二二頁。酒井、前掲「開港期朝鮮の関税「自主」をめぐる一考察」、一一頁（「内国の政令は悉く「自主」に由るとした上で、「海関章程」の制定も「自主」として行うべきであると明言しているのである」）。

(39) 「税則商議ニ関シ報告ノ件」税則一件第一（市川、前掲『日韓外交史料』2、七一―七二頁）。金敬泰、前掲「불평등조약 개정교섭과 방곡문제（不平等条約改正交渉と防穀問題）」一一七―一一八頁。

(40) 市川、前掲『日韓外交史料』2、七二頁。

(41) 同前。

(42) 明治一四年四月一日付、井上宛花房報告「金宏集信使トシテ再渡ノ内報」（公文別録・朝鮮始末続録・明治九年～明治十五年　第一巻、国立公文書館）。

(43) 衛正斥邪派ともいう。カトリックや西洋勢力を退けて、中華文明の正統を擁護する儒学者たち。鎖国攘夷論を唱え、日朝修好条規にも反対していた。

(44) この年（一八八一年）の『承政院日記』には、高宗と金弘集の間の任命と辞任のやりとりが繰り返し登場する。

(45) 北原スマ子「第三次修信使の派遣と「日朝通商章程」の改定・課税交渉」『朝鮮学報』第一九二輯、二〇〇四年、一一九頁の注によると、趙秉鎬は朝廷内外の事の処理において調和を成し遂げないので、国王はそれを遺憾に思い、今度日本の国政を見たら刺激を受け、国家のためにも利益となると考えて彼を任命したという。

(46) 北原、前掲「第三次修信使の派遣と「日朝通商章程」の改定・課税交渉」九八頁。

(47) 同前、九七頁。

(48) 明治一四年一〇月一〇日付、三条太政大臣宛井上外務卿書簡『外文』第一四巻、三〇九―三一〇頁。

(49) 明治一四年一二月一六日付、在京城副田節宛井上外務卿書簡『外文』第一四巻、三一三―三一四頁。

(50) 両草案は、「朝鮮国信使税則談判概略書ノ件」JACAR（アジア歴史資料センター）Ref. A01100221000、公文録・明治十五年・第十五巻・明治十五年四月・外務省（国立公文書館）（以下、「信使税則談判概略書ノ件」と略す）で確認できる。

(51) 明治一五年一月一九日付、三条太政大臣宛井上外務卿書簡『外文』第一四巻、三一六頁。

(52) 井上外務卿宛李寅命《イインミョン》礼曹判書書簡、前掲「信使税則談判概略書ノ件」。傍線は筆者による。

(53) 「新修通商章程草案」、前掲「信使税則談判概略書ノ件」。傍線は筆者による。

(54) 一八八〇年八月一三日付、外務卿井上馨宛礼曹判書尹滋承書契別録、市川、前掲『日韓外交史料』2、四一六頁。

(55) 「故章程中第十一則、有各委員得随時酌量事情、曾商改正之語、我政府年来亟欲拓充商務、立一完善章程、以期彼此人民、均受其益」（前掲「信使税則談判概略書ノ件」）。

(56) 前掲「信使税則談判概略書ノ件」。

(57) 明治一五年一月一九日付、三条太政大臣宛井上外務卿書簡『外文』第一四巻、三一六頁。前掲「信使税則談判概略書ノ件」。

(58) たとえば、金敬泰、前掲「불평등조약 개정교섭과 방곡문제（不平等条約改正交渉と防穀問題）」一一五頁。

また、北原も「日本側は世界の現状から朝鮮貿易をいつまでも無関税のままにしておけないが、できるだけその時期を遷延し、税率を低く抑えたいと考えた」と分析した。北原、前掲「第三次修信使の派遣と「日朝通商章程」の改定・課税交渉」一一三頁。

(59) 「信使亦敢テ此議ヲ合セントスルヲ慮ラス、悠然退帰ス」『外文』第一四巻、三三一頁。

(60) 北原、前掲「第三次修信使の派遣と「日朝通商章程」の改定・課税交渉」。

(61) 同前、一一三頁。

(62) 同前、一一三―一一四頁。

(63) 「信行別単」は「同文彙考附編」に収録されている。原本は東京大学所蔵だが、本章ではソウル国立中央図書館の複写本を利用した。「同文彙考附編」中「税則事」の最後の部分に、この「戦略」の内容が見られる。原文は次のとおりである。「且聞何如璋言以為彼国税則、待英使回来、明年春夏間、以抽十改定、然後議之甚好云」。句読点は筆者による。

(64) 金允植『陰晴史』上、高宗十八年辛巳十一月、三三頁。なお、本書では大韓民国教育部国史編纂委員会編『韓国史料叢書』第六（国史編纂委員会、一九五八年）に収録されている『陰晴史』を使用した。金允植（一八三五―一九二二）は朝鮮末期の文官。一八八一年に清国に派遣されて、北洋大臣の李鴻章と朝米修好通商条約の締結のための事前交渉を行った。その際に筆談した内容が『陰晴史』に収録されている。第三章で詳述。

(65) 金敬泰は前掲「불평등조약 개정교섭과 방곡문제（不平等条約改正交渉と防穀問題）」一三一頁で、「修信使は朝鮮側の税則改正案が日本側により拒否されると、むしろこの機会にアメリカと有利な条約を締結し、その後日本に強硬な態度を以て〔税則交渉へ〕臨もうとしたようである」と指摘している。

(66) 「朝士視察団」に関する代表的な研究は、許東賢『近代韓日関係史研究――조사시찰단의 일본관과 국가구상（朝士視察団の日本観と国家構想）』国学資料院、二〇〇〇年。

(67) 明治一四年二月二八日付、井上外務卿宛花房弁理公使報告『外文』第一四巻、二九四―二九八頁。明治一四年四月二三日付、井上外務卿宛近藤領事報告『外文』第一四巻、三〇五―三〇六頁。

(68) 許東賢、前掲『近代韓日関係史研究』四八―六一頁。
(69) 『海行摠載』XI(民族文化推進会、一九八二年、再版。初版は一九七七年)中に李鑢永『日槎集略』の原文及びハングル訳が収録されている。以下、李鑢永『日槎集略』と記す。なお、その他の李の記録は次の注70で取り上げた資料集の第一〇・一二・一四巻を参照。
(70) 許東賢編『朝士視察団関係資料集』第八・九巻(国学資料院、二〇〇〇年)に閔種默の記録が収録されている。
(71) 李鑢永『日槎集略』一三五―一三九頁。
(72) 同前、一七四―一七七頁。
(73) 同前、二三七―二四四頁。
(74) 同前、三三―四四頁、原文は一一―一二頁。傍線は筆者による。
(75) 『承政院日記』高宗一八年九月一日条。
(76) 日本との交渉内容は、前掲「信使税則談判概略書ノ件」及び『外文』第一四巻、三二一―三二六頁。
(77) 前掲「信使税則談判概略書ノ件」。
(78) 許東賢「1881 년 朝鮮朝士日本視察団에 관한 一研究――〝聞見事件類〟과《随聞録》을 중심으로(一八八一年朝鮮朝士日本視察団に関する一研究――〝聞見事件類〟と《随聞録》を中心に)」(『韓国史研究』五二、一九八六年)の〈附録2〉に一八八一年金弘集と趙秉鎬の草案を比較したものが紹介されている。
(79) 前掲『外文』第一四巻、三二四頁。

第三章　朝米修好通商条約の締結

はじめに

日本との関税交渉が続くなか、朝鮮政府は協議で有利に立つためにも、国際情勢に対応するためにも、日本以外の国々とも外交関係を確立する必要に迫られた。その一環として進められたのが朝米修好通商条約（以下、朝米条約）の締結である。

もちろん朝鮮政府は、単に関税問題を解決するねらいで朝米条約を結ぼうとしたわけではなかった。それまで朝鮮は欧米諸国を「洋夷」とみなし、修交の要請があってもすべて拒んできた。ゆえに、関税率を高くしたいという目的だけでアメリカと条約を結ぼうとしたとは考えづらい。

それでは、朝鮮政府はどのような意図を持って朝米条約の締結を推進したのだろうか。そして、これまで排斥の対象であった国とどのようにして条約を結んだのか。

従来の研究では、朝鮮政府が朝米条約の締結に前向きになったのは清国の勧めがあったからで、それを決定づけたのが、第二章でみた金弘集修信使が母国へ持ち帰った『朝鮮策略』だとする見解が主流を占めた。さらに、条約の締結に至る過程もすべて清の主導のもとにあったというのが通説だった。(1)

対米外交に清国の勧告や『朝鮮策略』が影響を与えたことはたしかだろう。しかし朝鮮が条約締結の意志を持っていなければ国内の強い反発のなかでは不可能なはずだった。条約交渉においても、朝鮮は何もしないまま傍観していたわけではなかった。本章では、朝鮮が条約締結を決意したこと、それを実現するために行った「戦略的」外交政策に焦点を当てながら、その過程を考察する。さらに、その交渉過程を、日朝修好条規以降の朝鮮外交という長いスパンで捉え、朝鮮の戦略的な事大主義政策の一面をあぶりだそうとする点で、本書は既存研究と一線を画するものと考える。

第一節　対米修交の決定

1．初期の朝米関係

従来、朝鮮の対外政策は、清との事大関係、日本との交隣関係という枠のなかで展開した。その他の国々は洋夷とみなし、一切の公式的な交流を拒んできた。すでに一八六六年にはフランスが、一八七一年にはアメリカが通商を求めてきたが、朝鮮政府は断固としてはねつけたのである。そのアメリカと条約を結ぶということは、かねてからの方針に背くことにほかならなかった。にもかかわらず、高宗と一部の官僚たちはこの条約を成立させようと奮闘した。このような急激な変化はなぜ起こったのか。当時の朝鮮にとって、アメリカとの条約が持つ意味とは何だったのか。その問いに答える前に、まず以前の対米関係を検討しよう。

朝鮮は清と日本以外の外国と正式な交流はしていなかったが、漂流民の送還措置は行ってきた。一八五五年にアメリカ船が初めて朝鮮の近海に現れて難破した際は、四人のアメリカ人船員を清国に護送した。(2) 一八六六年五月にアメリカの商船サプライズ号の船員たちが平安道に漂着したときも人道的に対応し、安全に送還した。(3)

ところが、それと同じ年にアメリカの商船ジェネラル・シャーマン号が大同江《テドン》を航行し平壌《ピョンヤン》で開国と通商を要求したり、朝鮮人民に暴行を働くと、朝鮮政府は断固とした対応をみせた。平安道《ピョンアンド》観察使だった朴珪寿《パクキュス》がシャーマン号の攻撃を命令し、沈没させたのである。それから五年後の一八七一年四月にアメリカの駐清公使ロー（Frederick F. Low）は、シャーマン号事件を口実にして軍艦五隻を率いて朝鮮を侵攻し、条約の締結を迫った。米軍は江華島に上陸し、朝鮮軍を襲撃したが、朝鮮側の反撃と交渉拒否により撤退を余儀なくされた。この事件を辛未洋擾《しんみようじょう》という。(4)

一八六四〜一八七三年まで、朝鮮の国政の実権は、大院君《テウォングン》が握っていた。彼は西洋勢力を徹底的に退ける政策をとり、アメリカからの修交通商の申し出もすべて拒否した。(5) しかし、官僚のなかには対米開国派も少なからずいた。(6) その代表的な人物が朴珪寿、(7) 呉慶錫《オギョンソク》(8) である。彼らは政府の派遣使節として清国を訪ね、新しい文物に接する機会が多かったため、はやくから開化思想に目覚めた(9)。それに、辛未洋擾のような衝突はあったものの、朝鮮がアメリカにつねに非友好的な態度をとっていたわけではない。アメリカの目的が侵略ではなくて修好条約の締結にあることを知った朝鮮政府は、事件後も、遭難者の救出要請には応じるとアメリカに通告している(10)。

後述するが、第二次修信使の金弘集《キムホンジプ》が日本で集めた情報をみても、アメリカを高く評価していることがうかがえる。金弘集は、アメリカが日本との条約を改正する予定であり、比較的公正な内容のようだと耳にした。また、駐日本清国公使からもアメリカは公正な国だという話を聞いた(11)。

以上から、朝鮮政府のアメリカに対する印象は、敵対的というよりもむしろ好意的だったことがわかる。このような背景があったからこそ、後述するように朝鮮政府内で対米修交をめぐる議論も可能だったのである。

2.『朝鮮策略』の活用

第二次修信使の金弘集が帰国後書いた報告書と、彼が持ち帰った『朝鮮策略』は、朝鮮政府の対米外交の変化と深い関わりがある。その過程を簡単に検討する。

金弘集が日本で清国公使と筆談した内容と、「修信使金弘集聞見事件(別単)」(以下「聞見事件」)には日本の関税に関する情報(関税率や関税収入、諸外国との条約・関税交渉の経緯など)のほか、日本がさまざまな国と条約を締結していることや、明治維新後の国内・国外情勢の変化など、多彩な情報にあふれている。金弘集は、一八八〇（高宗一七）年八月二八日、報告書「聞見事件」を提出し、高宗に謁見するが、その際にも関税、ロシア、日本の事情、日朝の外交問題など幅広い分野について話し合った[12]。

金弘集をはじめとする一部の官僚や当時二八歳だった国王高宗は、この充実した新しい情報をどのように受け取ったであろうか。隣国の日本は明治維新後政治改革を断行し、進んで一七カ国と条約を締結し、国際情勢に敏感で世界の変化に対応しながら国家を運営している。さらに関税率を引き上げる条約改正まで進めていた。その日本政府が、ロシアの危険に備えるために隣国の朝鮮も富国自強になることを望み、それによってロシアからの侵略を未然に防ごうとしていたのである。

こうした報告を聞いて高宗は、「彼ら〔日本〕がわが国と協力したいと言ってきたとしても、心の底から信じることはできない。わが国も富国強兵を進めるべきである[13]」と述べた。富国強兵の必要性を強調していることから、開化政策を志している様子がうかがえる。高宗は、大院君の執政期からすでに清国を使節として見聞した官僚を通して急変する世界の情報を入手し、独自の対外認識を育んできた。そして、鎖国政策をとる大院君の執権が一八七三年に終わると、日本と条約を締結するなど開化政策を推し進めようとしたのである[14]。金弘集の報告を聞いたのは親政を始めて七年ほど過ぎたころだが、さらに開化政策を展開すべきだと改めて認識している。

このような認識は、高宗のみならず開化派の官僚も共有していた。そして彼らの開化志向は、朝米条約の締結を目指すようになる。ところで、開化政策を進めていくには、国内の世論喚起が必要であった。周知のように、朝鮮国内にはいまだに斥邪派が強い勢力を持っていた。高宗は日本と条約を締結するときも、朝廷で多数を占めていた斥邪派の官僚に猛反発された苦い経験があった。彼らが下野した大院君と結託する可能性もないとはいいきれない。つまり、親政の基盤がまだ固まっておらず、開化政策を推進するには危険な状況だったのである。[15] それゆえ、アメリカとの修交を推進するには、どうにかして世論を喚起しなければならなかった。そうした状況のなか、金弘集が日本から持ち帰ってきた『朝鮮策略』が、世論喚起のきっかけを与えた。高宗と開化派の官僚たちは、開化政策が正しいことを証明するために『朝鮮策略』を使おうとしたのである。[16]

『朝鮮策略』は、朝鮮が今置かれている国際情勢の危険性について説明し、とりわけロシアの危険性を警告するもので、それを抑えるためには「中国と親しくし、日本と結束し、アメリカと条約を結ぶ（親中国・結日本・聯美国）」ように忠告する内容だった。[17] 従来の研究は、この『朝鮮策略』により朝鮮の世論は朝米条約の締結へ舵を切ったと分析していた。

しかしこの小冊子がひとつのきっかけを与えたのは確かだろうが、最近の研究により、それだけで外交政策が転換したわけではないことが明らかとなった。[18] それ以前に清国から伝わっていた情報と比べて特に目新しい内容ではなく、あくまでも清国の官僚が自国の危機感に基づいてその解決策を示したものであった。よって、朝鮮の立場と必ずしも一致するわけではない。『朝鮮策略』はロシアの力を削ぐべきだと声高に説くが、朝鮮にとってそれはさほど喫緊の課題ではなかった。[19] だが高宗や官僚たちは、『朝鮮策略』を根拠にアメリカと条約を結び、朝鮮の開化政策を前進させようとしたのである。要するに、国防を考慮した清国政府と、朝鮮の開化派の利害が一致したのだった[20]。

こうした朝鮮政府の動きに、宗主国の権威を借りて開化政策を推進する言い訳にしようという戦略がうかがえる。その点に注目しながら、朝鮮がアメリカとの修交を決定するに至った経緯を検討する。

高宗は、『朝鮮策略』について領議政の李最應《イチェウン》と話しあい（九月八日）、大臣たちにも意見を求めた[21]。大臣らの結論をまとめた「諸大臣献議」をみると、アメリカとの条約締結に積極的に賛成したわけではないが、「時期をみて〔アメリカへの〕対処をしたらどうか（在臨（因）其時措処之何如矣）」という意見を出している[22]。ここから、大臣たちは斥邪派のように明確に反対したわけでもないことがわかる。そのため先行研究でも解釈が分かれている。

この問題を研究した李憲柱や金源模は、大臣たちがアメリカと修交する可能性を否定してはいないものの、『朝鮮策略』が示唆する条約の締結は拒否したと解釈する[23]。一方宋炳基や柳永益は、大臣たちが徐々にアメリカと修交を進めていくべきと主張したことに着目し、高宗は自らの方針について大臣たちの了解を得ることができたと解釈した[24]。

筆者は次のように解釈する。「諸大臣献議」で大臣たちは、アメリカとの修交を斥邪派のように完全に拒否したわけではなかった（斥邪派の言い分については本章第二節を参照）。アメリカは洋夷なので朝鮮に害を与える恐れがあるといった主張はどこにも見当たらないからである。その一方で、大臣たちは、そもそもはるか遠くのアメリカとどうやって修交できるのかと疑問を提起している（相在数万里、声息不及之地、今何以自我先通、以為聯交為援乎）。このような疑問は、諸外国の修交の実態や、修交に必要な「外交的」手続きを知らないかぎり、当然起こりうるであろう。まだ万国公法に基づいた外交手続きや専門機関が整備されていなかった朝鮮では、遠く離れたアメリカとの修交は、実現可能性が低いと考えられたのではなかろうか。大臣たちの煮え切らない態度は、彼らの置かれていた状況からみて当然の反応であった。

このように大臣たちはただ消極的なだけで強く反対しているわけではないため、高宗が旗振り役となって主導すれば、アメリカとの条約も締結できるはずであった。そこで高宗は、急いでアメリカとの修交を進める手はずを整える。

3．対日関税交渉における戦略

それでは関税交渉と朝米条約締結との関連について考察しよう。第二章で指摘したように、朝鮮政府は、日本との関税交渉で有利となるには、まずアメリカと条約を結んだほうがよいことに気づく。このことは、対米修交を推進する一つの要因となった。

第二次修信使の金弘集は、一八八〇年に日本を訪ねた折、何如璋駐日清国公使と関税や国際情勢について筆談した。何如璋は、日本がいまアメリカと条約の改正に取り組んでいること、今度の関税率は比較的高く、朝鮮もその関税率に倣ったほうが良いと助言をした[25]。金弘集はこの情報に基づいて、花房義質公使・井上馨外務卿と交渉する際に、日米の条約が改正されてから朝鮮もそれに準じて税則（関税規則）を定めたいと主張したが、日本側は拒んだ[26]。

その後、一八八一年のソウルでの交渉も、第三次修信使による交渉も合意に至らなかった。そこで朝鮮政府は、対米条約を視野に入れはじめたのである。

当時の朝鮮側の意向を知るのに有用な二つの史料がある。ひとつは金允植《キムユンシク》の『陰晴史』であり、もう一つは第三次修信使の「信行別単」である。第二章で述べたとおり、『陰晴史』には、第三次修信使の関税交渉が合意に至らなかったので、まずアメリカと条約を結びそれに準じて日本政府と協議しようとする朝鮮側の構想が書いてある。[27] 一方、「信行別単」には、修信使は何如璋から、日本が英国との条約を改正し関税率を一〇%に引き上げてから日本と交渉したほうがよいとアドバイスされたため、交渉に決着をつけないまま帰国したという。[28] 金允植の『陰晴史』に登場する李祖淵と何如璋の会談と、「信行別単」の何如璋のアドバイスと、どちらが先だったのかはわからない。いずれにせよ朝鮮側が条約を利用して関税率の交渉に有利な立場を得ようとした点は興味深い。

ところで、第三次修信使が日本で井上や花房を相手に奮戦しているさなかに、朝鮮政府はすでに対米修交の方針を決め、作業を進めていた。ただし、朝米条約に関するすべての工程は秘密裡に行われていたため、修信使がどこまで知っていたかは不明である。いずれにせよ、関税率の問題は朝米条約の交渉でも重要な案件として取り上げられた。これについては後ほど考察する。

第二節　国内の反発と秘密外交

1. 斥邪派の反発

朝廷の大臣たちが高宗の命令により「諸大臣献議」を提出したのは、一八八〇（高宗一七）年九月八日のことである。ところで高宗は、大臣たちに意見を聞く前の九月三日に、すでに李東仁《イドンイン》・卓挺《タクジョン》埴《シク》を密使として日本へ派遣していた。二人は何如璋に朝鮮の対米修交の意向を伝え、それに関わる問題を協議する任務を帯びていた[29]。過密なスケジュールに、対米修交を急ぐ高宗の切迫感がうかがえる。また、密使だったのは、国内における反発を予想していたのであろう。

一八七六年、日本と日朝修好条規を締結する際に猛反対した斥邪派は、『朝鮮策略』が流布されると、その内容に異議を唱えた。一八八〇年一〇月一日の兵曹正郎・劉元植《ユウオンシク》から始まり、一二月一七日には前正言[30]の許元栻《ホウオンシク》が、翌年二月二六日には儒生の李晩孫《イマンソン》が、三月二三日には洪時中《ホンシジュン》が『朝鮮策略』に反論する上疏を行ったのである[31]。

これらの上疏文には、『朝鮮策略』への反論だけでなく、仁川の開港に反対するとか、外国使節の常駐は禁ずべきだといった意見も盛り込まれていた。『朝鮮策略』については、その記述をいちいち挙げて批判したものが多い。この冊子はロシアの侵入を防ぐための方策を論じたものだが、まずその前提となるロシアの脅威について疑問を呈している点も目を引く。ロシアの脅威がないとすれば、その防御策であるアメリカとの修交も当然ながら必要なくなる。そもそも洋夷を排斥すべきと考える斥邪派は、朱子学のみが「正学」であるとして、西洋の宗教を邪教と警戒し、それを国内に入れるべきではないと上奏した。また、アメリカとの修交についても、遠い国がどうして朝鮮を助けられるのか、そんな条約を結べば洋夷が朝鮮に無理な要求をするのではないかと懸念した。彼らは洋夷と関わりを持てば、朝鮮社会が重大な混乱に陥ると恐れたのである。

特に李晩孫が中心になって「嶺南《ヨンナム》萬人疏」を上奏して以降、儒生たちの反対活動は活発になっていった。この活動はさらに、大院君の庶子である李載先《イジェソン》を国王に擁立しクーデターを企てた李載先逆謀事件まで発展した[32]。これは大院君派の謀略だったが、成功する可能性が低いと判断した大院君がクーデターを止めさせた。しかし李載先以下関係者は多数逮捕・処罰されるに至った。その後大院君派の気勢は弱まったものの、国内における斥邪派の激しい反発をかんがみて、高宗が開化政策を進めるにあたって秘密外交のような戦術を必要としたことは理解できよう。

2．高宗の現実的選択

先行研究ですでに指摘されているように、高宗は『朝鮮策略』を根拠に、外交政策や国内開化政策を進展させようとした[33]。高宗は一方では対米修交について大臣たちの意見を求め、『朝鮮策略』を各地に流布させた。他方では、大臣たちの意見を聞く前にすでに密使を日本に派遣し、駐日清国公使の何如璋に朝米条約を締結する意志を伝えた[34]。まずは対米修交のために行動を開始し、その後世論を喚起して自分の外交方針に理解を得ようとしたのである。

当時朝鮮では日本との関税問題や、仁川の開港、外国公使の常駐など、かつて経験しなかった外交事案が次から次へと起こり、変化する国際情勢への対応も求められた。高宗もこのような状況に迅速に対応するためにも開化政策の必要を痛感していたのである。そのため当時の朝鮮は必ずしも喫緊の課題ではなかったものの、ロシアの脅威という『朝鮮策略』の主張を取り上げ、それを根拠に外交や開化政策を推進しようとした。もちろん反対派の猛烈な反発も予想できた。日本と条約を結ぶときも反対の上疏が相次いだが、今回はいわゆる「洋夷」として排斥の対象となってきた国が相手なだけに、秘密外交を採用せざるを得なかったのである[35]。

秘密外交では、多様なチャンネルを駆使した。高宗は日本にいる何如璋に密使を派遣しただけではなく、清国にも使臣を遣わし、条約の締結について協議させようとした。朝米条約のために、一八八〇年一一月から翌年にかけて四人もの使臣を清国へ派遣したのである。高宗がこの対米修交にどれほど積極的だったかうかがえる。以下、清国への使臣派遣について宋炳基の研究を基に再構成すると次のようになる[36]。

一八八〇年一一月、高宗は清国へ冬至使(毎年冬至前後に清国へ派遣している使節)を派遣するが、通訳として同行する訳官李容粛《イヨンスク》に特別な任務を与えた[37]。李容粛は翌年一月二二日に天津で直隷総督兼北洋大臣の李鴻章と会談し、清国へ軍備や開港問題などに関する諮問を求めるために高宗の指示により作成された「請示節略[38]」を手渡した(一二六—一二七頁)。宋炳基は、高宗が李容粛を派遣したのは、西洋に門戸を開放するよう勧めた李鴻章にアメリカと条約を締結する旨を婉曲に伝え、それに対する助言を求めるためであったと解釈している（一三〇頁）。

　これを受けて李鴻章は朝鮮政府へ咨文（朝鮮と清国との公式的外交文書）を送った。アメリカと修交する利点を挙げ、留学生を引率して天津に来る高官と朝米条約の締結について協議したいという内容であった。また、この件はぜったいに秘密にして他国に洩らさないようにと念を押した（一九四頁）。

　一八八一年二月四日、高宗は清国からの回答咨文を読むと、天津に派遣する者を早急に選ぶよう指示した（一九八頁）。統理衙門は二月二六日に清国への留学生の引率役として領選使の派遣を決定し、出発は四月一一日とした。また、領選使の派遣を知らせるために李應浚《イウンジュン》を清国へ送ることにした。彼は三月末頃清国へ向かった。

　李應浚が帰国する時に、李鴻章は朝鮮政府宛ての書簡を彼に委ねた。朝鮮の高官を天津に派遣して、まず天津でアメリカのシューフェルト（Robert W. Shufeldt）提督と協議し、それから清国の高官とともに朝鮮へ移動して条約を締結するようにとの指示であった。つまり、天津で李鴻章の仲介のもと朝米は協議し、朝鮮における調印には清国の官吏が同席するという構想である（二〇二頁）。

　だが、当時朝鮮では斥邪論が広がっていたせいもあって、李鴻章の要求にすぐに応えられない状況であった。その事情を説明するために再び李應浚を天津に派遣する一方で、高宗は朝士視察団として日本に滞在中の魚允中《オユンジュン》[39]にも天津へ向かうようにと指示を出している。魚允中は一〇月二日に天津に着き、一〇月六日、一〇日に李鴻章と会談を行った（二〇七頁）。一〇日の会談で、朝米条約を締結する際に別款を設けて朝鮮を清国の属邦と明示することで李鴻章と合意した。また、朝鮮が天津に高官を派遣し、条約の締結について協議することにも同意した（二〇七―二〇八頁）。魚允中は一二月一四日にその旨高宗へ報告した。

ところで高宗は、魚允中が帰国する前に、すなわち李鴻章の意見を知らないまま、今度は金允植を領選使として天津へ派遣することにした。このときは機器製造を学ぶため三八人の学生を引率するという名目で金允植を送り出した。九月二六日のことである。

第三節　朝清間の戦略の相違

1．朝鮮の構想

領選使を任じられた金允植は、一八八一年一一月二七日に直隷総督の管轄地である直隷省保定府に到着した。金允植はここで李鴻章と数回にわたって筆談を行い、その大半を朝米条約の打ち合わせに費やした。その記録は金允植が残した『陰晴史』にみることができる。以下では『陰晴史』を用い、金允植・李鴻章の会談を検討する。なお、金・李会談に関しては宋炳基や朴日根なども考察している(40)ので、本章では朝鮮が当初予定していた朝米条約の構想が、清国でどのように変化していったのかに焦点をしぼる。その過程で朝鮮がこの条約の締結において何を重視したのかを明らかにしたい。

金・李の第一回目の筆談は、金允植が保定に着いた翌日の一八八一年一一月二八日に行われた。李鴻章は金允植に、今回の訪問には機器学習のほかになにか目的はあるのかと問うた。金允植は「アメリカとの修交に関する事」と返答した。高宗はアメリカとの修交について指導してくれた李鴻章に心より感謝しているのだが、朝鮮では西洋との修交が初めてのことなので議論が百出している状況だと述べた。[41]金允植はそれについて相談するために派遣されたのである。

金允植はその翌日、さらに詳細な国内事情や、高宗が考えた方策を書簡にしたためて李鴻章へ送り、清国の協力を要請した。この書簡は、朝米条約の締結に臨む朝鮮の状況や、問題への向き合い方を知るうえで貴重な史料である。[42]

書簡で金允植はこう述べている。朝鮮は弱小国であり、急速に富強な国になることは困難である。とりいそぎ優良な国を選び、親交を結んで朝鮮の弱点を補うほうが得策である。その国とはアメリカに他ならない。西洋諸国のなかでアメリカは経済力も軍事力もあるうえ、公正な国だと聞いているので、まずアメリカと公正な条約を結んでおくと、その後他の国と条約を結ぶときも先例があるため朝鮮の自主権は損なわれないだろう。それゆえアメリカとの修交が最優先の課題である。しかし、朝鮮人民はいまだに西洋を悪とみなしており、そうした民意を考えると高宗も、西洋との修交について公表できない現状である。その状況でいまアメリカの船が朝鮮に来航すれば、国内世論はこぞって高宗を非難するだろう。もしアメリカの使節を出迎えて応対すると、反対派たちは何事も邪魔をして、争いを起こす恐れがある。(未遂に終わったが)安驥泳事件(謀反)をみてもわかるだろう。中堂(李鴻章)のお力を借りて反対勢力を抑えることも考えたが、朝鮮人民は愚かなので中堂を恐れることも知らない。アメリカとの修交計画に気づかれたら騒乱が起き、修交は成し遂げられないだろう。アメリカとの条約は早く締結すべきであり、秘密裡に進めなければならない。事柄が重大なので朝鮮人民の動揺する心を抑えているが、名分が正当であれば道理も通るであろう。隣国の謀略を防ぐためとの理由で、来年春にわが国の年貢使が貴国から朝鮮に戻る際に、高宗宛ての皇帝の勅書を携えた清国官吏を朝鮮に派遣し、朝米条約について協議せよと命ずるのはいかがだろうか。そうすれば高宗も皇帝の権威にあずかってこの問題に対処でき、ひいては東洋全体の安全と防衛に資するであろう。

金允植はこのような書簡を李鴻章へ送った。朝鮮国内における反発や高宗の苦悩がはっきりとうかがえる。また、第一節でみたように、アメリカに対する好印象も見て取れる。だが、特に注目すべきは、末尾に見られる条約の締結に向けた作戦である。これは、反対世論を抑えるために清国皇帝の権威を借りようとする高宗の案であった。朝鮮にとって清国は「宗主国」であり、その地位や権威を借りて国内の激しい反対世論を抑えようとしたのである。また、交渉は朝鮮で行うという方針も明らかにしていた。

2．李鴻章の構想

しかし、李鴻章の考えは高宗とは違っていた。朝鮮の官吏を天津へ派遣させて、天津でシューフェルトと協議させようという計画であった[43]。つまり交渉を朝鮮ではなく、清国で行おうとしたわけである。それは言うまでもなく、朝米条約交渉を自分の主導で進めたいからである[44]。

一一月三〇日、金・李の二回目の会談が開かれた[45]。この日李鴻章は金允植に対して、自分の提案した天津での交渉が妥当であると述べ、朝鮮は清国の意向に沿うつもりがあるのかと尋ねた。朝鮮側の返答は否であった。天津ではなく、朝鮮国内で交渉したかったのである。李鴻章はその返事を聞いて、自分の計画どおりに天津で交渉を行うよう金允植を説得しはじめた。李鴻章は自分に届いた何如璋の手紙を金允植に見せた。第三次修信使はその年関税交渉のため日本へ行ったが、交渉が決裂したあとに李祖淵が何如璋公使に相談した内容の報告であった（第二章三節参照）。李祖淵は日本との交渉がうまくいかなかったので、まずアメリカと条約を結んで先例を作ってから日本としたいがどう思うかと尋ね、何如璋は積極的に賛成した。李祖淵は来春に自分が天津へ赴き、そこで交渉したいと言い、何如璋はこれにも賛同した。そして李鴻章に対し、李祖淵が朝鮮に帰国後何度も政府と話しあえば、この方針になるだろうと説明したのだった[46]。

一方、金允植は第三次修信使が日本から帰国する前に朝鮮を出発したため、李祖淵と何如璋のあいだでそんなやりとりがあったことなど知らず、李鴻章が見せてくれた手紙で初めて知ったのである。李鴻章は、朝鮮側にも天津で交渉を行う意向はあったのだと伝えたかったのであろう。

金允植がシューフェルトはいまどこにいるのか、来年春に天津に来るのかと質問すると、李鴻章はシューフェルトは現在天津にいると答え、「しかし来春までに朝鮮が締結に向けて明確な姿勢を示さなければ、彼は帰国すると決めている[47]」と言った。

来年春に清皇帝の勅書を得て帰国してから協議しようと考えていた朝鮮にしてみれば、シューフェルトの決意は予定を早める要因となった。そして何よりも、シューフェルトがすでに清国にいることに金允植が初めて気づいた点にも注目すべきである。前記引用した何如璋の書簡でも、何如璋は李祖淵に対して、シューフェルトが翌年になってもまだ帰国していないのであれば、彼と協議して条約を締結できるであろう。また中堂（李鴻章）に指示を依頼すれば、条約締結のことは自然に妥結するとの見解を示したのである。[48] 何如璋はシューフェルトが清国に滞在しているあいだに交渉は清国で終えるべきだと考えており、それは李鴻章も同様であった。前述したように、天津で交渉を行えば自分が仲介でき、朝米条約に清国の立場を反映させやすいと判断したのだ。彼のそうした意図は、一二月一九日の第四回会談でも確認できる。[49]

このように李鴻章は、シューフェルトが清国にいるこの機会を逃してはならないと考えた。第一に、朝鮮の予定どおり来年春に交渉を始めるとしたら、シューフェルトが帰国している可能性があり、条約の締結がかなり遅れるに違いない。また、交渉の場を朝鮮国内にすると、自分の意向を直接反映できないし、朝鮮で交渉がどのように進捗するかも不透明であった。

第二に、『陰晴史』に記述はないが、一二月二日付の李鴻章による清国皇帝への上奏文には、皇帝の勅書を求める朝鮮の依頼を退けた理由が記されている。[50] それによると、李鴻章は朝鮮側の勅書要請に対して、前例がないだけでなく、他の外国へ口実を与える恐れがあることを理由にその要請を拒んだのである。続けて、先に引用した何如璋からの書簡に言及し、自分も彼の意見に賛成するとした。幸いシューフェルトがいま清国に滞在しているので、この件はうまくいくであろうと付記していることも注目に値する。つまり、シューフェルトが清国にいる間に交渉を終えようとしていることが見てとれる。

李鴻章が朝米条約の締結を急いだのは、上奏の末尾にあるとおり、清国の安全保障と密接に関わる朝鮮問題（朝清関係を明文化すること）をこの機会に解決したかったからであった。朝鮮の言うように来年の春まで交渉を延ばせば、チャンスと時間を無駄にしかねない。清国で一日も早く交渉を終わらせ、朝鮮は清国の属国であると条約に明記させようとしたのである。

3. 朝鮮の戦略転換と全権問題

朝鮮側は、このような李鴻章の姿勢にいかに対応したのであろうか。金允植は第二回会談を終えると、朝鮮に帰国する卞元圭《ピョンウォンギュ》を通してシューフェルトとの交渉について国王の指示を仰ぎ、返答を天津で待つことにした(51)。

朝鮮側の計画に変化が見られたのは、一二月一九日の第四回会談である。金允植はその前日の一八日に天津を出発し、再び李鴻章のいる保定に戻っていた(52)。なお、第三回の会談では、朝米条約に関する具体的な話は言及されていない。

第四回の会談で李鴻章は、朝鮮の国王から届いた書簡について尋ねた。第二回会談より前の、一〇月二四日に朝鮮から届いた高宗の書簡のことである。高宗が金允植と李鴻章の会談の報告を受けてから書いた返信ではなく、そもそも金允植が清国へ到着する前に発送されたものである。金允植はこの手紙を天津で受け取り、書簡の内容は李鴻章にも伝えられた。

書簡によると、シューフェルトが清国に滞在中であると初めて聞いたことと[53]、ロシアが修好を求めてくるのに備えて、アメリカとの条約を早く結びたいとのことであった[54]。そのためには、シューフェルトが清国にいるあいだに交渉したほうがよいと判断して、領選使として派遣した金允植に、シューフェルトとの協議を任せるとしたのである[55]。

朝鮮はこのように、従来の方針を変更した。朝鮮ではなく、清国で交渉することにしたのである。しかし、これは李鴻章に説得されたからではなく、朝鮮自身の状況判断から変更したのであった。ところが、朝鮮が清で交渉することにしたと伝えると、李鴻章は「もう天津でアメリカ代表と交渉する機会はなくなってしまった[56]」と言った。昨日アメリカ政府からシューフェルトに国書が届き、彼はいま北京に向かっているとのことであった。シューフェルトが北京に行けば、諸外国はなにかが起こったことに感づき、極秘にアメリカと条約を締結するのは不可能になるだろうと言った。李鴻章の口調には、最初から自分の言うことを聞いておけばよかったのにという非難が感じられる。

李鴻章のこの発言を聞いて金允植は不安になった。密かに進めてきたアメリカとの条約締結が今後難航するのではないかと恐れたのである。李鴻章はさらに、全権がないとシューフェルトとの交渉はできないと念を押した。協議のことだけ心配しているようだが、そもそも全権がないと協議もできないのだと釘を刺したのである。金允植は、いま朝鮮にとってアメリカとの修交は必要だが、条約を締結する前に人民に公開すると激しい議論を呼ぶのは必至で、わが国王はそれを避けたい所存であると[57]、全権を持たない理由を説明した。秘密裡にことを進めるためには、全権委任状も表立っては出しづらかったわけである。

李鴻章は、以前、鄭藻如の書簡で官吏を天津に派遣してシューフェルトと協議するように要請したのは、自分が仲介するためであると明かした。また、万国公法では、必ず全権大臣どうしで交渉すると定められていると述べた(58)。

金允植は、ならば急いで朝鮮に書簡を送り、全権大臣を派遣してくれるよう要請する、ただし、国内事情のせいで、うまくいかないこともあるかもしれないと答えた。李鴻章の説明は理解したものの、それに応えられないかもしれない朝鮮の事情を代弁しようとしたのである。しかし、このような金允植の態度は李鴻章にとって決して好ましいものではなかった。李鴻章はシューフェルトが西暦の五月一日には朝鮮に向かうつもりであり、その前に急いで全権大臣を清国に派遣しないと、自分も彼を引き留めることはできないと述べた。すると金允植は、シューフェルトが朝鮮にやってきたら起きうる混乱を恐れ、自分がすぐに天津へ戻って朝鮮へ書簡を送り、全権を持つ官吏を派遣するよう要請すると答えた(59)。

だが、金允植はそう言いながらも、全権大使の派遣に反発するであろう世論を危惧した。そこで一度シューフェルトと清国で会って、朝鮮の現状を伝えたいと述べた。李鴻章は、シューフェルトがもし北京に行ったあとに保定に来る場合は、金允植と引き合わせよう。また、彼に天津に留まるよう勧めながら、高宗の指示を待とうと語った(60)。李鴻章の当初の予定どおり、朝鮮から全権を持つ官吏が派遣されれば、自分が主導して交渉を進められると考えたのである。

また、朝米条約の締結は一刻を争うとし、次のような提案までした。ここで国王の全権委任状を作成し、条約草案を協議する準備をしたらどうかというのであった[61]。しかし金允植はいかに朝米条約が重大であろうと、さすがに高宗の全権委任状を偽造するという話には応じなかった[62]。かなり譲歩した金允植が全権大臣の到着を待つと言っているにもかかわらず、そのような提案をしたところに、李鴻章の焦り具合がうかがえる。実際、朝鮮よりも清国のほうが朝米条約の早急な締結を強く願っていたと解釈できる。それを裏付けるかのように、李鴻章はこの第四回会談の最後に、全権大臣を二月初旬までに送るよう再度念を押した。そうすればその全権大臣とともに条約草案について協議し、その後皇帝に上奏して、清国の官吏はアメリカ代表をつれて朝鮮へ赴き、条約の調印に至るまで全面的に力添えすると約束したのである[63]。

第四節　草案からみる朝清の立ち位置

1．清国での交渉準備

朝鮮側は、なぜ李鴻章がこの条約を仲介したがるのか、朝米条約にどのような条項を入れさせようとしているのか、その時点ではまだ承知していなかったようである。こうしたなか、金允植は朝鮮ではなく清国で交渉が行われることになったため、清国側と草案を検討する準備を始めた。

一二月二六日、金允植は李鴻章と第五回目の会談を行った。この日李鴻章はシューフェルトの書簡の内容を金に伝えた[64]。それは、李鴻章が保定で会談しようと提案した手紙への返事であった。前回の会談で金允植に伝えたとおり、シューフェルトはすでにアメリカ政府から全権を委任されて、正式に交渉に臨む準備を整えていた。李鴻章は彼と保定で会おうとしたのである[65]。しかしシューフェルトは、朝鮮との条約は秘密を優先すべきだが（朝鮮議約一事、以秘密為先）[66]、保定では人目に付くので、天津で会談したいと返答してきた[67]。そこで李鴻章は、金允植にまずは天津に戻って朝鮮から命令が届くのを待つよう提案した。シューフェルトの慎重な姿勢に金は安心したようである。そこで彼は李鴻章の提案どおりに天津に戻ることにした[68]。

しかし金允植は、シューフェルトと会う前に李鴻章に条約の草案について相談しておく必要があると考え、朝米条約の草案三つと、日本との条約謄本（日朝修好条規の控え）を李鴻章に見せた[69]。宋炳基によると、これらは一二月一一日に金允植のもとに届いた高宗の奉書に同封されていたという[70]。高宗は、天津で協議することを了承し、また、これらの草案を李鴻章に見せ、アドバイスしてもらうよう指示していた[71]。

三つの草案とは、朝鮮の李東仁が作成したもの、李鴻章が馬建忠に作成させて朝鮮に送ったもの、そして黄遵憲の作成したものを指す。そのうち、馬建忠の草案はすでに李鴻章の意見を反映したものなので、金允植と李鴻章は李東仁案と黄遵憲案について意見を交わした。

まず李鴻章が取りあげたのは、いわゆる「属邦条項」であった。これは「朝鮮は久しく中国の属邦であったが、外交と内政は自主である（朝鮮久為中国属邦、而外交内政事宜、均得自主）[72]」という条項で、李鴻章は朝米条約に盛り込もうとしていた。そのためにシューフェルトとの交渉を自ら仲介しようとしたことは、これまでの朝米条約を扱った先行研究ですでに指摘されており、この条項はその焦点であった[73]。

言うまでもなく属邦条項は、朝鮮と清の伝統的な関係をあらためて条約に明記しようとした点で重要な意味を持つ。李鴻章が朝米条約の交渉に関与しようとしたのも、この朝清関係を欧米諸国へ示したかったからに他ならない。しかし、その面ばかりに焦点が当てられ、他の条文については比較的軽視されてきた感もある。本章では李鴻章ではなく、当事者である朝鮮の立場から、朝鮮が最も重視した内容について考えてみたい。朝鮮政府が国内の猛烈な反対にもかかわらず密かに官吏を派遣して清国で交渉を行い、何としても成し遂げようとしたのは、清国との関係を条約に明示するためではなかったからである。

では、朝鮮がこの条約締結において最も注意を払った、最も重視した内容とは何だったのか。清国における交渉の大半は李鴻章とシューフェルトとのあいだで行われたため、朝鮮の使節は直接シューフェルトと交渉ができなかった。したがってこの問いに答えるには、李鴻章と金允植との筆談、条約草案に対する金允植の見解を見る必要がある。そして、李鴻章とシューフェルトの暫定合意案をもとに朝鮮で最終交渉が持たれたが、朝鮮側が何に最後までこだわったのかに注目し、筆者なりの推測をしたい。

以下では、朝鮮から届いた李東仁と黄遵憲の草案について、金允植と李鴻章が交わした議論を考察する。金允植と李鴻章の筆談は、朝鮮と清国の見解の差を浮き彫りにし、朝鮮側が何を重視していたのかが明らかになる。

2．李東仁案の検討

李鴻章と金允植はまず李東仁案を検討した。第七款「派駐官員及通商章程、五年後議定」について、李鴻章は外国から派遣される公使の常駐と、通商章程を締結する二件とも難しいと反対した。[74] つまり、この二件はすぐ決めるべきだというのである。

注目すべき点は、金允植も同様にこの第七款について反対したことである。金允植は、各国の条文を見ると、派遣官員の常駐は条約締結後の最優先業務と書かれていると指摘した。[75] これは、日本と修好条規を締結する際、日本公使の朝鮮駐在に反対したことを考えると、朝鮮外交で大きな方針の転換があったことを示す。朝鮮政府は、派遣官員の常駐を認める意向を明らかにしたのである。第二章でみたとおり、朝鮮にはすでに一八八一年から花房公使が常駐していた。朝鮮側はそのような状況にかんがみ、公使の朝鮮駐在を認める方針に転換したのである。金允植は、アメリカと条約を結んだら、米公使の朝鮮駐在を拒否できないだろうと述べた。

つづいて、通商章程の締結に関しても金允植は、李鴻章と同様に五年後に決めることに反対した。金允植は、朝鮮が日本と一八七六年に条約を結ぶ際に税則を定めなかったため、今まで六年間も無関税貿易が続き、朝鮮の損失は少なくなかったと述べ、その前例を踏襲すべきではないと主張した。[76] 日朝修好条規で得た教訓を朝米条約に活かそうとする姿勢がうかがえる。

李東仁案の第一〇款は、アメリカに朝鮮で教会を建てることを禁止する条項（不立教堂）であった。金允植はこの条項を全力で守ろうとした。李鴻章もそれに理解を示し、朝鮮側の意見を採り入れると答えた。[77]

西洋を洋夷、その宗教を邪教とみなしていた朝鮮では、キリスト教を条約で許可するなどあり得ないことであった。よって金允植はこの条項だけは断固守ろうとしたのである。李鴻章はアメリカは受け入れない恐れがあると述べたが、朝鮮側は揺るがなかった。李鴻章は再三考慮したあげく、この条項にアメリカ側が反発し条約の締結を妨げるのを恐れ、条約に載せないように変更させた。締結後、アメリカが朝鮮に教会を設立しようとしたら、条約に載っていないことを根拠に反対すればよいとの論理であった。[78]

このように草案の検討にあたって、朝鮮側の意向は一つひとつ李鴻章に伝えられた。李鴻章の考えだけで条文が作成されたわけではなかったのである。

さて、朝清の意見の違いが最も明らかになったのが、李東仁草案の第一一款である。一一款の原文は記録が残っていないため確認できないが、二人の筆談から「万国通例」に従うという内容だったことがわかる。ここでいう万国通例とは、主に欧米の国同士で適用する通例のことと考えられる。李鴻章が意見を述べ、それに対して金允植が反論しているが、反論のなかに税則に関わる内容も含まれていてとても興味深い。以下、その内容を紹介する。[79]

李鴻章は万国通例に従うのは困難であると述べた。理由としては、清国も日本も西洋の国と条約を結ぶ際に万国通例に従うことができなかったのに、どうして朝鮮にそれができようかというのである。しかし、金允植は清国と日本の場合は軍事力を背景にした条約締結であったため、万国通例を適用できなかったが、朝鮮は今アメリカと互いに好意により条約を締結するのであるから万国通例を適用することは可能であるとの見解を示した。朝鮮は弱小国に過ぎず軍事力で優位に立つことはできないものの、今回の条約は戦争後の講和条約ではないので、清国や日本の場合とは違うと主張したのである。続いて金允植は、欧米では一〇%から三〇%の税則を定めているのに、清国と日本では関税率が五%である。これは欧米諸国が軍事力を用いて結ばせた条約だからであるが、今朝鮮がその例に従う必要はないと説明した。

この税則については、朝鮮が日本との交渉時から一貫して主張してきたものであり、まず李鴻章を納得させ、その結果李鴻章とシューフェルトの最終草案にも反映されたので、注目に値する。朝鮮は弱小国という自覚を持ったうえで、万国通例をうまく利用して税則に反映させようとしたのであった。[80]

3．黄遵憲案の検討

李鴻章と金允植は李東仁案に続き、黄遵憲案も検討した。この草案の第一款には、朝鮮は清国の命令を受けるとあったが、二人とも反対した。[81] とりわけ金允植はこの条項だとシューフェルトが同意しないだけでなく、朝鮮はすでに「自主の権利」を有しているので条約に含めるのは難しいとの見解を示した(82)。「自主の権利」とは、清国の命令に従うことなく、朝鮮独自の内政と外交を行うという意味である。

李鴻章はこの条項の代わりに、条約第一条として朝鮮は中国の属邦であるが外交と内政は自主であるという「属邦条項」を入れることを提案した(83)。先行研究が指摘するとおり、李鴻章はこの条項を入れることによって、朝鮮に対する清国の宗主国たる地位を国際社会に示そうとしたのである。

金允植はこの提案に対して、朝鮮が清国の属邦であることは天下の知るところであると述べたうえで、ただ、清国が確実にその責を担ってくれるのかが心配であると述べた。大国の保護がなければ、孤立した弱小国である朝鮮の存立は難しい。各国に朝清関係を宣言して、万が一朝鮮に事が生じた時に清国が助けてくれなければ、世界から嘲笑されるだろう。清国が責任を持って朝鮮を保護してくれるならば、各国に朝鮮が侮られることはないだろうと言った(84)。属邦条項を、朝鮮の現実的な安全保障として受け入れようとしたのである(85)。

このような金允植の考えは、高宗に報告した書簡にも見て取れる。金允植は「これで自主を続けることができ、諸外国との修交も妨げません。平等の権利を得ましたが、なにも失っていません。中堂〔李鴻章〕のこの論理はわが国にも有益なので、感謝を申し上げました」と書いている(86)。平等の権利と安全保障を同時に獲得できると理解したのである。

このように、朝鮮は朝米条約案を自分たちにより有利になるよう練りあげ、あとは清国の権威を借りて成立させるばかりであった。

以上、朝鮮側の立場を中心に草案についての議論を検討してきた。朝鮮側は当時の国際情勢下において朝鮮に必要なものは受け入れようとしたことがうかがえる。万国通例に従うことを主張する反面、属邦であることを明示して清国の保護を確保しようとする朝鮮側の態度は、必ずしも「近代的」条約に合致したものでもなく、「事大交隣的」な既存の枠組みに固執するものでもなかった。朝鮮の選択とは、当時の状況において自国に有利であればそれが事大的秩序であれ、万国公法的秩序であれ、積極的に受け入れて活用しようとするものだったのである。近代／前近代、万国公法体制／事大交隣体制といった対立の図式でこの時期の歴史を捉えることの限界を示す事例とも言えるであろう。

第五節　朝米条約の調印

1. 全権大臣の派遣をめぐる朝清の対立

朝鮮と清国は草案の一部について意見が異なっていただけではなく、シューフェルトと協議するための全権大臣の派遣をめぐっても対立した。朝鮮側は当初、自国で交渉を行うと考えていたので、全権大臣の派遣は想定していなかった。しかし金允植は李鴻章の話やさまざまな状況を総合的に判断して、二月末までに清国へ全権大臣を派遣することで李鴻章と合意し、それを要請する書簡を朝鮮政府に送った（一八八一年一二月二三日）。ところがその書簡が朝鮮に届く前に、本国から官員の派遣は難しいとの知らせが届いたのである。李應浚が持ってきた一八八一年一一月二五日付高宗の書簡である。これによると、国内情勢からみてシューフェルトの朝鮮訪問より前に官員を清国へ派遣するのは難しいとのことであった(87)。

一八八二年一月一〇日、金允植はまず海関道（税関長）である周玉山（周馥）と筆談する際に、この高宗の書簡について伝えた。続く一八日、周馥との二度目の筆談でも国内事情を繰り返し説明し、シューフェルトが朝鮮を訪問した際の対応や条約締結における諸般事務について適切な対策を要請した(88)。周馥との筆談から約一カ月後の二月一七日、金允植は李鴻章と筆談を行った。李鴻章はいまだに朝鮮から全権大臣ついてなんの連絡もないことに怒りを表した。自分が何度も忠告したにもかかわらず、朝鮮はなぜ大問題であることがわからないのかと嘆いたのである(89)。すでに述べたように、天津で李鴻章の主導のもとにシューフェルトと交渉させ、属邦条項を草案に反映させるには、朝鮮の全権大臣が不可欠だったのである(90)。

これに対して金允植は、高宗は、たとえ条約の締結が少しばかり遅れても、民意になるべく添いたいと願っていると説明した。そして、自分は君主の命ずるままに動くだけで、それが大問題であることはよく理解しているが独断で進めるわけにはいかないと答えた(91)。

このように金允植は高宗の命令を何よりも優先した。李鴻章が何度も全権を要求したにもかかわらず、自国の事情を説明して早急に対応するのは難しいと繰り返し答えたのだった。李鴻章はこの条約に属邦条項を入れることを最大の目的としていたものの、シューフェルトには属邦条項を拒否されつづけていたため、天津でこの件を解決しないままシューフェルトが朝鮮に行く事態は避けたかったようである(92)。そこで李鴻章は、シューフェルトは朝鮮に行くはずだが、朝鮮には西洋語を解読できる人材はいるのか、もしいなければ交渉は難しかろうと言いだした(93)。金允植に、西洋語のできる清国の官員を朝鮮へ派遣してほしいと言わせたかったのだ(94)。後に検討するが、清国の官員を朝鮮に同行させれば、調印直前の最終交渉でも李鴻章の意図を貫徹させる機会はあるからである。李のねらいどおり金允植は朝鮮には西洋語のできる専門家がいないと言い、李鴻章に調整を要請した(95)。

2．李鴻章とシューフェルトの会談——朝鮮の意向を反映した草案の完成

朝鮮からの全権大臣がいつ来るのか不明ななか、李鴻章はシューフェルトと一八八二年二月七日（西暦三月二五日）から数回にわたって草案作成のための協議を行った。李鴻章は初回の会談でシューフェルトに対し、朝鮮国王の意向を伝えた。つまり、朝鮮の派遣する大臣が、李鴻章の監督下でアメリカと交渉できるように自分に対して要請してきたと説明した。また、その大臣が初回の会談日より三〇日以内に到着しない場合には、シューフェルトの朝鮮行きに清国官員を同行させ、朝鮮政府に厚く待遇するよう要請する書簡を持たせると約束した。シューフェルトも了解して、その後李鴻章と交渉を進めていくこととなる(96)。その場に朝鮮側の代表は同席しなかったが、金允植と李鴻章はすでに草案について検討していたため、朝鮮側の意向は李鴻章に十分理解されていたといえよう。また、一一月二五日付の高宗の書簡には、第三次修信使が日本に行くときに持参した「海関税則草稿」や、日本

での交渉内容を記録した「信使回還日記」なども同封されていた。[97] 金允植はこれらの資料もすべて清国側にみせた。日本と交渉中の税則の条項を、朝米条約に取り入れたかったためである。シューフェルトも、自分との交渉には参加していないものの、天津にいる朝鮮官吏（金允植）の意見がいちいち反映されていることを確信していた。[98]

李鴻章は朝鮮の意向を汲んだ条約草案を作り、シューフェルトが作成した草案と比べながら交渉を行った。李鴻章が朝鮮側の希望を反映した草案を作ったことは、二月二一日の周馥と金允植との会談からも確認できる。周馥は、李鴻章が朝鮮のための条約案を作成していると伝えた。[99] 一方、アメリカ側の目的は、朝鮮近海で難破したアメリカ船舶・船員の救助及び保護にあった。通商条約の締結も重要な課題であったものの、それほど期待していなかった。[100] 数度の交渉を経て李鴻章とシューフェルトとのあいだで暫定合意された条約草案を一部紹介すると、次のとおりである。[101]

まずシューフェルトと最も議論となった第一款の属邦条項については、シューフェルトがアメリカ政府へ電報を送り、返事を待っている状況であったため、決定に至らなかった。李鴻章はもし第一款に属邦条項を明示できない場合は、朝鮮に属邦条項を明示する文書（属邦照会文）をアメリカへ送らせるつもりでいた。[102] 朝清関係を明文化するためであった。そして、朝鮮の念願の関税率に関しては、シューフェルト案の一〇％ではなく、李鴻章が朝鮮の意を汲んだ一〇％（生活必需品）から三〇％（奢侈品）の案が採用された。さらに、第六款に朝鮮の関税自主権を明示したことも注目に値する。[103] また、第九款には有事の際は穀物の輸出を禁ずるという条項を設けた。

条約草案がほぼ完成した二月末頃に、朝鮮からようやく官員を派遣するとの知らせが届いた。魚允中・李祖淵が派遣されるとのことであった。二人は二月一七日に命を受け、問議官として清国に遣わされることとなった[104]。だが、彼らが清国に着く頃には、すでに李鴻章とシューフェルトは暫定的に合意している見込みであった。そこで李鴻章は、三月四日、金允植に対し、自分とシューフェルトが交渉して作成した条約草案を李應浚に持たせて朝鮮政府に早く届けるよう提案した。金允植は、「条約草案はわが国の希望がすべて採用された」ので、問議官の到着を待たずに李應浚を送ることに賛成した。李鴻章は、この条約草案は自分と周馥、馬建忠がシューフェルトと二〇日余り議論して到達した結果なので、朝鮮でさらに議論が必要であれば行ってもかまわないが、すでにシューフェルトと合意した範囲を大幅に変えないでアメリカ側と交渉するよう忠告した。すると金允植は、米穀輸出案については朝鮮国内で異論が出るかもしれないと交渉の必要性を示した。李鴻章は朝鮮でその問題を再び議論してもよいが、くれぐれも妥結して条約を締結するように念を押した[105]。

李鴻章はシューフェルトが朝鮮に着く前に李應浚を早く帰国させて条約草案と領議政宛の書簡を朝鮮政府へ届けるよう指示する一方、丁汝昌と馬建忠を朝鮮に派遣することにした。こうして朝鮮における最終交渉へ向けて着々と準備が進められた。

この条約草案は李鴻章の意図したとおりに作成されたようにみえるが、前述のとおり朝鮮側の意見も反映されており、朝鮮側は結果的に全権大臣を派遣せずに交渉を成し遂げることができたのである。また、清国の官員（丁汝昌・馬建忠）が朝鮮に派遣されることになったのも、もともとは高宗の要請によっていた。朝鮮が当初望んでいた皇帝の勅書は受けられなかったものの、清国の高官が派遣されることにより、清国の仲介が公式的となった。したがって高宗にしてみれば、国内の保守派に対し、清国の権威を借りて条約の締結を推進できることになったのである。いわゆる朝鮮の現実主義路線、戦略的な事大主義がうかがえる。そして最後の課題は、朝鮮における朝米交渉でどれだけ自分たちの希望を条約に反映させることができるかであった。

3．朝鮮の要求――米穀の輸出禁止条項

三月一五日、シューフェルトと清国の官吏が国王を訪問するという金允植の書簡が、統理衙門から朝廷に報告された。そこで朝廷は彼らを迎えるために経理事趙準永《チョジュンヨン》を伴接官（接待役）に任命し、通訳もそれに対応するように命じた(106)。続けて三月二四日、申櫶《シンホン》を首長、金弘集を副官、徐相雨《ソサンウ》を従事官に任命して条約締結に従事させた(107)。

清国の馬建忠たちが朝鮮に着いたのはシューフェルトより四日早く、三月二一日（西暦五月八日）だった。馬建忠の朝鮮における交渉についてはすでに先行研究が詳細に述べているので(108)、本章では、どれだけ朝鮮の意向が最終交渉に反映されたかに焦点を当てて、考察したい。主として、『旧韓国外交文書』のうちアメリカとの関係資料をまとめた「美案」と、朝鮮での馬建忠の記録(109)を参照する。

最終交渉で朝鮮側が最も重視した案件は、穀物の輸出禁止であった。一方、馬建忠は、属邦条項をどのように盛り込むかに苦心した。馬建忠は朝鮮に着くと早速、属邦条項について朝鮮政府に見解を

ただしたが、朝鮮側はとりたてて意見はなく、馬建忠と朝鮮のあいだには関心のずれがあったのである。(110)

朝鮮の交渉担当者は申櫶と金弘集であったが、具体的な事案に関しては金弘集と馬建忠が協議を行った。交渉が始まったのは三月二七日(西暦五月一四日)からであった。(111)

三月二七日の最初の会談で、清国の馬建忠は「属邦条項」の件を取りあげた。馬建忠は、清国の属邦である朝鮮がアメリカと対等な関係を持てるか、シューフェルトが懸念していたこと、それに対して李鴻章が朝鮮は属邦であるが内治と外交は自主で行うと説明したが、アメリカ側はまだ釈然としない様子だったと話しはじめた。続けて、この点を解決するために高宗が米大統領宛に朝鮮は清国の属邦であるが条約締結は自主的に行っているという内容の文書(以下、属邦照会文)を送ってはどうかと提案した。(112)しかし金弘集はこれは国王が決める問題であり、朝廷で協議してから決定されると答えた。すると馬建忠は準備しておいた属邦照会文を見せ、それを使うようにと述べた。馬建忠の用意周到な性格がうかがえる場面である。金弘集はそれを高宗に上奏することにした。(113)

一方、朝鮮側にとって最も大事な問題は米穀輸出の禁止であったので、(114)この日金弘集は穀物の輸出条項を取りあげた。彼はこの条項を必ず盛り込むよう繰り返し要求した。金弘集はまず日本との条約でも米穀の全面的な取引は許可せず、開港場でのみ認めたと説明し、通商章程改正交渉でも米穀禁止条項について議論したことを付け加えた。また、世論も米穀の輸出は望んでいないといい、この条項が朝鮮においていかに重要なのかを強調した。(115)もし外国へ穀物が輸出されると、価格が高騰して貧困層はさらに困難な状況に陥る可能性があると深刻な問題であることを指摘した。そして、日清修好条規と同じく、特別に禁止条項を定め、数年後に再度協議してもかまわない、もしシューフェルトがこの件に同意しないならば、まず期限付きでも米穀輸出を禁止してはどうかと提案した。(116)朝鮮側の強い決意をみて、馬建忠はこの提案をシューフェルトに伝えると約束した。

四月一日（西暦五月一七日）、金弘集は馬建忠と再び会談を行った。(117)馬建忠はこの日、条約の締結を急ぎたいというシューフェルトの意向を朝鮮側に伝えた。しかしまだ属邦照会文も、全権委任状もソウル（朝廷）から届いていなかったため、金弘集はもう少し待つよう頼んだ。(118)この日、馬建忠は彼自身が英文と中文を対照しながら書いた条約草案をみせ、これを叩き台に朝清間で会談を行おうと提案した。シューフェルトと朝鮮全権が正式な交渉に入る前に、馬建忠自身と朝鮮側で打ち合わせを済ませておこうとしたのである。

この日の会談で注目すべきは、前回朝鮮側が要請した、草案第八款の米穀輸出禁止案をめぐる議論である。馬建忠は、シューフェルトが第八款の米穀輸出禁止案の削除に反対したと伝えた。しかしこの条文には有事の際の輸出は禁止すると明記されており、朝鮮が禁止令を出せるので、特に問題はないのではないかと述べた。(119)しかし金弘集は、それは朝鮮の望むところとは違うとはっきり反論した。(120)朝鮮にとっては、有事の際だけ米穀の輸出を禁止できても不十分である。金弘集はあらためて朝鮮の事情を強調した。(121)

すると馬建忠は、朝鮮側がこのように頑強に主張を続けると自分もあいだに立って調整するのがたいへんだといい、条約の内容は妥当でよくできているので、後で損害を防ぐ方法を考えればよいではないかと言い返した。また、米穀条項のために今回の条約がご破算になってしまうならどれほど残念なことか、天津でも金允植に重々伝えておいたという[122]。

しかし、金弘集も退かなかった。金允植の会談記録をまだ見ていないのでどういう話があったのかは知らないといい、朝鮮において損害を防ぐ方法とはまさに開港場における米穀輸出の禁止であると断言した。そして、朝鮮側としては条約草案は若干修正できるという李鴻章の言葉に従い、第八款を少し補足して意味をさらに明確にしたいだけであると述べた[123]。

朝鮮側がまったく意志を曲げなかったため、馬建忠はとうとうでは第八款をどう改正したいのかと尋ねた。すると金弘集は、第八款の内容はそのままにして、「仁川一口、米糧一概不准運出」の文言を入れるよう要求した[124]。つまり、仁川では米穀の輸出を禁止するということである。そうすれば、朝廷も民衆も納得するだろうという。朝鮮側の強い姿勢に応じて、馬建忠もシューフェルトと協議してみると答えるに至った。

この日、朝鮮側はもう一点、「西教冊子厳禁懲罰一節」についても提起した。馬建忠が米穀輸出の他になにか議論したいことがあるかと尋ねると、以前朝鮮側の草案では西教（キリスト教）と阿片を禁止するという条項があったが、今回の条約草案では阿片のみ禁止となっているため、その理由を訊いた。馬建忠は、もしこの問題を条約に明記すると必ず決裂するからであると答えた[125]。かつて金允植も李鴻章との筆談でこの問題を取り上げたことがある。その際に李鴻章は、アメリカが朝鮮に教会を建てようとしたら、条約に載っていないことを根拠に反対すればよいと答えた。馬建忠は李鴻章の提案に従い、朝米条約に記載されている条項をまず実行するという文句を条約に加えて、条約締結の後に、条約に記載されていないことをアメリカがやろうとしたら、朝鮮政府が禁じればよいと答えた。朝鮮側は納得した。[126]

その他の事項に関しても朝鮮側はすべて了承した。あとは、馬建忠がシューフェルトと第八款について話しあい、調印の日程を決めるだけであった。

4．要求を貫徹した朝鮮

四月三日（西暦五月一九日）、馬建忠は再び朝鮮側と筆談[127]し、シューフェルトと第八款について議論したと報告した。シューフェルトはまだ同意したわけではないが、今夜高宗の全権委任状と属邦照会文を見ればおそらく同意してくれるだろうと伝えた。[128]これは、朝鮮側が最もこだわっていた第八款を餌に、属邦照会文を早く提出させようとする馬建忠の作戦だった。宋炳基によると、シューフェルトはすでにその二日前に仁川の米穀輸出禁止案を認めていたという。[129]つまり、属邦照会文を早く手に入れるために馬建忠が作戦を練ったのである。

翌日の四月四日（西暦五月二〇日）、馬建忠は昨日シューフェルトと話しあった結果、米穀禁止案が通ったと朝鮮側に告げた。[130]そしてこの日朝鮮側はシューフェルトと会い、互いに全権委任状を確認し、条約の内容はすでに協議を終えたので六日に条約の調印を行うことに決めた。

このように、清側はアメリカ政府に属邦照会文を明示することを、朝鮮側は米穀の輸出禁止を条約に盛り込むことを重視した。最終的に、米穀の輸出禁止を条項に書き加えることに成功した。その代わりに属邦照会文は提出させられることになったものの、それは条約とは関係なく、ただアメリカに送るものであった。しかも清国の属邦であるとアメリカに知らせることを、朝鮮は自国を守る手段と理解していた。また、キリスト教の禁止に関しては清国の提案を納得し受け入れた。こうして調印された朝米条約は、結果的に朝鮮の希望を大きく反映した内容となった。とりわけ、関税自主権と比較的高い税率、そして仁川港の米穀輸出禁止という、これまで日本とのあいだで解決できずにいた問題をアメリカとの条約で解決できたのである。

おわりに

これまでの研究においては、清国が朝鮮の条約事務に干渉する事例として朝米条約締結の過程を捉える場合が多かったが、本章では朝鮮が条約締結のために清国の権威を利用しようとしたことに注目し、朝鮮側の立場からその交渉過程を再検討した。

朝鮮政府の当初の計画とは異なり、条約の交渉は天津で行われ、朝鮮の代表が参席することなく李鴻章とシューフェルトとのあいだで成立した。だが、朝鮮にとっては自国に有利な条約草案が協議される限り、清国側の仲裁を拒んだ形跡はほぼ見当たらないのである。むしろ日本が西洋諸国と定めた関税率を上回る高い関税率を獲得するなど、以前の日本との条約より平等性を保った条約の締結ができた。朝鮮における最終交渉においても馬建忠に依存したものの、英語のできない朝鮮側は清国の仲裁を通して仁川での米穀輸出禁止案を貫徹させることができたのである。このような朝鮮の外交から清との関係を適切に活用した、戦略的な事大主義政策の側面がうかがえるのである。

無論、清国はこの朝米条約に属国条項を明記させる目的を持っていたため、この交渉に積極的に関与し、清国の影響力を発揮したことも看過できないであろう。このことは、朝鮮が外交を展開していくなかで清国の権威を利用する戦略を立てたが、その戦略が将来もたらす結果、すなわち、次章にみる清国の干渉の深化については自覚的ではなかったことを物語っているのかもしれない[131]。しかし、この朝米条約調印当時の朝鮮側からすれば、結果的には自分たちの目的を達成できたと言えよう。このような朝鮮側の「成功」にも注目する必要があると考える。

ところで、こうした「成功」、とりわけ高い輸入関税率の設定は、日朝間の関税交渉にどう反映されたか。日本側は朝米条約を根拠に高い関税率を要求する朝鮮側と交渉せざるを得なくなった。しかし、朝鮮が有利な立場に立って再開されたこの関税交渉は、その後、予期せぬ事態へ展開していく。次の章では新たな変数が登場するなか、日朝間の関税交渉が決着するまでの過程を検討する。

注

（1）朝米条約に関する先行研究には、朝清関係史の観点から清国が関与した経緯や、「属邦」条項を盛り込もう

としたことに注目するものが多い。こうした文脈で朝米条約が締結するまでの全過程を扱った代表的なものとして、宋炳基『近代韓中関係史研究——19세기말의 연미론과 조청교섭（一九世紀末の連米論と朝清交渉）』檀大出版部、一九八五年、朴日根『미국의 개국교섭과 한미외교관계（米国の開国交渉と韓米外交関係）』一潮閣、一九八二年（重版、初版一九八一年）、金源模「이홍장의 열국입약통상권고책과 조선의 대응（1879-1881）——조미수교 교섭을 중심으로（李鴻章の列国立約通商勧告策と朝鮮の対応（一八七九～一八八一）——朝米修交交渉を中心に）」『東洋学』第二四輯、檀国大学校東洋学研究所、一九九四年などがある。

一方、朝米関係を中心に扱った研究として、李普珩「李朝末期에 있어서의 韓国과 美国（李朝末期における韓国と米国）」『亜細亜研究』第一〇巻二号（通巻二六号）、高麗大学校亜細亜問題研究所、一九六七年、金源模「朝美条約 締結 研究」『東洋学』第二二輯、檀国大学校東洋学研究所、一九九二年などがある。なお、柳永益「朝美条約（1882）과 初期 韓美関係의 展開」『東洋学』第一三輯、檀国大学校東洋学研究所、一九八三年は、朝鮮側の立場から朝米条約と朝米関係を分析している。しかし、柳は朝鮮が朝米条約の交渉を宗主国の清国に一任したと解釈し、本章とは異なる。

朝清両国の「属国自主」に関する認識の差を指摘し、属邦条項や朝清関係に注目した最近の研究として、岡本隆司「シューフェルト条約の成立と馬建忠」『属国と自主のあいだ——近代清韓関係と東アジアの命運』名古屋大学出版会、二〇〇四年がある。本章はこれらの先行研究を踏まえたうえで、朝鮮側の意図に焦点を当て、検討した。

（2）朝鮮末期のアメリカとの関係については、李普珩、前掲「李朝末期에 있어서의 韓国과 美国（李朝末期における韓国と米国）」二頁。

（3）金明昊『초기 한미관계의 재조명——셔먼호사건에서 신미양요까지（初期韓米関係の再照明——シャーマン号事件から辛未洋擾まで）』歴史批評社、二〇〇五年、二三頁。

（4）糟谷憲一『朝鮮の近代』山川出版社、一九九六年、二四—二五頁。辛未洋擾や初期朝米関係については、奥平武彦『朝鮮開国交渉始末』刀江書院、一九三五年が詳しい。また最近の研究としては、寺内威太郎「一九世紀後半期の朝米関係」林義勝ほか『アジア周縁から見たアメリカ――一八五〇年~一九五〇年』彩流社、二〇一〇年。

(5) 大院君執政期に関する研究はさまざまな視点から多数行われてきた。たとえば、安外順「대원군집권기 권력구조에 관한 연구(大院君執権期権力構造に関する研究)」(梨花女子大学校政治外交学科博士論文、一九九六年)、同「개항전 조일관계와 대일정책――1864-1873 년을 중심으로(開港前朝日関係と対日政策――一八六四~一八七三年を中心に)」『東方学』第二輯、一九九六年、延甲洙「조선의 문호개방과 근대화(朝鮮の門戸開放と近代化)」『東洋学』第三一輯、檀国大学校東洋学研究所、二〇〇一年、同『高宗代 政治変動 研究』일지社、二〇〇八年など。

(6) 初期の対米開国派に関する詳細な研究として、孫炯富「박규수의 대미개국론과 조미수교(朴珪寿の対米開国論と朝米修交)」『全北史学』第十輯、一九八六年。

(7) 朴珪寿(一八〇七~一八七七)は朝鮮末期の文官。一八六一年には使節の副使として、一八七二年には正使(首長)として清国へ派遣された。孫炯富は、朴珪寿が当時朝廷の斥邪政策のため自分の意見を開陳できなかったという(孫炯富、前掲「박규수의 대미개국론과 조미수교(朴珪寿の対米開国論と朝米修交)」六七―六八頁)。

(8) 呉慶錫(一八三一~一八七九)は朝鮮末期の訳官(通訳官)。使節の通訳として一四回も清国を訪問し、清国で入手した書籍などにより開化思想に目覚めた。朴珪寿の家で後の開化派となる金玉均、金允植、朴泳孝等に開化思想を教えた。呉は一八七一年のアメリカの開国要求に接し、大院君にこれを受け入れて外交を始めるように建議したという(同前、九二頁)。

(9) なお、朴珪寿は対米開国論者ではなかったという見解もある。金明昊の研究によると、朴珪寿はアメリカとの公式接触をすべて避けようとする朝鮮政府の姿勢を批判し、対話と説得を通してアメリカとの衝突を積極的・平和的に解決したいと考えていたという。しかし、金明昊はそれだけでは朴珪寿を対米開国論者と判断できないと留保を付けている。金明昊、前掲『초기 한미관계의 재조명(初期韓米関係の再照明)』四一〇―四

二〇頁。
(10) 延甲洙、前掲『高宗代　政治変動　研究』一三―一四頁。
(11)「大清欽使筆談(録)」七月二一日の何如璋と金弘集の筆談に、アメリカに関する記録がみえる。本章では宋炳基編訳『개방과 예속――대미수교관련 수신사기록(1880)초(開放と隷属――対米修交関連　修信使記録(一八八〇)鈔)』檀国大学校出版部、二〇〇〇年所収の資料を使用した。同書には、「修信使入侍(辞陛)筵説」「大清欽使筆談(録)」「朝鮮策略」「外務卿答礼曹判書書・別紙」「修信使金弘集聞見事件(別単)」「修信使別遣首訳李容肅聞見事件(別単)」「修信使入侍(復命)筵説」「大臣・政府堂上入侍(次対)筵説」「諸大臣(廟堂)献議」「主持朝鮮外交議」が収められている。漢文の原文と韓国語訳の併記。
(12) 詳しくは宋炳基、前掲『개방과 예속(開放과 隷属)』。
(13) 引用の原文は「彼人、雖欲与我国、同心合力、而此何可深信乎。即要我亦行富強之術而已」(庚辰八月二十八日酉時「修信使入侍(復命)筵説」宋炳基編訳、前掲『개방과 예속(開放と隷属)』。傍線は筆者)。なお、他の研究ではそのほぼすべてが傍線の「彼人」を「清国」と解釈しているが(具仙姫『韓国近代　対清政策史研究』혜안、一九九九年、二八頁。姜相圭『19세기 동아시아의 패러다임 변환과 한반도(一九世紀東アジアのパラダイム変換と韓半島)』논형、二〇〇八年、一八三頁など)、そのまま「彼人」と解釈したものもある(宋炳基、前掲『개방과 예속(開放と隷属)』九五頁)。ところで、史料の前後の文脈から、これを「日本」と解釈することも可能ではなかろうか。この「修信使入侍(復命)筵説」には「彼人」とか「彼」、「彼国」などと表記している箇所が少なくないが、いずれも日本のことを指すからである。ここの引用文にある「彼人」も、前後の文脈では「清国」のようにみえるが、全文を読むと日本を意味すると解釈できる余地もあるように思われる。
(14) 高宗が開化政策を推進するようになった背景として、一八七二年から次第に彼の対外認識が変わったことをさまざまな先行研究が指摘してきた。代表的な研究として安外順「고종의 초기(1864-1873)대외인식 변화와 친정――遣清回還使　召見을 중심으로(高宗の初期(一八六四―一八七三)対外認識変化と親政――遣清

回還使召見を中心に)」『韓国政治学会報』第三〇輯二号、一九九六年。

(15) 延甲洙「갑신정변 이전의 국내정치세력의 동향(甲申政変以前の国内政治勢力の動向)」『国史館論叢』第九三輯、二〇〇〇年、三四五頁。

(16) 延甲洙は、「西洋、特にアメリカとの修交が不可避であることは朝廷でも暗黙の了解となっていたが、国王をはじめみな公に問題提起するのは難しいと考えていた。だが駐日清国公使館の書記官である黄遵憲が『朝鮮策略』によって公式に問題提起をしてくれたのである」(前掲『高宗代 政治変動 研究』二五頁)と指摘した。

(17) 代表的なものとして朴日根「韓美修好条約에서(から) 본(みた) 美・中의 対韓外交政策——高宗의(の)秘密外交를(を) 中心으로(中心に)」『韓国政治学会報』第一一輯、一九七七年一二月、柳永益、前掲「朝美条約(1882)과 初期 韓美関係의 展開」権錫奉『清末 対朝鮮政策史研究』一潮閣、一九九七年重版、初版は一九八六年、権赫秀「李鴻章의 危機意識과 朝鮮에 対한 門戸開放 勧告」『一九世紀末 韓中関係史研究』백산資料院、二〇〇〇年などがある。

(18) 姜相圭、前掲『19세기 동아시아의 패러다임 변환과 한반도(一九世紀東アジアのパラダイム変換と韓半島)』。李憲柱「제2차 수신사의 활동과『朝鮮策略』의 도입(第二次修信使の活動と『朝鮮策略』の導入)」『韓国史学報』第二五号、二〇〇六年一一月(a)。同「一八八〇年代 초반(初期) 姜瑋의(の) 聯美自強論」『韓国近現代史研究』第三九輯、二〇〇六年冬号(b)など。

(19) 金弘集の報告を受けて朝鮮政府は、ロシアの動静を知らせるよう北営(ソウルにある軍営)に指示した。ところが北営は、『朝鮮策略』とは異なり、ロシアは朝鮮を侵略する気がないと報告した(宋炳基、前掲『近代韓中関係史研究』一二五頁)。すなわち、朝鮮のロシアに対する危機感はそれほど高くなかったのである。

(20) 李憲柱、前掲「第2次 修信使의 活動과『朝鮮策略』의 導入」二八六頁。

(21) 「大臣・政府堂上入侍筵説」宋炳基、前掲『開放と隷属』、句読点は原本による。こうした高宗の行動は対米修交問題を表面化させるためであったと指摘されている(姜相圭、前掲『19세기 동아시아의 패러다임 변환과 한반도(一九世紀東アジアのパラダイム変換と韓半島)』一八一頁。李憲柱、前掲「第2次 修信使의 活

動과『朝鮮策略』의 導入」三〇二頁)。
(22) アメリカとの条約について大臣たちは次のように話している。
其曰聯美国者。方今天下各国、無不合従、阻俄国軽蔑之威。而況我国、処在海路要衝、孤立無援、其所聯好者、非不良策。而我国規模、非徒自素、不通外国、相在数万里、声息不及之地、今何以自我先通、以為聯交為援乎。泊船投書、則見書而好言答之、泛海告艱、則随力而以周恤撫之、不防為柔遠之道。而如是然後、其国必曰善待、而亦豈無此際相通者乎。在臨其時措処之何如矣(「諸大臣献議」宋炳基、前掲『개방과 예속(開放と隷属)』)。
(23) 李憲柱、前掲「第2次 修信使의 活動과『朝鮮策略』의 導入」。金源模、前掲「李鴻章의 列国立約通商勧告策과 朝鮮의 対応(一八七九〜一八八一)」二一五頁。
(24) 宋炳基、前掲『近代韓中関係史研究』。柳永益、前掲「朝美条約(1882)과 初期 韓美関係의 展開」。
(25)「大清欽使筆談」宋炳基、前掲『개방과 예속(開放と隷属)』。
(26)「修信使金弘集聞見事件」宋炳基、前掲『개방과 예속(開放と隷属)』。
(27) 金允植『陰晴史』高宗十八年辛巳十一月、三二頁。本書では大韓民国教育部国史編纂委員会編『韓国史料叢書 第六 従政年表・陰晴史』国史編纂委員会、一九五八年に収録されている『陰晴史』を使用した。以下『陰晴史』と表記。
(28) 서울(ソウル)国立中央図書館所蔵「信行別単」(「同文彙考附編」に収録)。
(29)『清季中日韓関係史料』(以下、『中日韓』と略す)2(台北:中央研究院近代史研究所、一九七二年)光緒六年一〇月一六日、四三七頁。なお、修信使金弘集が高宗に報告したのは八月二八日であった。密使の派遣はそのわずか五日後のことである。
(30) 正言とは司諫院の官職名。諫官・言官とも呼ばれた。
(31)『承政院日記』にこのような上疏文がいくつか見える。高宗一七年一〇月一日・一二月一七日条・高宗一八年二月二六日・三月二三日条など。

(32) これらの事件については宋炳基、前掲『近代韓中関係史研究』一五八―一八七頁。延甲洙、前掲『高宗代政治変動 研究』二六一―二六二頁。
(33) たとえば姜相圭、前掲『19세기 동아시아의 패러다임 변환과 한반도(一九世紀東アジアのパラダイム変換と韓半島)』一八一頁。
(34) 一八八〇年九月三日に派遣。『中日韓』2、光緒六年一〇月一六日、四三七頁。アメリカとの修交をめぐって大臣たちの会議が開かれたのは九月八日。
(35) 当時の朝鮮の状況や秘密外交に至った経緯について詳しくは、注18の李憲柱の二つの論文を参照されたい。
(36) 宋炳基、前掲『近代韓中関係史研究』第V・VI・VII章参照。以下本文には頁数のみ表記。
(37) 『承政院日記』高宗一七年一一月七日条。李容肅の派遣の決定は『承政院日記』高宗一七年一〇月二八日条。
(38) 問い合わせの事項八項目を大別すると、朝清間の海禁の解除と日本との外交通商問題、外国(西洋)との立約通商問題、軍備に関する問題である。宋炳基はこの「請示節略」の核心は西洋との立約問題であったとし、李鴻章との会談でもそれが強調されたと解釈している(宋炳基、前掲『近代韓中関係史研究』一二九―一三〇頁)。「請示節略」の詳細については具仙姫、前掲『韓国近代 対清政策史 研究』二五―三七頁を参照。
(39) 魚允中(一八四八〜一八九六)は朝鮮末期の文官。一八八二年には清国と通商章程を結ぶための交渉担当者として再び清国へ派遣されることとなる。
(40) 宋炳基、前掲『近代韓中関係史研究』、朴日根『近代韓美外交史』(博文社、一九六八年)。
(41) 金允植、前掲『陰晴史』高宗十八年辛巳十一月、二七頁。
(42) 金允植のこの書簡はさまざまな史料集に収録されているが、ここでは張存武・胡春恵主編『近代中韓関係史資料彙編 第十二冊』台北：国史館、一九九〇年、三四四―三四九頁を使用した。原文は以下のとおりである。句読点は原文による。

雖然小邦積弱之余、急難自振、縦云通商練兵、非可時月見効。為今之道、惟有択邦善交、講信修睦、従以彌縫疎失、以備陰雨、庶幾為目下之急務。而泰西諸国中久聞美邦国富兵強、心公性和、国富則少貪、兵強則可恃、心公則処事平、性和則執礼恭。（中略）先通美国、公平立約、俾嗣後来款者、一遵成式、無害我自主之権、此又急務最当先者也。（中略）使小邦君臣幸得一二開悟者、実中堂之贈也。雖然邦人之最悪者、洋人也、我寡君重違民情、姑未嘗顕言通洋、若美船一朝来泊、則美亦洋也、国内横議、必将帰咎於寡君、迎接之際、事事掣礙、反有起釁之慮。観於安驥泳之事可知矣。欲藉中堂之重、以鎮服羣情、則中堂威著四裔、誰不敬慕、独小邦愚俗、不知畏憚、観於李相之事亦可知矣。今此小邦聯美之計、（中略）国人若知此機、則必譁然蠢動、功難順就。此事宜速不宜遅、宜密不宜疎、事体重大、弾圧国人之心、宜名正言順、以消狡隣之謀、惟有我皇上明降詔旨、先期暁諭於明春年貢、使之回蹕、遣派員協美議約、則我寡君得以憑仗皇靈、随宜酌弁、保合東洋、永固藩屛、庶其在此。

(43) 李鴻章のこのような構想は、一二月二日付の上奏文から確認できる。この上奏文で李鴻章は一一月二九日付金允植の李宛書簡について報告し、それに対する見解を述べている。光緒七年十二月初二日「密議朝鮮外交摺」顧廷龍・戴逸主編『李鴻章全集　奏議9』合肥：安徽教育出版社、二〇〇八年、五三九頁。

(44) 李鴻章が朝米条約にかかわる交渉全般を自分の主導下に進めようとしたことは多数の先行研究で指摘されてきた。奥平、前掲『朝鮮開国交渉始末』、権赫秀、前掲「李鴻章의 危機意識과 朝鮮에 対한 門戸開放 勧告」、朴日根、前掲『美国의 開国政策과 韓美外交関係』など。

(45) 金允植、前掲『陰晴史』高宗十八年辛巳十一月、二九―三二頁。

(46) 同前、三二頁。原文は次のとおりである。

李祖淵来館、屢詢外交、亦称係奉君命、就近商権、因此次議税不成、意欲先与美国結一善約、然後倣照定議、如璋極賛成、其言彼又欲明三四月、奉使来京、赴天津、将外交一事、商定挙行、如璋又極慫慂之、李君此帰、能与彼国朝議、反復商允、明歳未帰、即与書斐路〔シューフェルト〕晤商式者、較有把握其所締条約、又頼中堂、為之指示、亦自然妥書、所幸。

(47) 同前、三〇頁。

(48) 注46と同様。

（49）金允植、前掲『陰晴史』高宗十八年辛巳十二月、四五頁。
李曰、玉軒書、原請朝鮮派官来華、与蕭〔シューフェルト〕面商、則本大臣可居間調停、較易操縦、若朝鮮無人、与美使議論、竟是中国一面之事、美使既不見信、亦有難於指調之処、（後略）

（50）光緒七年十二月初二日「密議朝鮮外交摺」顧廷龍・戴逸主編、前掲『李鴻章全集　奏議9』五三九―五四〇頁。

（51）同前。

（52）一九日の金・李筆談の内容は、金允植、前掲『陰晴史』四四―四八頁。

（53）朝鮮政府がシューフェルトの清国滞在に気づいたことに関して、宋炳基は、清国に書簡を届けにきた李應浚がその事実を知り、一〇月に帰国してから朝廷に報告したと推測した（宋炳基、前掲『近代韓中関係史研究』二一四頁）。本章の見解も宋炳基の解釈と同様である。

（54）「此次専信想美使之尚留、今始入聞、又以俄人致書辺臣、雖姑未受、多応是求好之意、却之亦難、受之亦不無商量、故欲先妥美事者」。金允植、前掲『陰晴史』四四頁。

（55）「今番亦無公文、然李應俊《ママ》所齎書、以待領選使面剖、即公文也」。同前、四四頁。

（56）「李應俊《ママ》齎書到時、貴国未能遽定立意、立遣員来津、與美使商議、已失機会」。同前、四四頁。

（57）「敝邦事勢雖不得不聯美、事成之前、不欲露出於公文、顕示国人以激来之意、寡君之意」。同前。

（58）「李曰、玉軒書、原請朝鮮派官来華、与蕭面商、則本大臣可居間調停、較易操縦、若朝鮮無人、与美使議論、竟是中国一面之事、美使既不見信、亦有難於指調之処、尊示顕示国人以激来之意、実未明万国公法、凡不顕通商、則壱意堅拒、既可議約、則必派全権大臣、若議不成、雖一両年、再三往復、自無妨也」。同前、四五頁。

（59）同前、高宗十八年辛巳十二月、四五頁。

（60）同前、四六頁。

（61）同前。「式遵貴国王密礼、変通権宜、另擬全権密旨一道、給与閲看、以堅其信、在此将約稿、議有頭緒、較在津各国交訌已僻静多矣」。

(62)「允曰、権宜另擬、在他国、或有是例否、敝邦則行不得、此何等事、而允植、敢擬全権密旨乎」。同前、四六頁。

(63)「李曰、請転達貴国王暨政府、如即派全権於二月初旬到津、使吾必従旁為力、俟議約稍有眉目、奏明派員、同美使前往近港、再行画押定議、若遅逾期限、只好聴美使自去矣」。同前、高宗十八年辛巳十二月、四七頁。

(64)シューフェルトが送ってきた書簡の漢訳本は同前、五四―五五頁。

(65)奥平、前掲『朝鮮開国交渉始末』九二―九三頁。

(66)金允植、前掲『陰晴史』高宗十八年辛巳十二月、五四頁。

(67)同前、五二頁。なお、奥平武彦は、保定での李鴻章との会談が個人的・私的なものになることを好まなかったからであると解釈した。奥平、前掲『朝鮮開国交渉始末』九三頁。

(68)金允植、前掲『陰晴史』五二頁。

(69)同前。

(70)宋炳基、前掲『近代韓中関係史研究』二一四頁。

(71)李鴻章が総理衙門に送った書簡からこの事実が確認できる。光緒八年二月九日付「籌議朝鮮与美定約」顧廷龍・戴逸主編『李鴻章全集三三信函(五)』合肥：安徽教育出版社、二〇〇八年、一二四頁。金允植、前掲『陰晴史』五二頁もこれが「寡君之意」であると述べている。

(72)金允植、前掲『陰晴史』五二頁。李鴻章はこの一条を条約に盛り込みたいと考え、金允植の意見を尋ねた。以下、この条項を本文では「属邦条項」と表記する。

(73)たとえば、朴日根、前掲『美国의　開国政策과　韓美外交関係』。金源模、前掲「朝美条約　締結　研究」。寺内、前掲「十九世紀後半期の朝米関係」。朝清両国の「属国自主」の内容における認識差を指摘したうえで、やはりこの問題に注目した最近の研究として岡本、前掲「シューフェルト条約の成立と馬建忠」がある。

(74)金允植、前掲『陰晴史』高宗十八年辛巳十二月、五六頁。

(75)同前。

(76) 同前。

(77) 同前。「不立教堂之難便、臣〔金允植〕既以書・以談、力言不可、中堂亦以為然」。

(78) 同前、高宗十九年壬午三月、一一二頁。その後、朝鮮でこの問題が再び取りあげられた時も馬建忠は李鴻章のこの提案を説明し、朝鮮側を納得させた。一八八二年五月一七日付「清使馬建忠과 全権大官申櫶의 条約討議에 関한 仁川問答」『旧韓国外交文書 美案1』(以下「美案」と略す)、五頁。

(79) 金允植、前掲『陰晴史』高宗十八年辛巳十二月、五六―五七頁。「第一一款、悉照万国通例、亦有難行、中東訂約、皆未能照万国通例、豈独譲朝鮮耶。臣之所答、具在談草中、而中国、日本用兵後議約、故事未洽、今番以好意修約、何独不得万国之例乎、不過為弱小、不能優占地分耳、然、在我不無可言之端、縦未能件件満意、恐不宜与用兵後議約同例也、但我国所得見者、惟中国、与各国相通之条規而已、不知万国通例之如何、只以税則一事言之、泰西諸国、則似用値百抽十、或二三十之法、而中国・日本、則至今用値百抽五之制、此其用兵後議約之害也、今次不必照其例也」。

(80) 金敬泰も『陰晴史』の税則関連記録に注目し、関税権回復に関する朝鮮の対応を高く評価した。金敬泰「不平等条約改正交渉과 防穀問題」『韓国近代経済史研究』創作과 批評社、一九九四年、一四〇―一四一頁。

(81) 金允植、前掲『陰晴史』高宗十八年辛巳十二月、五七頁。

(82) 同前。

(83) 同前。

(84) 同前。

(85) 金聖培は、金允植が自主と安保のための「実利的」次元でこの属邦条項を受け入れたと解釈した(金聖培『유교적 사유와 근대국제정치의 상상력(儒教的思惟と近代国際政治の想像力)』창비、二〇〇九年、一七八―一七九頁。

(86) 金允植、前掲『陰晴史』高宗十八年辛巳十二月、五八頁。

(87) 「大略弊邦物情、断不可先派員来」。同前、六五頁。

(88) 同前、高宗十九年壬午正月、七三頁。
(89)「派員之来不来、非吾所知、而吾歴年忠告、貴国、尚不知利害乎」。同前、高宗十九年壬午二月、八八頁。
(90) 宋炳基、前掲『近代韓中関係史研究』二一七、二四六頁。
(91)「寡君之意、寧小失時於交際、不欲大払吾民之情、使臣在外、惟有奉承君命而已、雖有粗知利害、豈敢擅便乎」。金允植、前掲『陰晴史』高宗十九年壬午二月、八八頁。
(92) 宋炳基、前掲『近代韓中関係史研究』二二四―二二九頁。
(93) 金允植、前掲『陰晴史』高宗十九年壬午二月、八八―八九頁。
(94) 宋炳基、前掲『近代韓中関係史研究』二四六頁。
(95) 金允植、前掲『陰晴史』高宗十九年壬午二月、八九頁。
(96) 奥平、前掲『朝鮮開国交渉始末』九四―九六頁を参照。
(97) 金允植、前掲『陰晴史』高宗十九年壬午正月、六四頁。
(98) "I have every reason to belive," wrote Shufeldt on April 10, "that there is at this moment in Tientsin a Korean official who is consulted at every step." Paullin, Charles Oscar, "The Opening of Korea by Commodore Shufeldt," *Political Science Quarterly*, 25-3, (1910), p. 488.
(99) 金允植、前掲『陰晴史』高宗十九年壬午二月、九三頁。
(100) 奥平、前掲『朝鮮開国交渉始末』八七―九〇頁。なお、シューフェルトの提案した条約草案は九八―一〇八頁に掲載されている。
(101) 李鴻章とシューフェルトとの間で暫定合意された草案の詳しい内容は、宋炳基、前掲『近代韓中関係史研究』二三一―二三三頁。奥平、前掲『朝鮮開国交渉始末』一一七―一一九頁。
(102) 金允植、前掲『陰晴史』高宗十九年壬午三月、一一一―一一二頁。
(103) 宋炳基、前掲『近代韓中関係史研究』二三二頁。
(104)『承政院日記』高宗一九年二月一七日条。

(105) 金允植、前掲『陰晴史』高宗十九年壬午三月、一〇三―一一一頁。
(106)『承政院日記』高宗一九年三月一五日条。
(107)『承政院日記』高宗一九年三月二四日条。
(108) 宋炳基、前掲『近代韓中関係史研究』、朴日根、前掲『近代韓美外交史』、董徳模『한국의 개국과 국제관계(韓国の開国と国際関係)』서울大学校出版部、一九八〇年、奥平、前掲『朝鮮開国交渉始末』など。また、岡本は属国条項を中心に馬建忠の活動について詳しく検討した(前掲「シューフェルト条約の成立と馬建忠」三五―六九頁)。
(109)「東行日録」とも呼ばれる。本文では『中日韓』2に収録されているものを使用した。
(110) 宋炳基、前掲『近代韓中関係史研究』二五九―二六二頁。朴日根、前掲『近代韓美外交史』二五三―二五五頁。
(111) 朴日根、前掲『近代韓美外交史』二七六頁。なお、韓国側の記録である「美案」1(高麗大学校亜細亜問題研究所編『旧韓国外交文書 第一〇巻 美案1』高麗大学校出版部、一九六七年)では、この日の会談が申櫶と馬建忠とのあいだで行われたとされているが、馬建忠の記録によると、彼は大部分の会談を金弘集と行ったことになっている。名目上の大官が申櫶で副官が金弘集だったので韓国側の記録には申櫶との会談にしたのではないかと推定される。以下、「美案」1の史料を引用する際にも、会談は金弘集と馬建忠とのあいだで行われたものと判断されるため、金弘集の発言として記す。
(112) 朴日根、前掲『近代韓美外交史』二八〇―二八一頁。前掲「美案」1、一―二頁。
(113) 朴日根、前掲『近代韓美外交史』二八一―二八四頁。前掲「美案」1、二頁。
(114) 金容九、前掲『世界観衝突과 韓末外交史、一八六六―一八八二』三六四頁も、当時朝鮮朝廷の最大関心事は米穀と関税問題であると指摘している。また、金敬泰、前掲「不平等条約改正交渉과 防穀問題」にも、日朝間に通商章程を交渉する際に、米穀の輸出問題が両国政府の最も重大な事案の一つであったことが書かれている(一二五―一二六頁)。

(115)「敝処朝野之論、僉以米穀一事、為民命攸関、期欲堅守不変、願得閣下主持」(前掲「美案」1、二頁)。
(116)同前、二―三頁。
(117)この日の会談内容は前掲「美案」1、三―五頁。前掲『中日韓』2、六四八―六五一頁。
(118)前掲「美案」1、四頁。
(119)前掲「美案」1、四頁。前掲『中日韓』2、六四八頁。
(120)「我〔金弘集〕曰、米穀出洋、敝土事勢、万不可議、前已備陳、専望善為紹介、就原稿内註明、今承教示、殊違所望、此是民命攸係、不可不厳立防禁而後已、所以期欲与中東章程初定時例耳、況仁川一口、日人已有另議之言、更乞補入言明若何」(前掲「美案」1、四頁)。
(121)前掲「美案」1、四頁。
(122)同前。
(123)同前。
(124)同前。
(125)「西教一事、若於約内提明、欧米各邦必到欠裂」(前掲「美案」1、五頁)。
(126)同前、五頁。
(127)この日の筆談内容は前掲『中日韓』2、六五一―六五三頁に収録されている。
(128)前掲「美案」1、七頁。朴日根、前掲『近代韓美外交史』二九六頁。
(129)宋炳基、前掲『近代韓中関係史研究』二六七頁。その根拠として宋炳基が提示している『中日韓』2には「美使迫欲帰国、亟思約事早蔵、復経忠反復開陳、彼内迫於速成之心、外屈於婉商之誼、亦遂勉強允行」とある(六二二頁)。米使が帰国したがっているので、早く条約を締結するように馬建忠が繰り返し話して、この案を許可するよう強く勧めたという。
(130)前掲『中日韓』2、六五四頁。
(131)岡本は、清国が税率をめぐる日朝の対立を利用して、「朝鮮側に荷担しその歓心を買うことで、朝鮮を「属国」としてしたがわせようとする構想」を持っていたと指摘した（岡本、前掲「シューフェルト条約の成立と馬建忠」六〇頁）。これを朝鮮側からみると、関税率の問題を解決するために清国の力を「利用」したが、それによって朝鮮に対する清国の影響力が強まることまでは考慮しなかったといえる。

第四章　日朝通商章程における関税交渉

はじめに

一八八二年五月二二日、朝米修好通商条約（以下、朝米条約）に調印し、朝鮮は一〇〜三〇％という有利な関税率を定めることができた。アメリカと条約を結ぶと、イギリスとドイツも条約の締結を求め、朝英条約・朝独条約も調印するに至った。(1) どちらも朝米条約を踏襲しており、ほぼ同様の内容であった。

ところで一八八二年に朝米条約が調印されるころ、日本政府は朝鮮に対して、以前から両国の懸案であった関税を含めた通商章程案について交渉したいと申し入れた。朝米条約で関税率を高く設定できた朝鮮は、日本との関税交渉でも同様にしようと考えた。しかし、花房義質弁理公使と協議を行っているさなかに旧式軍隊の兵士らによる反乱（壬午《じんご》軍乱）が勃発し、交渉は中断された。以後朝鮮内政は、新しい局面を迎えることとなる。

壬午軍乱後、朝鮮における清国の影響力が顕在化し、朝鮮は朝清商民水陸貿易章程を締結するに至った。また、外交と通商事務のために初めて外国人顧問官を雇って、さらに朝米条約の批准に伴いアメリカ公使が初めて朝鮮に常駐するなど、政治情勢は大きく変化していた。こうした新たな時代のなか、朝鮮の対日外交はいかなる展開をみせるのか。本章ではその点について考察する。具体的には壬午軍乱以後の日朝間における通商章程改正交渉のうち、「朝鮮国海関税則」（税関規則・関税規則のこと、以下税則）に関する協商に絞って検討を行う。同様のテーマを扱ったものとして金敬泰や崔泰鎬の研究がある。本章ではこれらの先行研究を踏まえたうえで、壬午軍乱前後の政治情勢の変化と関連づけてこの交渉過程を考察したい(2)。

第一節　朝鮮の情勢変化

1．交渉の再開と中断

一八八一年に趙秉鎬《チョビョンホ》修信使が訪日し、通商章程改正と税則について交渉したものの妥結には至らなかった。その後、日本政府は公使を朝鮮に派遣して再びこの問題を協議することにした。折しも朝鮮では新たな外交の第一歩として、事大交隣関係によって清と日本を分けて行ってきた外交業務を「同文司」という部署に一本化した(3)。日本政府はまさにこの時期に花房義質弁理公使の朝鮮派遣を決定したのである。花房弁理公使は決定が下された翌日に朝鮮へ出発し、一八八二年五月一一日に仁川に到着した。

当時、朝米条約の締結を調整するために清国の馬建忠が仁川に滞在しており、花房が着いた翌日にはシューフェルト提督を乗せたスワタラ号が到着した。花房はまずソウルに向かわねばならなかったため、戻ったら面会したいとの書簡をシューフェルトへ送った(4)。五月一九日、花房は同文司に委任状を見せ、「税則」及び「通商章程」について協議したい旨申し入れた(5)。

この時朝鮮政府は、朝米条約の調印を控えていた。第三章で述べたとおり、同条約には朝鮮側にかなり有利な関税条項が含まれていたが、花房はおそらくその詳細については知らなかったと思われる。というのも、馬建忠と金弘集《キムホンジプ》は条約の内容を協議するにあたって、日本側に絶対に情報が漏れないよう細心の注意を払っていたからである。また、朝米条約の最終案件が仁川で議論されている頃、花房はずっとソウルに滞在しており、仁川に戻ったのは朝米条約が調印された翌日の五月二三日だったことも理由の一つに数えられよう(6)。

話を再び日朝交渉に戻そう。花房の申し入れに対して朝鮮政府は六月四日、通商司経理事の金輔鉉《キムポヒョン》と金弘集を全権大臣に任命し(7)、交渉を担当させることにした。特に金弘集は朝米条約のときに全権副官として活躍した実績もあったため、今回の日本との交渉にもあたらせたのであろう。

日朝の交渉が始まったのは、朝米条約の調印式(五月二二日)が終わり、朝英条約の調印(六月六日）も終わった後だった。[8] 金輔鉉と金弘集の二人は花房弁理公使を訪問し、第三次修信使の趙秉鎬が前年日本側に提出した「新修通商章程草案」の改訂版である「新訂通商章程」を提示した。[9] 花房弁理公使も日本の草案である「朝鮮国に於て日本人民貿易の規則草案」四一款及び「朝鮮国海関税目草案」を朝鮮側に提示し、互いに検討することとした。[10]

この日本案では、朝鮮の輸入品の関税率は五〜一五％、輸出品の関税率は無税か五％となっていた。さらに朝鮮側が重視する米穀の輸出禁止については、米穀は貿易に占める割合が高いので禁止できないとし、輸出のせいで価格が騰貴するのが不安ならば、米穀の輸出関税は一割にするように付記してあった。[11]

日本の草案を確認した半月後、朝鮮側はそれに意見を添えて送った。「善隣始末」によると、このとき朝鮮側は税関規則を決めるのはわが国の権利である（朝鮮の「自主」による）こと、五％の関税率は低いことを主張した。[12]

七月一七日に、金輔鉉たちは花房弁理公使と仁川の開港や税則について協議することになった。会談の内容は以下のとおりである。

義質曰、海関規則ハ自由自操ノ権アリトセハ、他国ヲシテ喙ヲ其間ニ容レシメサラントスルカ。輔鉉曰、我カ草案ニ就キテ議訂セラレント欲ス。義質曰、我カ章程税目ヲ擬スルハ、積年ノ経験ト現今ノ実況トヲ酌量シ、務メテ税額ヲ縮少シ、貿易ヲ誘進セシメントノ意ニ出テタリ。然ルニ一概ニ之ヲ擯ケラル、ハ協議ノ旨ニ戻レリ。輔鉉乃曰、我カ税目モ米国ト約スル所ハ、輸入ハ抽十ヨリ抽三十、輸出ハ抽五ト為セリ、英独モ亦同シ、貴国モ亦此ニ倣ハンコトヲ欲スト。翌日其米約第五款ノ証本ヲ示ス。(13)

朝鮮側が、「海関規則」を自分で決めようとしたことがうかがえる。金輔鉉は、朝鮮案に基づいて税則を決めたいと述べた。これに対し花房は、日本案のほうが長年の経験と現状をかんがみて作ってあり、税率を下げることが貿易を拡大させる道であると主張した。しかし金輔鉉は、朝米条約では輸入品は一〇〜三〇%、輸出品は五%の関税であると反駁し、英独との条約も同じ税率であると強調して、日本もこれにあわせるよう要求した。そして翌日、証拠として朝米条約第五款(税則に係わる条文)を示した。

第三章で述べたとおり、まずアメリカと有利な関税率を定めて日本との交渉に備えようという朝鮮の戦略は、このように実行されたのだった。朝鮮側は朝米条約の写本を見せ、日本側に同じ税率を要求できたのである。花房は三日後の七月二〇日の会談で、こう述べた。

義質曰、米約ヲ閲スルニ、抽十ヨリ抽三十ニ過キス。此ノ如キハ我カ国モ亦同旨ナリ。則貴国案ノ抽三十五若クハ抽二十五ハ皆五ヲ衍スルニ似タリ。因リテ我カ抽五貨物ノ意見書ヲ示シ、再ヒ之ヲ議セントス。(14)

日本側は朝米条約の内容を反映せざるを得ないことを認め、ある程度は受け入れながらも、日本の案で五％を提示している品目については、再度議論しようとしたのである。しかしその後、後述するとおり壬午軍乱が勃発し、花房公使が日本に避難したため交渉は中断を余儀なくされる。

2．壬午軍乱後の政治情勢

壬午軍乱によって、関税交渉は新たな局面を迎えた。中断していた交渉が再開されたのは、翌年の一八八三年である。四月二八日、日本政府は井上馨外務卿に、「朝鮮国貿易規則及税目〔税則〕」を決めるように命じ、井上は花房の後任の竹添進一郎弁理公使に委任した(15)。

その後の朝鮮の外交交渉を理解するには、壬午軍乱から翌春にかけての政治情勢の変化を知る必要がある。そのせいで新たな変数が加わり、一八八三年の交渉に大きな影響を及ぼしたからである。

壬午軍乱は、一八八二年七月二三日（高宗一九年六月九日）にソウルの守旧派軍の反乱をきっかけに起こった。朝鮮政府は開化政策の一環として軍制改革を実施し、前年五月には日本式の訓練を受けた別技軍を創設した。別技軍が高給と高待遇を受けているのとは対照的に、旧式軍隊である訓練都監の兵士は給料が一三カ月間も支払われていない状況であった。一八八二年七月、ようやく給料の一部が米で支給されたが、米の出納を管理する宣恵庁官吏が密かに米に糠や砂を混ぜて、浮いた米を着服しようとした。兵士たちは抗議したが、宣恵庁堂上（宣恵庁の総責任者）である閔謙鎬《ミンキョムホ》は抗議活動のリーダーを逮捕し、処罰するよう命じた。兵士たちは不満を爆発させ、反乱を起こしたのである。開港以来いわゆる開化政策に不満を募らせていた下層民もこれに加わり、兵士の反乱は武装蜂起へ拡大する。彼らは日本公使館と京畿《キョンギ》監営を襲撃し、閔謙鎬や開化派の中心とみなした高官たちを殺害した。鎮圧にてこずった高宗は、兵士たちの支持を受けていた大院君に一切の政務を委ねるに至った。(16)

七月二四日、宮殿に入った大院君が再び政権をとると、高宗たちがこれまで進めてきた開化政策は大きく後退した。訓練都監が復活し、高宗の最大の改革であった統理機務衙門は廃止された。(17)開化政策に激しく反対してきた斥邪派にとって、大院君の再登場は歓迎すべきことであったろう。

しかし、大院君の政権は長く続かなかった。日本政府は、日本公使館の破壊や日本人殺害に対する謝罪と賠償を要求するため、八月半ばに軍艦を派遣した。また、日本の勢力拡大を警戒した清国政府は朝鮮の出兵要請を受け、日本より一足先に軍艦を派遣して事態の収拾に乗り出した。清国軍は大院君を反乱の首謀者とみなし、彼を拉致して清国に連れ去った。こうして高宗が再び政権の座に就く。また謝罪・賠償を要求する日本とは、一八八二年八月三〇日（高宗一九年七月一七日）、済物浦《チェムルポ》条約に調印することで合意した。

済物浦条約が締結されてから約二週間後の九月一六日、高宗は外国との通商に関して指針を出し、大院君が設置させた斥洋を謳う碑を撤去せよと命じた。(18)日本をはじめ欧米諸国との条約調印を広く知らしめ、開化政策を受け入れるよう人民を説得しようとした。斥邪派の要であった大院君がいなくなり、高宗たちは開化政策に拍車をかけようとしたのである。

しかし、事態は楽観できなかった。国内の敵が消えても、かわりに清国が存在感を増したからである。朝米条約に属邦条項を盛り込み、朝鮮との関係を国際社会に明確に示したかった清は、壬午軍乱を収拾するにあたり大院君を強制的に清国に連れ去るなど、朝鮮の内政に干渉する契機を得た。そして、事態が収まっても、そのまま軍隊を朝鮮に駐屯させた。壬午軍乱後に結ばれた朝清商民水陸貿易章程に、その覇権のほどがかいま見られる。同章程はその後、日朝交渉にも影響を与えるのである。

3．朝清商民水陸貿易章程の締結

新たな外交政策の一環として朝米・朝英・朝独条約とともに壬午軍乱以降進められたのが、清との通商章程交渉であった。伝統的に事大関係にあった清と、以前とは異なる通商関係を築こうとしたのである。

この見直し作業は、実は壬午軍乱の前から始まっていた。朝米条約のため、高宗は魚允中《オユンジュン》と李祖淵《イジョヨン》を清国へ派遣したが、彼らの任務は条約交渉のほか、清国との「開海禁・通商・派使駐京之事」、すなわち通商問題や天津に常駐使節を派遣する問題について交渉することであった(19)。しかし、その最中に壬午軍乱が起こり、魚允中たちは交渉を中断していったん帰国した。

軍乱が収まると魚允中たちは一八八二年九月に再び清国へ派遣され、交渉を再開した。清と新たな関係を築きたい朝鮮だったが、両国の宗属関係を明確にさせたい清国の意向が強く反映された章程が締結された。翌一〇月（光緒八年八月二三日）、朝清商民水陸貿易章程（以下、朝清章程と略す）が結ばれる。[20]

前文と全文八条で構成される同章程については、これまでもさまざまな研究が注目してきたので、詳細については先行研究に譲ることにする。[21] 先行研究は大きく二つの見解に分けられる。一つは、章程の前文に朝鮮を清国の属邦と明記するなど、従来の事大関係をより強い宗属関係にしようとした清の政策に重点をおく研究である。もう一つは、清国との伝統的な関係を新たな通商関係に変えようとする朝鮮の動きに注目した研究である。

朝清章程の特に関税関連の条項は、のちに日朝交渉にも影響を与えた。海路貿易と陸路貿易の関税はそれぞれ次のようになっている。両国商船が通商海岸に入って交易する際の海関税は両国がすでに決めた規定に従って処理する（第三条）、柵門・義州（鴨緑江対岸）、琿春・会寧（図們江対岸）で国境貿易を行い、輸出入税共にすべて五%を徴税する（第五条）。

第三条の海関税については朝鮮はまだ規定（海関税則）を定めていなかったので、どれほどの税率にするか議論の余地があった。第五条の陸路貿易における五%徴税は、日本とイギリスがのちに「均霑」、すなわち同様の権利を要求する根拠となった。これについては後述する。

朝清章程の第八条には、この章程の内容は随時改訂できると明記されていた。つまり、章程に定めた関税率などは修正できたのである。この朝清章程がその後日朝間の関税交渉に影響を与えることとなる。

4．メレンドルフの起用とアメリカ公使の赴任

朝鮮外交において画期的だったのは、一つはドイツ人メレンドルフ（Paul Georg von Möllendorff：穆麟徳、一八四七〜一九〇一）を外交と通商のための顧問官として起用したことと、[22] 外国使節の常駐を許可したことである。かつての激しい斥邪運動や反欧米感情を考えると、政府が西洋人を雇用したりアメリカ公使が赴任したのは、この時期の大きな変化を象徴していると言えるであろう。彼らは日朝外交に新たな刺激を与えた点でも注目に値する。日本政府は自国の都合を朝鮮側に受け入れさせるために、積極的に彼らを活用したのである。

周知のように、アメリカ公使の常駐は朝米条約ですでに合意されていた。では、外国人顧問官の起用にはどのような背景があったか。朝鮮政府は、朝米条約の準備をする過程で、外国人顧問の必要性を痛感した。欧米の言葉を使える者がおらず、朝鮮だけでは何一つ交渉できなかったからである。朝米条約は清の仲介があって無事に締結できたが、これからさまざまな欧米諸国と外交関係を樹立していきたい朝鮮政府は、なんとしても外国語と国際法の知識を兼ね備えた外交の専門家を迎えたかった。こうして壬午軍乱の後、清国に顧問官の推薦を依頼したのである。李鴻章は、ドイツ人のメレンドルフを推薦した。メレンドルフは一八六九年から清国の海関で働き、一八七九年には天津の副領事を務め、一八八一年には上海領事館に勤務した経歴の持ち主であった。親交が深かったこともあって、李鴻章は彼を薦めたのである。[23] 朝鮮がメレンドルフを起用した意味について考えてみたい。

まず、清国に仲介してもらわなくても外国と交渉できるようになった。一例として、朝英条約の批

准案をめぐる協議で、朝英二国だけの会談を実現させた[24]。メレンドルフがそれを可能にしたのだった。

第二に、メレンドルフは李鴻章と親交があり、朝清の仲介役を演じることができた。従来はメレンドルフを清国の代弁者とみなす研究もあったが、清国の代弁者はメレンドルフとともに派遣された馬建常（馬建忠の兄）のほうであった。メレンドルフは外交と海関業務の専門家として朝鮮政府に雇われたのである[25]。次節で詳述するが、彼は朝清章程の改正に関して李鴻章に朝鮮側の意向を説明し、受け入れるよう説得した。

このように、外国人顧問官の個人どうしの付き合いが外交交渉に活用されることもあった。日朝関係でも同じである。たとえば、日本外務省は壬午軍乱後、新しい朝鮮弁理公使に竹添進一郎を任命するが、彼は天津領事だったころに、やはり天津のドイツ副領事だったメレンドルフと親交があったため、「幾分か都合を得可申と存候」と述べた[26]。第三節で述べるが、井上馨外務卿は竹添進一郎朝鮮弁理公使に、朝鮮と正式に交渉する前にメレンドルフと密かに会っておくように命じた。竹添とメレンドルフの関係を活用し、日本側の意図をあらかじめ伝えておくためである。

さて、欧米の政治情勢や欧米との外交のやり方についてまだ不案内だった朝鮮にとって、常駐する外国人高官は大きな存在であった。特に高宗は外国人顧問官だけではなく、初めて赴任するアメリカ公使フート（Lucius H. Foote: 呼徳）に対しても強い期待を持っていた。彼にも外交についてアドバイスを求めたのである[27]。そして日本政府もアメリカ公使の常駐を歓迎し、自分たちの外交に利用しようとした。こうした外国人たちが日朝交渉にどう係わっていくのか、後に検討したい。

第二節　一八八三年における朝鮮の対応

1．朴泳孝の修信使行

一八八三年にようやく締結した日朝通商章程及び海関税則をみると、朝鮮がこれまで堅持してきた税則と若干異なっていることがわかる。基本税率は一〇％で朝米条約と一見変わりはないものの、日本産の物品や日本人の生活必需品はすべて五％になっていて、以前の朝鮮の主張より多少後退している。

この点に着目した研究に、金敬泰の「不平等条約改正交渉と防穀問題[28]」がある。ここで金敬泰は、日朝の海関税則が後退した理由として、日本側のさまざまな懐柔策やメレンドルフの日本に対する妥協を挙げた。

確かに、関税自主権の条文がなくなったことや、日本人の生活必需品は五％と低率にしたこと、金銀などの輸出品は無税にしたことなどは、朝米条約にくらべて後退したようにみえる。しかし、筆者はその原因を金敬泰とは少し違う角度から考察したい。朝清章程でさまざまな特権を清国に与えた朝鮮政府は、清と同様の権利を要求するイギリスや日本との交渉に臨まなければならなかった。したがって、朝米条約とまったく同じ税率をそのまま主張し続けることはできない。そうした状況のもとでも、朝鮮政府はなるべく自分たちの希望を反映した税則で合意できるよう最大限の努力をした。その結果が多少「後退」した税率になったというのが本章の認識である。

これを実証するために、まず一八八三年の関税交渉が始まる前の日本とイギリスの立場を検討する。一八八二年の日朝間の関税交渉は壬午軍乱が起きたため中断され、かわりに軍乱で被害を受けた日本側から賠償を請求されることとなった。事態が収拾すると朝鮮政府は、和解策と賠償問題を協議するために、修信使を日本に派遣した。代表には朴泳孝《パクヨンヒョ》が、副使には金晩植《キムマンシク》が任命され、朴泳孝には特命全権大臣兼修信使という職名が与えられた(29)。彼はこの時の記録である『使和記略』(30)を残した。

『使和記略』によると、一行は一八八二年九月二〇日(高宗一九年八月九日)に仁川を出発し、九月二三日(八月一二日)に下関に到着した。そこから神戸を経て東京へ向かう予定だったが、神戸で東京行の船を待っているときに、ちょうど神戸にいた井上馨外務卿と会談することとなった。朴泳孝は、税則に関する井上外務卿の発言を重要と判断し、会談の内容を朝鮮政府に送った。そしてそれを朝鮮政府内で十分に検討してから高宗に報告し、その返答を求めた(31)。井上は朴泳孝に以下のように語っていた。

まず、井上は朴泳孝に今回の訪日の目的について尋ね、朴泳孝は損害賠償と、済物浦条約とともに調印した「日朝修好条規続約」の批准書の交換の二件であると答えた。井上は、今朝鮮にとって至急の事案は税則を決めることだ、早く税関を設置し、関税に関して経験を積むことが大事だと助言した。そのうえで、朝鮮政府に次のように日本側の意向を伝えるよう頼んだ。すなわち、税則の大項目は朝鮮が欧米三カ国と定めた税率を基準にし、細目は日朝で公平に協議して、早急に納税し、朝鮮の政府予算に少しでも寄与していただきたいというのがわれわれ日本政府の見解だと述べたのである。[32]

この井上の話で目を引くのが、税則を朝鮮と欧米三カ国との条約に準じて決めようと述べている点である。これは、従来日本側が提案してきた税率より多少高くなってもよいと言っているも同然だった。

朴泳孝によるこの報告に、朝鮮政府がどのような返答を送ったか記した史料は管見の限り見当たらない。ただし、イギリス外務省記録（以下、F.O.405）[33]によれば、結局税則協議のための全権大臣は派遣されなかったようである。朴泳孝は帰国前にも井上と会ったのだが、駐朝日本公使と朝鮮で通商交渉を行いたいと語ったという。[34]

ところで、神戸で朴泳孝と井上がこうした話をしていたところ、一八八二年一〇月四日（光緒八年八月二三日）、朝鮮と清国との間で朝清商民水陸貿易章程（朝清章程）が締結された。同章程では、税率は輸出入品とも五％の従価税となっていた。それを知った井上は、帰国前の朴泳孝に、朝清章程の五％より高い関税は認められないと伝えた。[35]当初は欧米三カ国との税率を基準にしてよいと言っていたのに、清との税率を基準にしたいと言いだしたのである。さらに、関税が一〇〜三〇％の欧米諸国は、五％の清国とは競争できないとして承服しないはずだといい、欧米との条約を保持するために清国と交渉しなおすほうがよいと忠告した。[36]

はたしてイギリスは、その旨申し入れてきた。イギリスは、朝米条約が調印された直後の八二年六月に朝鮮と条約を結んでおり、その批准を控えていた。朴修信使は日本に滞在中も条約の批准に向けてイギリス公使や領事と何度か話しあっていたのだが、イギリス側は朝英条約の改正を望んだ。朝清章程の情報を手に入れてからは、さらに強く改正を求めるようになった。[37] ハリー・パークス（Harry S. Parkes）駐日イギリス公使は、朴泳孝が帰国する前に彼を訪問し、清国に与えたのと同様の特権を欧米諸国に認めるつもりは貴国にあるのかと尋ねた。[38] 条約を批准するどころの話ではなくなったのである。

米英独三国との条約の批准を目前に控え、朴は井上の忠告を無視できなかったに違いない。だが、『使和記略』には帰国前の井上やパークスとの会話は記載されていない。また、帰国後高宗に行った報告でも、日本側の態度の変化について記録されていない。しかし、朴泳孝は恐らく帰国後日本やイギリスの立場を朝鮮政府に報告したのではないだろうか。ではこの難局に、彼らはどのように立ち向かったのだろうか。

2．朝鮮側の対応

朴泳孝修信使一行は一八八二年一二月二七日（高宗一九年一一月一八日）に東京を出発し、横浜、神戸と下関を経て翌年一月五日（一一月二七日）に仁川へ着いた。朴泳孝が帰国した後に朝鮮政府がいかなる措置をとったのか、朝鮮の史料には見当たらない。しかし、修信使に同行した新任弁理公使の竹添進一郎の機密信で、朝鮮側の動きをうかがうことができる。この機密信[39]は、竹添が赴任直後から外務省の井上馨外務卿宛に送った報告で、朝鮮の事情が詳しく記されている。初期の機密信では特に、税則問題をめぐる朝鮮側の対応がよくわかる。このほか、朝鮮との条約の批准を控えていたため、このころ訪朝したアストン（William G. Aston）駐日イギリス領事の機密信など、F.O.405にも記録が残っている。以下では主にこの二つの史料を用い、朝鮮政府の方針を考察する。

竹添弁理公使は赴任してまもない一月一二日付の機密信第二号で、朴泳孝との会話を報告している。

一　日本派出ノ公使ニ税則ノ談判委任ニ可相成ヤト小官ヨリ相尋候処、朴泳孝云、多分委任ニ相成可申。小官云、清韓通商章程愈実行ニ決定致シ候ハ、各国モ同様ノ章程ニ無之テハ必ス承知致ス間敷。朴云、清韓章程中税則ト裁判ノ二項ハ是非改正致ス積ニテ、只今評議中ナリ。李鴻章ニモ多分承允致スベキ見込ナリト(40)。

朝鮮政府が日本へ公使を派遣し、税則について協議させようとしていたことがわかる。前述のとおり、朴泳孝は以前井上に、朝鮮で通商交渉を行いたいと述べていた。しかし井上は清国の影響力を警戒し、それを拒んだ。馬建常が朝鮮に駐在しているのを知っていたため、彼の干渉を懸念したのである。井上は、朝鮮政府が全権公使を派遣して日本で税則を主題とした通商交渉を行ってはどうかと提案した(41)。いつまでも清国の影響下に甘んずるのに不満を抱いていた開化派官僚たちにとっても、日本での交渉を拒む理由は無かったであろう。

朴泳孝が、日本へ公使を派遣してもかまわないと答えると、竹添は「清韓通商章程愈実行ニ決定致シ候ハ、各国モ同様ノ章程ニ無之テハ必ス承知致ス間敷」と述べた。朝清章程がいよいよ施行されると、どの国もそれと同じ条件でなければ承知しないはずだと言ったのである。すでに井上外務卿から忠告されていたのと同じ内容である。

朴泳孝の返答が興味深い。彼は「朝清章程のうち税則と裁判に関する条項は必ず改正するつもりで、今議論中である」と説明し、李鴻章も認めてくれそうだと付け加えた。清国との章程内容を改正したほうがよいという井上の助言も効いたのであろう。

二月八日付の竹添弁理公使の機密信第三号でも、朝清章程を改正しようとする統理衙門官吏たちの姿勢が読み取れる。協弁交渉通商事務金弘集との対談で、竹添はこう言う。

我国ト貴国トノ貿易ハ殆ト三百年ノ久ヲ経テ彼我ノ商民互ニ貸借モ有之位ノ事ニ付、新タニ往来スル西洋各国ト同視スベカラザル情誼ハ御酌諒ノ事ト存候。兎モ角モ支那トハ同様ナル関係ニ候間、支那ト均一ニ相成度。万一支那ト税則上ニ差異有之候テハ不公平ト相考候ナリ(42)

日本と朝鮮は三〇〇年も付き合ってきた間柄で、欧米諸国とは事情が異なる。清と同じような関係を続けてきたのだから、清と税則が違うのは不公平であるという主張で、朝清章程を念頭においている。これに対して金弘集は「清国ニ限リ特別ナル可カラザルハ論ヲ俟タズ、其他ノ各国ト雖トモ皆同一ノ章程ヲ設立候筈ニ候」と言い切った。清国だけを特別扱いをするわけではない、どの国もすべて同じ内容の条約にするはずだと説明したのである[43]。

そうするには、清国の特権を無くすか、他国にも清と同じ権利を与えるかのどちらかしかない。朴泳孝の話などと総合的に考えると、金弘集の発言は前者の意味であったと思われる。すなわち、できるだけ朝清章程の内容を改正しようと考えていたのである。だからこそ金弘集はこの日、井上や竹添が五％の税率を要求したのに、依然として一〇％案を示したのだろう。彼は基本の税率を一〇％にし、品物によって税率に差を付けたいと主張した[44]。

以上のように朝清章程の改正に取り組む一方で、朝鮮政府は、朝清章程の税率五％は特殊な場合に限られるとし、日本とイギリスの「均霑」要求を退けようとした。前掲注42で引用した機密信第三号で、竹添弁理公使は興味深い報告をしている。


清韓条約中ノ第五条ニ言明シタル五分税ハ従来清韓ノ境界即義州会寧等ノ貿易場ニ双方収税上種々ノ悪弊有之、且接待向ニ費用モ相懸リ候事故、其等ヲ改正シテ五分税ト相定メ、右ハ今度新設スル普通ノ海関税トハ全ク其性質ヲ殊ニセシモノニ有之候間、為御含申上候

竹添は、従来の朝清の国境貿易では、税金に関してさまざまな問題があり接待費もかかったりしたので、朝清章程で五分税に定めたという。つまり同章程における税率五％は、通常の関税とはまったく性質が異なるのだと述べている。おそらく金弘集からこのように説明されたのであろう。

他の外国とは違って清国とは陸路貿易を行い、その場合の関税は海路とは異なるため、均霑の対象にはならない、言い換えると条約の内容は同じにならないというのが朝鮮側の言い分であった。

朝鮮は、イギリスに対しても同様の方針をとった。以下は、四月一一日にアストンがパークスに送った機密信の一部である。

私〔アストン〕は、朝英条約ではイギリスが最恵国待遇を受けることになったが、それは朝清章程で定まった特権も受けられることなのかと尋ねました。金玉均《キムオッキュン》はそうだと答え、金弘集は朝清章程は法的にまだ効力を発揮していないと述べました。それから朝清章程における五％の税率は陸路貿易に限ったものであり、海路貿易における輸入関税には適用されないと言われました。しかし、彼らは朝清章程のいくつかの条項とともにこの条項も削除しようとしています。彼らはこの条項が、開港場でも五％の関税率を要求する議論に使われるだろうと確信していました(45)。

この会話を交わしたころ、アストンはソウルに駐在していた。金弘集は、竹添弁理公使のときと同じように、朝清章程の五％関税は陸路貿易に限られると説明している。しかし今後の交渉で不利になることを恐れ、章程を改正しようと考えていた。このことは、前述した金弘集の話、すなわち清との章程改正の旨とも通じるのである。

さらに、朝鮮はイギリスと先に一〇％の税率で条約を結び、日本にもこの税率を承認させようとした。アストンも、「彼ら〔統理衙門の官吏たち〕は欧米諸国が一〇％の関税率を認めれば、日本も一〇％案に反対できないだろうという理解に至ったようです」[46]と書いている。五月二九日付のパークス宛の書簡では、メレンドルフが「日本は他の列強が承諾した関税ならすべて受け入れると確信」していたと報告した[47]。朝米条約で高い関税率を定め、それを日本にも求めたのと同じように、今度はイギリスに一〇％案を承認させ、それを日本にも呑ませようとしたわけである。

要するに、朝鮮は日本との関税交渉において、第一、朝清章程の改正、第二、同章程内の特殊性を取りあげて均霑要求を退け、第三、基本一〇％の関税率を定めた朝英条約の批准に取り組んだのである。

だが、イギリスとの条約批准は延期される運びとなった。それでは、朝清章程の改正はどうだったか。一八八三年六月一〇日付のハリー・パークス駐日イギリス公使からグランヴィル（Earl Granville）イギリス外務大臣宛の機密信には、「朝鮮政府は清国とすでに締結ずみの章程について、清国に与えた特権を欧米諸国に与えないわけにいかないため、清国政府にその特権を撤回するよう要求した」と記している[48]。

この要求に対する清国の反応はどうだったのか。李鴻章は朝鮮側の改正の求めに応じる気があるとのことであった[49]。パークスはこの機密信で、アストンからの報告を引用している。メレンドルフから情報を得たアストンによると、「李鴻章は、朝鮮政府が欧米諸国との良好な関係を築くために必要な、通商的な譲歩を許可すると約束した」[50]。通商的な譲歩とは、「内地貿易とソウルでの貿易の権利、開港場間貿易と海路貿易における独占」の放棄であった[51]。ただし、他の外国人が関われない国境貿易では関税率を五%とすることに朝鮮政府が合意したとも伝えている[52]。

朝清章程の改正要求という朝鮮側の行動には、朝清間の特殊な関係をむしろ逆利用する発想がうかがえる。朝清章程は「清が属邦を優待する意」であることを前文に明示している。したがって優待される側の朝鮮は、「欧米諸国と良好な関係を築くため」に「清国に与えた特権」を撤回できるという理屈になる。清が「通商的な譲歩」をするよう、改正を要求し、李鴻章の約束を取り付けることができたのである。

このように朝鮮は、清と章程の一部を修正しようと努め、イギリスに一〇%案を認めるよう交渉しながら日本との交渉に臨むなど、各国相手に奮闘したのであった。

3. 朝鮮側の草案

それでは、一八八三年の「日朝通商章程」内の「海関税則」に関する朝鮮側の草案をみてみよう。その原本は管見のかぎり見当たらなかったが、英語の抄訳版がイギリスの外務省記録(F.O.405)に残っている。それによるとこの抄訳版はメレンドルフが作成し、その後朝鮮政府が若干修正を加えたものだという[53]。税則に関する箇所は次のとおりである[54]。

まず、輸出品はすべて五%の従価税で、以前の朝鮮の草案と変わらない。また、紅蔘の輸出を禁じているのもこれまでどおりである。輸入品に関しては、一部の無関税の品目を除いてすべて一〇%の従価税を課す。薬品は多少低くし、奢侈品（煙草、酒類、宝石、時計、楽器、グラスクロス、刺繡作品、カーペットなど）のみ三〇％の従価税とした。そして武器と阿片の輸入を禁止した。奢侈品の三〇％の税率と、阿片の輸入禁止は朝米条約と同様だった。ただし、外国産の金銀、銀貨などを無税にしたことは、アストンの言葉を借りると「薬品の税を一〇％以下にするよりも開放的な」案[55]であった。

このように朝鮮の草案は、各国から朝清章程と同じ条件を要求されたにもかかわらず、依然として一〇％の関税率を基本としていた。しかし品物によっては、外国に有利な関税率もみられた。では次に、日本政府の戦略はどのようなものであったかをみてみよう。

第三節　日本の方針と妥結案

1．最恵国待遇の挿入

日本政府は一八八三年四月、竹添進一郎駐朝弁理公使に「朝鮮国貿易規則及税目設立」に関する交渉を命じた。このころ朝鮮では、壬午軍乱後の官制改編によって設置された統理交渉通商事務衙門（以下、統理衙門と略す）が外交業務を担当していた。竹添弁理公使との交渉には、この統理衙門の代表である閔泳穆《ミンヨンモク》督弁と金弘集協弁、そして参議（後に協弁になった）のメレンドルフが携わった（督弁、協弁、参議は統理衙門の官職で、総責任者の督弁の下に実務の協弁、その下に補佐役の参議がいる）。

日本政府はすでに竹添弁理公使から数回にわたって報告を受けており、朝鮮政府の状況をおおむね把握していたと思われる。朝清章程の内容と、朝米条約の批准を控えていたアメリカの動向を念頭におきながら交渉方針を決めていった。

日本政府が今回の通商交渉で特に情熱を傾けたのは、最恵国待遇を盛り込むこと（均霑）であった(56)。この条項さえ成立すれば、朝清章程が定めた清国の特権を日本も要求できるからである。関税率をはじめ、日本政府が狙っていた利益をより容易に手に入れられるはずであった。

しかし、日本政府が交渉の根拠にしようと考えていた朝清章程の五分税については、朝鮮側からあらかじめ、陸路貿易に限ったものであると説明があった。竹添弁理公使はそれに納得し、「陸地貿易ハ運搬ノ費用大ナルヲ以テ、縦令五分税ナルモ海路ノ貿易ニハ不差響」と日本外務省に報告した。竹添は、清との陸路貿易で関税が五％になったとしても、日本人商人の海路貿易にはそれほど影響を与えないだろうと考えたのである。しかし、井上外務卿は異なる見解を持っていた。五月二九日付の竹添弁理公使宛ての訓令では、もし将来ロシアが清国と同様の条件で条約を締結すれば、ウラジオストックから多くの商品が陸地輸入され、海路貿易に支障を与えることが予想されると憂慮している(57)。

ここに、朝鮮との通商章程に最恵国待遇を明記させようという日本政府の狙いがうかがえる。最恵国待遇の規定があれば、海路貿易も陸路貿易と同じ関税率にすべきだと主張できる。もし日本との海路貿易に一〇％の輸入関税を課するならば、清国との陸路貿易にも一〇％を負担させるべきである。そのためには朝鮮政府に、清との条約を改正させなければならない。ゆえに井上は、駐朝アメリカ公使と協力して朝清章程を変更する、あるいは海路貿易も陸路貿易と同じ低い関税にするよう朝鮮政府を説得せよと竹添弁理公使に命じたのである。[58]

最恵国待遇は、紅蔘の輸出に関しても大いに活用された。朝鮮政府はもともと紅蔘の輸出に強く反対してきた。一八八二年に花房義質弁理公使が朝鮮で交渉を行った際も紅蔘は輸出禁止品であったため、日本外務省はそれを解禁する特別法を策定などして朝鮮政府と協議せよと花房に指示した。[59] ところが朝清章程では、紅蔘は一五％の税で輸出が許可されたのである。したがって、日本政府も清国と同様の権利を主張することにし、輸出品目に紅蔘を加えて清国と同様に一五％の輸出関税を課す案を作成した。その他の朝鮮からの輸出品は無税・禁制の商品を除いてすべて五％に定めた。[60] ただし、朝鮮政府が反対する可能性が依然としてあったため、その対策が必要であった。それが、訓令で何度も言及された「均霑」の利用であった。

日本政府は、日朝修好条規を締結する際に最恵国待遇の条項を入れようとしたが、朝鮮が日本以外の国とは外交関係を結ばないからと強硬に反対したため叶わなかった。だがいままでは朝鮮政府はアメリカやイギリス、ドイツとも条約を調印しており、清国とも章程を交わしているので、満を持して再び最恵国待遇を要求したわけである。なお、花房弁理公使が交渉に臨んだときは、最恵国待遇の条項は草案に入っていなかった。[61] 草案を準備したころはまだ朝米条約や朝英条約調印について知らなかったからであろう。井上外務卿が竹添弁理公使に委任を命じたときの交渉案では、次のようにある。

均霑ノ条款ハ是非此ノ規則中ニ挿載スルヲ肝要ト致候間、彼ヨリ如何ノ甘言ヲ以テ相断リ候共、必挿載ヲ期スル義ト御心得可有之候。尤米国政府モ条約批准相済候上ハ、従来清国ノ朝鮮ニ於テ占有スル特例ニ均霑スルヲ請求スヘキ内意ニモ相見へ、我ニ於テモ同様ノ義ニ有之候間、此箇条挿載之義ハ充分御費神有之度候(62)

朝鮮側が何度断っても、日本は執拗に条文に最恵国待遇を盛り込もうとした。日本政府は、アメリカも朝米条約に批准すれば、朝清章程で清国が得た特権を要求するはずと考え、日本も負けずに最恵国待遇を得ようとしたのである。たとえ紅蔘の輸出を朝鮮政府が拒否したとしても、朝清章程の「均霑」を要求すれば、自然にその権利を得ることができる。

このように、日本政府は最恵国待遇を盛り込んで、優位に立とうとした。しかし、関税率が朝清章程よりも細かく分類された朝米条約の批准可否にも注意を払う必要があった。日本政府は朝鮮と交渉する一方で、アメリカの動向も注視していたのである。

2. 朝米条約を反映した税率案

朝英条約の改正交渉と批准が延期されたことは、すでにパークス駐日公使を通して井上外務卿も把握していたと推測される。この時点で、イギリスと先に条約を批准して、日本にも関税率一〇%をのませようという朝鮮政府の作戦は見通しが暗くなった。しかし幸いにも、イギリスより先に条約に調印したアメリカは、朝清章程が朝米条約より有利であることを承知のうえで批准することに決めた。

これは、アメリカの東アジア政策の一環であった(63)。

つまりアメリカは、輸入関税を一〇～三〇%としたい朝鮮政府の方針を認めたのだった。日本はその影響をじかに受けた。日本は当初朝鮮に五%の関税率を提案していたが、今回（一八八三年四月）は五～三〇%を提示した。井上の訓令案には「此税目ハ去年花房公使朝鮮政府トノ談判手続モ之アリ、且米利堅ト朝鮮トノ成約ニモ既ニ三割ニ超ヘサル分ハ承諾ヲ与ヘタル者ナレハ、今彼此ノ旨趣ニ則リ、等ヲ七等ニ分チ、五分ヲ以テ最軽級トシ、八分壱割壱割五分弐割弐割五分、之ニ次テ三割ヲ以テ最高級トシ、別ニ無税禁制ノ弐等ヲ設ケリ」とある(64)。一八八二年六月の花房弁理公使と朝鮮政府の協議で、朝鮮側が朝米条約と同様の輸入関税を主張したことは前節で確認している。この井上の訓令から、アメリカが三割以下の関税率を承諾した以上は、日本もその基準を認めざるを得なかったことがわかる。そのため今回は輸入関税率を七品目に分け、五、八、一〇、一五、二〇、二五、三〇%の税率をそれぞれ設定し、このほか無関税と禁制品目を設けた。

ただし、日本人の必需品に当たる薬品や食品、日用品などはすべて五%にし、金属製品は八%、石油は一〇～一五%、煙草一五%、その他の奢侈品を一〇～三〇%にした。一八八二年案と比べて品目によってはかなり税率が上がったが、ほとんどが奢侈品であり、必需品はほぼ五%に留めている。朝鮮からの輸出関税はこれまでと同様五%とし、紅蔘は一五%とした。このほか無税品目と禁止品目を設けることにした。輸出関税五%案は、朝鮮側の希望と大きく変わらなかった。

3．対米協調方針

日本政府の関税案はアメリカの動きを考慮したものであった。そのため、アメリカの方針が確認できるまでは、朝鮮との交渉を急ごうとはしなかった。

通商章程草案を先に提出したのは朝鮮側で、一八八三年五月五日、閔泳穆督弁が竹添弁理公使に送っている。しかし井上は竹添に対して、まだ協議を開始しないよう指示する機密信を送った[65]。それは、初代アメリカ公使として朝鮮に赴任するフートのことがあったからである。フートは日本に寄ってから朝鮮に向かう予定だったので、井上はこの機会に「税則其他右ニ係ル事項ハ篤与同人ト内談ヲ遂ケ同人赴任之便ヲ以テ竹添弁理公使ニ訓状ヲ付シ議定相致候積リ[66]」であった。フートとまず打ち合わせをしてから、竹添に方針を伝えようと考えたのである。日本の条約案がアメリカの方針と矛盾しないようにするためであった[67]。

それでは井上が竹添弁理公使に送った訓令を検討してみよう。もともと朝鮮側との交渉は東京で行う予定で、朝鮮政府も日本に全権公使を派遣することにしていたが、全権公使が来ても妥結する保証もなかったため、朝鮮で交渉する運びになったとまず書いてある。続けて、こう述べる。

今日マテ米国ノ政略如何ニ傾向スルヲ相待候処、果シテ米国政府モ朝鮮ノ独立ヲ是認シ、且今般米国公使フート氏モ其地ニ赴任シ、遂而米韓貿易ノ規則ヲモ設定スヘク相聞ヘ候ニ就テハ、其地ニ於テ該件談判調印ノ全権ヲ貴下ヘ御委任相成候。即別冊擬定貿易規則及税目草案并旨意書差進候間、右ノ旨趣ニ基キ、彼ノ国全権委員ト協議決定候義ニ御尽力有之度候。尤右草案ハ一応フート氏ニ相示シ、国人ニ於テモ異見有之候得ハ拙者迄申越候都合ニ候。（中略）今般草定貿易規則及税目案トモ成丈米国ノ成約ト矛盾スルナキヲ主トシ取調候ニ付、大体ノ精神ニ於テハ大概異ナラサル義ニ候。[68]

なるべくアメリカと同様の条約案を作成しようとしたのは明らかである。アメリカの対朝鮮政策を確かめてから方針を決めたこと、草案をフートにまず見せるよう指示したこと、朝米条約と矛盾しないよう貿易規則や税則草案を作ろうとしたことから、それがわかる。ただし、すべてアメリカにならったわけではない。たとえば朝米条約は沿海航運を禁じたが、日本政府はしばらく存続を認め、噸税（貿易船の入港税）も朝米条約と同様にしたら日本の船舶には負担になるので、交渉の際には注意するよう指示した。[69]

それでは、なぜ日本政府はアメリカと足並みを揃えようとしたのか。井上は、アメリカが朝鮮の独立を認めるつもりだと書いているが、まさにその政策が日本政府にとっても有利になると判断したからである。日本政府は清国が朝鮮を属邦扱いすることに神経を尖らせていた。朝清章程は朝鮮を属邦扱いし、清国にあらゆる特権を与えている。こうなると、今後日本が朝鮮から引き出せるものは、清国よりも小さくなりかねない。それを未然に防ぐためには、朝鮮を独立国として扱い、清の干渉をなるべく排除できるよう、朝鮮の「日本党（独立党）[70]」を援助する必要があった。[71]日本党とは、親日を標榜して明治維新に倣った内政改革を朝鮮国内で断行し、清国との宗属関係を廃止して朝鮮の自主独立を目指す金玉均、朴泳孝、洪英植《ホンヨンシク》らを指す(72)。アメリカは、朝清関係にこだわらずに朝鮮を独立国と位置づけ、その方針を朝米条約に反映させたので、日本は同条約を支持した。これをテコとして、爾後の日朝関係を日本にとって有利に展開させようとしたのであろう。

この井上の訓令は、フート公使が朝鮮に赴任するころ竹添弁理公使へ伝わった。竹添は井上の指示どおりにアメリカの動きを注視していたが、すでに朝鮮側から提出された草案が日本政府案と大きく違っていたため、協議がまとまらないのではないかと井上に報告した。だが、井上の方針に変わりはなく、五月二九日付で彼が出した訓令は、アメリカ公使が朝鮮とどう交渉を展開するのか探り、竹添に交渉を始めるよう指示した。同じ日、朝米条約が批准されたという報告を受けると再び訓令を送った。そのなかで井上は、メレンドルフが竹添の意見を聴きたがっているが、日本政府の方針は伏せ、慎重に対応するようにと指示した。しかし、フート・アメリカ公使とは日本の草案について速やかに内談し、メレンドルフから送られた朝鮮側の草案もフートに見せ、彼と協議した結果を報告するよう命じた(73)。

このようにアメリカと足並みを揃えようとする日本政府の戦略はその後も続いた。六月二六日の訓令にもアメリカ政府と「主義ヲ異ニスルハ甚所不好ニモ有之」とある。また、井上は日本産の重要輸入品については、なるべく一割以下の税に定めるべく尽力するよう竹添に命じた。それについては、フートもメレンドルフも異論はないだろうと井上は考えていた。「米韓ト条約ニ於テモ、一割ニ超ヘ三割ニ超ヘサルタケヲ差許シ候ハ、其極度ヲ示シ候迄ニテ、決シテ一割三割ノ両項ニ相限リタル義ニハ」ないからである。一〇〜三〇％といった数字は上限を示しただけとみなし、この範囲で幅広く運用できると解釈していた。また、朝鮮に多くの日本人が住んでいること、従来無関税だった品目が今後課税されれば日本人商人に少なからず影響を与えることを挙げ、日本産品の輸入関税を下げようとしたのである。(74)

日本政府は朝鮮の独立を認めるアメリカ政府の路線に合わせつつ、日本人商人の利益をなるべく保護するために関税率を細かく分類したのだった。

4. 最終交渉と税則の妥結

それでは、実際の交渉はどうなったのだろうか。

井上外務卿が竹添弁理公使にアメリカ協調路線を指示しているころ、日本では元駐米公使で外務大輔の吉田清成とビンガム（John Armor Bingham）駐日アメリカ公使がひそかに会合していた。通商章程案をビンガムに見せると、彼は満足の意を表し、フートにもその旨書簡で伝えると約束した。井上はこれを竹添に電報で伝え、「関税率ニ付予ノ原案ノ意ヲ充分ニ説明シ氏〔フート〕ノ賛成ヲ得、氏ヲシテ原案ノ公明ニシテ允許スベキヲ朝鮮政府ニ勧告セシムルコトヲ勉メヨ」と指示した。(75) つまり井上は、フートが朝鮮政府を説得して日本案を呑むようにしてくれれば、交渉は順調になると判断した。それで竹添に命じて、フートの協力を得るようにしたのである。続けて、「若シフートノ賛成ヲ得ハ、進テモルレンドルフト秘密ノ会談ヲナシ、ナル丈ノ協議ヲ遂ケ」ることも加えた[76]。フートの協力を得ることができたら、メレンドルフとも密会し、できるだけ協議するようにと指示したのである。朝鮮と正式に交渉する前に、アメリカ公使や外国人顧問官に根回しし、日本の意向を朝鮮政府へ明確に伝えようとした。

しかしフートは日朝関係に深く介入しようとせず、竹添に少し意見を述べる程度であった。だがメレンドルフは日朝間の交渉を急ごうと竹添をせっついたので、竹添はまずメレンドルフと秘密に相談することにした[77]。

一八八三年七月一四日、竹添はメレンドルフに日本側の草案を見せた。翌日メレンドルフは日本案について嚬税が低いなどの意見を述べた。メレンドルフの立場としては、朝鮮のためになるべく輸入関税を上げなければならない。よって、朝米条約を基準にしようとしたわけである。メレンドルフは一七日には竹添弁理公使に書簡を送って、すでに朝鮮の統理衙門の官吏たちと相談したことを伝え、できるだけ早く通商章程を締結したいと述べた。一八日、竹添は統理衙門に赴き、閔泳穆督弁をはじめ金弘集、李祖淵、メレンドルフと協議を行った。この日の商議でメレンドルフが以前低いと言っていた嚬税については少し税額を上げて二五銭で合意し、彼の意見に従ってこの条約の施行日を六カ月後ではなく、一〇〇日後に改めた。いずれも収入を増やそうとする朝鮮側の立場を受け入れたものであった。また、紅蔘の輸出については、金弘集が禁止を主張したが、竹添は清国と同様の権利を主張し、この件は日本側の要求が通った。肝心の税率に関しては、日本産の日用品は一割以下とし、他の品目については多少上げることで合意した。また、朝清章程の陸路貿易の五分税が日本との海路貿易に支障をもたらす場合は海陸税を同率にするという「通商章程続約」[78]を結んだ。一八八三年七月二五日、全四二款の「在朝鮮国日本人民通商章程」（日朝通商章程）と、「朝鮮国海関税則」に調印することでこの交渉は終了した。[79]

この交渉の後、井上外務卿が三条実美太政大臣に報告した「朝鮮国ニ於テ日本人民貿易規則及税目等議定之復命書」は、次のようにまとめている。まず最恵国待遇の条項の追加に成功したと述べ、ついで「税目〔税則〕ニ至テハ稍重キニ過ルモノアル如クニ御座候得共、曩ニ米国等朝鮮ト取結ヘル条約ニモ既ニ一割二割三割ニ超ヘサル分ハ許諾ヲ与ヘタルノ例モ御座候ニ付、勢我国ニ於テモ此則ニ拠ラサルヘカラザル次第ニ御座候」と、朝米条約が関税一～三割と定めており、日本もそれに拠らざるをえなかったと説明した。しかし、「更ニ五分八分等ノ階級ヲ設ケ我国物産ニ係ルモノ及民生必需ノ医薬其他日用諸品ヲ以テ之ニ配当シ、奢靡玩具ニ属スルモノハ一割以上三割ノ間ニ分配」し、奢侈品は一～三割の税を課しても日本産品については一割以下にさせたと強調した。[80]

おわりに

以上、本章では従来の研究では必ずしも十分に検討されてこなかった、一八八三年の関税交渉における朝鮮の動向と、日本の対応を明らかにした。一八八三年の交渉の結果、日朝間の関税率は朝清章程と同じ五%にはならなかった。朝鮮側が堅持してきた一〇%案よりも多少低い八〜一〇%の基本税率となったため、従来の研究ではこれを「後退」とみなして低評価してきた。だが、朝清章程の締結、日本やイギリスからの均霑要求など、目まぐるしく状況が変わるなかで朝鮮が戦略を立てて難局に対応していく過程にも注目する必要があり、その様相が本章で確認できたと考える。八〜一〇%の基本税率と一割から三割に及ぶ輸入関税率の制定は、むしろ工夫を凝らした「成果」として評価できるのではなかろうか。

無論、日本側からみても、この交渉は失敗だったわけではなく、最恵国待遇を取り入れたこと、朝米条約の関税率と足並みを揃えるために従来の日本の基本方針より関税率は高くなってしまったが、日本産の品目には基本五〜八%を貫徹させたことなどは成果と言えるであろう。

このように、朝鮮で清の影響力が次第に強まるなかで日朝両国は戦略をたてて互いに外交を展開していた。朝鮮の宗属関係を逆利用する発想はその後の対日外交にも続く。また、日本は、朝鮮における清の優位を牽制するための戦略を工夫しつつ対朝鮮外交を展開していく。それはアメリカとの協調路線や、朝鮮の外国人顧問官や欧米公使の仲裁を通した交渉、ひいては朝鮮内部の「日本党」を支援する形で現れた。しかし、このような日本の戦略は長く続くことはなかった。一八八四年一二月に甲《こう》申《しん》政変が起きて、朝鮮国内の「日本党」の勢力がほぼ全滅したからである。

甲申政変以後日朝関係がどのように展開していくか、次の章では電線架設問題を中心に朝鮮外交の展開と日本の対応様相を検討する。

注

（1）朝英条約に関しては、韓承勳「조영조약（1883.11）과 불평등조약체제의 재정립（朝英条約（一八八三・一一）と不平等条約体制の再定立）」『韓国史研究』一三五集、二〇〇六年。

（2）日朝通商章程を取り扱った研究はそれほど多くない。金敬泰「불평등조약 개정교섭과 방곡문제（不平等条約改正交渉と防穀問題）」『韓国近代経済史研究』創作과 批評社、一九九四年が、関税問題における数年間の日朝交渉及び通商章程の交渉を扱っている。崔泰鎬『개항전기의 한국관세제도（開港前期の韓国関税制度）』韓国研究院、一九七六年は関税権回復という視座から日朝間の通商章程及び税則をめぐる交渉を検討した。日朝関係史における必読の古典ともいうべき田保橋潔『近代日鮮関係の研究 上』朝鮮総督府中枢院、一九四〇年にもこの通商章程の交渉について書かれているが、前述した金敬泰や崔泰鎬の研究が一層詳しい。

最近の研究としては酒井裕美「最恵国待遇をめぐる朝鮮外交の展開過程——朝清商民水陸貿易章程成立以後を中心に」『大阪大学世界言語研究センター論集』第六号、二〇一一年と韓承勳「조선、〈금수〉와 통상을 허락하다（朝鮮、〈禽獣〉と通商を許諾する）」・「일본에 대한 관세 자주권 회복을 시도하다（日本に対する関税自主権の回復を試みる）」崔徳寿ほか『조약으로 본 한국근대사（条約からみた韓国近代史）』열린책들、二〇一〇年がある。酒井裕美は通商章程の最恵国待遇の条項に焦点を当てて交渉過程を分析した。韓承勳は通商章程に至る経緯を説明し、条約の内容が持つ意味について論じた。

（3）朝鮮政府は高宗一七（一八八〇）年一二月に「統理機務衙門」を設置し、新たに外交と軍事業務を担当させることにした。衙門の一二司のうち外交通商に係わる部署として事大司、交隣司、通商司、語学司などがあったが、一八八一年一一月に一二司から七司に改編されて事大司と交隣司は同文司という新しい機構に統合された。伝統的な事大交隣の考え方に基づいて分かれていた業務を同文司という一つの機関が管轄することとなり、近代的な外交を展開する基盤を備えることとなった。임경석（イムギョンソク）・김영수（キムヨンス）・이항준（イハンジュン）共編『韓国近代外交事典』成均館大学校出版会、二〇一二年、五九八頁。

なお、交隣司を同文司に改称するという内容は『承政院日記』高宗一八年一一月一九日条の記録より確認できる。

(4) Charles Oscar Paullin, "The Opening of Korea by Commodore Shufeldt," *Political Science Quarterly*, 25-3 (1910), p. 496.

(5) 高麗大学校亜細亜問題研究所編『旧韓国外交文書　第一巻　日案1』(以下、『日案』1と略す)高麗大学校出版部、一九六五年、高宗一九年四月三日、六一―六二頁。

(6) 花房が朝米条約の際に自分が何の役割も演じられなかったことにショックを受けたという記事が新聞に見える(*The North-China Herald*, June 23, 1882)。

(7) 前掲『日案』1、六三頁。金輔鉉(一八二六〜一八八二)は朝鮮末期の文官。壬午軍乱のときに反乱軍によって殺害された。

(8) 明治一五年仁川駐在を命じられた杉村濬の日記によると、金輔鉉・金弘集が訪ねてきて税則草案を渡したのは六月一二日だという。福島新吾「壬午・甲申・閔妃事件関連の「杉村君日記」――研究と史料解読」『専修史学』二一、一九八九年、五九頁。

(9) 新訂通商章程の内容は管見のかぎり見つからなかった。韓国書誌事業会編『旧韓末古文書解題目録』韓国図書館協会、一九七〇年、二二一―二二二頁にこの一八八二年の朝鮮側の草案とみられる古文書として奎章閣所蔵史料(奎23124・奎23125)が挙がっていたが、確認してみたところ、史料の内容から見て、両方とも一八八二年以前のものだと判断される。なお、酒井裕美「開港期朝鮮の関税「自主」をめぐる一考察」『東洋学報』第九一巻第四号、二〇一〇年では前出の奎章閣史料を引用し、その史料を一八八〇年のものと記している(一〇頁)。

(10) 李王職実録編纂室編「善隣始末」巻五。「善隣始末」は高宗五年(一八六八)戊辰九月から高宗二二年(一八八五)五月二一日までの日朝交渉の内容を収録したものである。本文では韓国学中央研究院藏書閣に所蔵されている写筆本のマイクロフィルムを使用した。以下「善隣始末」巻○と表記。

(11) 明治一五年四月一八日付、有栖川宮熾仁親王宛井上馨外務卿私信付属書「朝鮮国ニ於テ日本人民貿易ノ規則草案」『日本外交文書』（以下、『外文』）第一五巻、一七九―一九三頁。

(12) 前掲「善隣始末」巻五。

(13) 同前。

(14) 同前。

(15) 前掲「善隣始末」巻七。

(16) 壬午軍乱については、田保橋、前掲『近代日鮮関係の研究 上』七七〇―八五八頁が詳しい。簡単な紹介は糟谷憲一『朝鮮の近代』山川出版社、一九九六年、三五―三六頁及び前掲、『韓国近代外交事典』を参照。金容九『임오군란과 갑신정변（壬午軍乱と甲申政変）』図書出版원、二〇〇四年は、壬午軍乱に対する日本と中国及び欧米列強の立場を包括的に検討したものである。なお、田保橋も指摘したように、壬午軍乱に関して、朝鮮の記録はきわめて少なく、参考にすべき史料は限られているが、壬午軍乱の際に清国から派遣された馬建忠は当時の記録を詳しく記述した「東行三録」を残した。これは当時の状況を詳細に把握できる貴重な資料である。岡本隆司『馬建忠の中国近代』京都大学学術出版会、二〇〇七年は、「東行三録」の記録に基づいて馬建忠を中心に清国の対朝鮮政策を検討したものである。さらに、近代韓国外交文書編纂委員会篇『近代韓国外交文書』第六・七巻、서울大学校出版文化院、二〇一三年は壬午軍乱関連史料を編纂したものであり、壬午軍乱に関する先行研究をまとめた정우섭（チョンウソプ）「壬午軍乱」金容九・河英善共編『韓国外交史研究』나남、一九九六年も参照されたい。

(17) 『承政院日記』高宗一九年六月一〇日条。

(18) 同前、高宗一九年八月五日条。

(19) 金允植『陰晴史』高宗十九年壬午三月二八日条。高宗が魚允中等に指示した具体的内容は、魚允中『従政年表』壬午二月一七日条。国史編纂委員会『韓国史料叢書 第六巻 従政年表・陰晴史』国史編纂委員会、一九五八年に収録。

(20) 「朝清章程」に至るまでの経緯や章程内容についての一目瞭然且つ簡単な紹介は前掲『韓国近代外交事典』

の「朝清商民水陸貿易章程」項目を参照。また、崔徳寿ほか、前掲『조약으로 본 한국근대사（条約からみた韓国近代史）』所収の同章程に関する部分も参照されたい。

(21) 金鐘圓「조중상민수륙무역장정에 대하여（朝中商民水陸貿易章程について）」『歴史学報』三二輯、一九六六年、具仙姫『韓国近代対清政策史研究』혜안、一九九九年、秋月望「朝中間の三貿易章程の締結経緯」『朝鮮学報』第一一五輯、一九八五年、同「朝中貿易交渉の経緯——一八八二年、派使駐京問題を中心に」『九州大学東洋史論集』第一三号、一九八四年、酒井裕美「甲申政変以前における朝清商民水陸貿易章程の運用実態——関連諸章程と楊花津入港問題を中心に」『朝鮮史研究会論文集』第四三集、二〇〇五年、崔蘭英「一八八〇年代初頭における朝鮮の対清交渉——「中国朝鮮商民水陸貿易章程」の締結を中心に」『朝鮮学報』第二二六輯、二〇一三年、金亨根「朝清商民水陸貿易章程의 개정 과정과 의미（朝清商民水陸貿易章程の改正過程と意味）（一八八二～一八八四）」高麗大学校韓国史学科修士論文、二〇一一年、方香「開港後 한국의 対清通商交渉의 변화와 近代外交関係의 수립（開港後韓国の対清通商交渉の変化と近代外交関係の樹立）」延世大学校史学科博士論文、二〇一三年など。

(22) 高柄翊「穆麟徳의 고빙과 그 배경（メレンドルフの雇聘とその背景）」『震檀学報』第二五―二七号、一九六四年、二二七頁にも同様の見解が述べられている。

(23) メレンドルフの雇聘に至る経緯については、高柄翊、前掲「穆麟徳의 고빙과 그 배경（メレンドルフの雇聘とその背景）」以外に、申福龍・金雲卿訳註『묄렌도르프 자전（외）（メレンドルフ自伝（外））』집문당、一九九九年を参照。また、メレンドルフに関する代表的な研究として Lee, Yur-Bok, *West goes East* (Honolulu: University of Hawaii Press, 1988).

(24) 韓承勳、前掲「조영조약（1883.11）과 불평등조약체제의 재정립（朝英条約（一八八三・一一）と不平等条約体制の再定立）」二二三頁。

(25) 高柄翊、前掲「穆麟徳의 고빙과 그 배경（メレンドルフの雇聘とその背景）」二四一―二四二頁。

(26) 明治一五年一二月二七日付、伊藤博文宛竹添進一郎書簡、伊藤博文関係文書研究会編『伊藤博文関係文書』

六、塙書房、一九七八年、一四八頁。竹添弁理公使の選任背景については田保橋、前掲『近代日鮮関係の研究上』九〇七頁。

(27) 詳細については、孫湞淑『韓国近代駐韓美国公使研究（一八八三—一九〇五）』韓国史学、二〇〇五年を参照。高宗がアメリカ公使に特に好意を持っていたことについては、当時のアメリカ公使たちの記録から確認できる。詳細は George M. McCune and John A. Harrison eds., *Korean-American Relations: Documents Pertaining to the Far Eastern Diplomacy of the Unite States, vol. I, The initial period, 1883–1886*（Berkeley and Los Angeles: University of California Press, 1951）の記録を参照。

(28) この論文は「불평등조약 개정교섭의 전개（不平等条約改正交渉の展開）」というタイトルで一九七五年に『韓国史研究』11に発表されたものだが、本書では金敬泰の論文集『韓国近代経済史研究』創作과 批評社、一九九四年に収録されたものを使用した。

(29) 『承政院日記』高宗一九年八月五日条。

(30) 本文では『海行摠載』XI（民族文化推進会、一九八二年再版、初版は一九七七年）に収録されている国史編纂委員会刊行の活字本を利用した。以下、『使和記略』と記す。

(31) 朴泳孝、前掲『使和記略』一八八二年八月二二日条。

(32) 同前。「税則之大節目、一依貴国与欧米三国定額為準、至於細目、亦番公平妥議、期速征収、以補経用之万一、此誠日本政府之公議也」。

(33) 本文では刊行史料である Ian Nish ed., *British Documents on Foreign Affairs-Reports and Papers from the Foreign Office Confidential Print. Part I, From the Mid-nineteenth Century to the First World War. Series E, Asia, 1860–1914. Vol. 2 Korea, the Ryukyu Islands, and North-East Asia, 1875–1888*（University Publications of America, 1989）（以下、*BDFA, vol. 2* と略記）と、Park, Il-ken ed., *Anglo-American Diplomatic Materials Relating to Korea (1866–1886)*（Seoul: Shin Mun Dang, 1982）（以下、*ADMK* と略記）を使用した。いずれも F.O.405（Great Britain Foreign Office, Confidential Print）に収録されている東アジア関係文書集であり、後者はそのうち朝鮮関係の文書のみを編集

したものである。

（34） Sir Harry Parkes to Earl Granville, Tokio, January 12, 1883, *BDFA*, *vol. 2*, p. 111.

（35） Ibid.

（36） Ibid.

（37） 韓承勳、前掲「조영조약（1883.11）과 불평등조약체제의 재정립（朝英条約（一八八三・一一）と不平等条約体制の再定立）」二二〇頁。

（38） Sir H. Parkes to Earl Granville, Tokio, December 29, 1882, *BDFA*, *vol. 2*, p. 108.

（39）「竹添弁理公使ヨリ朝鮮事務報告」JACAR（アジア歴史資料センター）Ref. A03023651600、公文別録・朝鮮事変始末・明治十五年・第七巻・明治十五年（国立公文書館）。

（40） 明治一六年一月一二日付、井上馨外務卿宛竹添進一郎弁理公使機密信第二号、前掲「竹添弁理公使ヨリ朝鮮事務報告」。句読点は筆者による。以下同様。

（41） Sir Harry Parkes to Earl Granville, Tokio, January 12, 1883, *BDFA*, *vol. 2*, p. 111.

（42） 明治一六年二月八日付、井上馨外務卿宛竹添進一郎弁理公使機密信第三号、前掲「竹添弁理公使ヨリ朝鮮事務報告」。

（43） 同前。

（44）「花房公使ト略々談判致シタル見合セモ有之、先ツ大体ヲ一割ニ定メ、夫ヨリ品ニ寄リ或ハ上リ或ハ下ルコトモ有之見込ナリ」同前史料。

（45） "I asked would the favoured-nation treatment apply to the Convention recently concluded with China. Mr. Kim Ok Kiun said it would, Mr. Kim Hong-jip remarked that this Convention was not in force (or his words might mean, "would not be enforced"). I was then told that the 5 per cent. rate of duty named in this Convention was applicable to land duties only, and not to importations by sea. I noticed, however, a disposition on their part to get rid of this as well as certain other stipulations of the Chinese Convention. They felt no doubt that it would be used as an argument in favour of a 5 per cent.

Tariff at the ports, ..." Mr. Aston to Sir H. Parkes, Soul, April 11, 1883, *BDFA, vol. 2*, p. 147.

(46) Mr. Aston to Sir H. Parkes, Soul, April 11, 1883, *BDFA, vol. 2*, p. 147.

(47) Mr. Aston to Sir H. Parkes, Tokio, May 29, 1883, *ADMK*, p. 269.

(48) Sir H. Parkes to Earl Granville (No. 98 Confidential.), Tokio, June 10, 1883, *ADMK*, pp. 280–81.

(49) Ibid.

(50) "M. von Möllendorff informed me that Viceroy, Li Hung Chang, had promised to allow the Corean Government any concessions in commercial matters which they might require in order to place their relations with foreign Powers on a satisfactory footing, reserving, however, all political rights." Mr. Aston to Sir H. Parkes, Hiogo, April 23, 1883, *BDFA, vol. 2*, p. 151.

(51) "the Chinese Government were therefore prepared to relinquish their right of trade in the interior and at the capital, and their promised monopoly of the interport or coasting trade," Sir H. Parkes to Earl Granville (No. 98 Confidential.), Tokio, June 10, 1883, *ADMK*, p. 281.

(52) Sir H. Parkes to Earl Granville (No. 98 Confidential.), Tokio, June 10, 1883, *ADMK*, p. 281.

(53) Mr. Aston to Sir H. Parkes, Tokio, May 29, 1883, *ADMK*, p. 268.

(54) *Rough Translation of Draft of General Trade Regulations of Corea, ADMK*, pp. 269–72.

Article VI. - Tariff

1. Duty-free goods: Foreign gold, silver, and silver coins, ships' stores, personal effects.

2. All goods exported pay an *ad valorem* duty of 5 per cent. The export of red ginseng is prohibited.

3. All goods imported pay an *ad valorem* duty of 10 per cent. Medicines will pay less.

4. The following goods pay, when imported, an *ad valorem* duty of 30 per cent.:-Tobacco, all kinds. Birds' nests. Wine and liquors. Perfumes and scents. Artificial flowers. Real and imitation jewellery, and gold and silver ware. All kind of coral and jade ware. Clocks, watches, musical instruments, and musical boxes. All kind of furniture. Grass

cloth. Embroideries. Carpets.

5. The importation of the following articles is prohibited:- Gunpowder, saltpetre, sulphur, shot, cannon, rifles, muskets, pistols, and all other munitions and implements of war; opium.

（55）Mr. Aston to Sir H. Parkes, Tokio, May 29, 1883, *ADMK*, p. 268.

（56）日朝通商章程における「均霑」問題に注目した研究としては、酒井、前掲「最恵国待遇をめぐる朝鮮外交の展開過程」。この論文で酒井は、朝清章程の「均霑禁止」は「朝鮮は清国の属邦」であるため規定されたので、朝鮮政府は他国の最恵国待遇の要求に対し、その不平等性を認識しつつもあえて均霑禁止を言及しなかったと分析した。

（57）前掲「善隣始末」巻七。

（58）同前。原文は以下のとおりである。

陸地貿易ハ運搬ノ費用大ナルヲ以テ、縦令五分税ナルモ海路ノ貿易ニハ不差響トノ貴案ハ、成程今日迄ノ姿ニテ清韓ノケ《〔ミ〕》ノ陸地貿易ニテハ格別之差響モ有之間敷候得共、若シ将来清韓ノ成約ヲ例トシ、露国ノ如キモ亦同様ノ陸地貿易ヲ朝鮮ト訂約シ、浦塩斯徳等ヨリ盛ニ商品ヲ陸地輸入スルニ至ルコト有之時ハ、此関税ノ不平均ハ大ニ海路貿易ノ障碍タルヲ免レサルコト、存候。加之今ヤ我カ国ハ該国トノ条約中恩典均霑ノ条款ヲ加ヘント欲スレハ訓令中ニテ御承知ノ事ト存候。既ニ米国条約中ニモ該条款有之ニ付、必清国同様ノ特典ヲ望ムハ至当ト存候。然ルニ陸地貿易ヲ為スノ国ハ低税ノ恩典ヲ享有シ、海路貿易ヲ為スノ国ハ其恩典ヲ享有スル能ハスセハ、是甚不公平ニテ所謂恩典均霑ノ主義ト抵触シ、大ニ不都合ノ事ト存候。（中略）朝鮮政府ヨリ清国政府ヘ向テ其条約ノ改正ヲ請求セシメ候義最緊要ニ候間、篤トフート氏モ前以テ協議ヲ遂ケ、清政府ヲシテ変更セシムルカ、又ハ同様ノ権理ヲ享有スルカ、両条ノ内何レニテモ共ニ主義ヲ同クスル様精々御尽力相成度候。

（59）「朝鮮国海関税目草案ノ旨意」（『外文』第一五巻、一九三頁）。

（60）前掲「善隣始末」巻七。

(61) 酒井、前掲「最恵国待遇をめぐる朝鮮外交の展開過程」二二頁。
(62) 前掲「善隣始末」巻七。
(63) 孫湞淑、前掲『韓国近代駐韓美国公使研究(一八八三―一九〇五)』六三―六七頁。
(64) 前掲「善隣始末」巻七。
(65) 同前。
(66) 明治一六年四月二七日付、三条実美太政大臣宛井上外務卿私信第五十号『外文』第一六巻、二八一頁。
(67) 「約案ノ如キ米国ト矛盾セサルヲ要トシ、之ヲ呼徳氏ニ示シテ其意見ヲ酌量セシム」前掲「善隣始末」巻七。
(68) 前掲「善隣始末」巻七。
(69) 同前。
(70) 竹添弁理公使は井上外務卿宛ての機密信で、朝鮮政府内の清国寄りの勢力を「支那党」、それに反対し朝鮮の独立を訴える日本寄りの勢力を「日本党」と呼んでいる。たとえば、前掲「竹添弁理公使ヨリ朝鮮事務報告」機密信第二号参照。韓国の研究ではそれぞれ「事大党」「独立党」と表記するが、この区分が必ずしも当時の状況を表すとは言い切れないことに注意すべきである。どちらの主張も正しいと見る人もいた。ここで「独立党」と記したのはあくまでも便宜上のことである。
(71) 壬午軍乱後の日本の対朝鮮政策の方針については、高橋秀直『日清戦争への道』東京創文社、一九九五年の第一章、田保橋、前掲『近代日鮮関係の研究　上』八九七―九一四頁を参照。
(72) 田保橋、前掲『近代日鮮関係の研究　上』八九八―八九八頁。
(73) 「速ニ我カ擬定案ニ付フート氏ト内談ヲ遂ケラレ、且曩ニモルレンドルフ氏ヨリ内々貴官へ差送リ候彼国ノ草案ヲモ御示シ相成、(後略)」(前掲「善隣始末」巻七)。
(74) 前掲「善隣始末」巻七。
(75) 同前。
(76) 同前。

(77) 同前。

(78) 「通商章程続約」と称す。通商章程と同日の明治一六年七月二五日に調印された。その内容は次のとおりである。

朝鮮政府ハ義州会寧ノ二処ニ限リ辺界ノ人民ニ随時往来シテ交易スルノ便利ヲ与ユル為メ五分税ヲ徴収スト雖トモ、若シ此ノ五分税ノ為メ海路ノ貿易ニ影響ヲ及ホシ、衰頽ノ兆ヲ顕ハスコトアルニ於テハ朝鮮政府ハ速カニ海陸ノ関税ヲ均一ニ改正シテ権衡ヲ得セシムヘシ。右証拠トシテ両国ノ全権大臣此条約ニ名ヲ記シ印ヲ調スル者也。

「朝鮮国ニ於テ日本国人民貿易規則及税目設立ノ顚末外務卿復命ノ件」JACAR(アジア歴史資料センター)Ref. A03023613900、公文別録・外務省・明治十五年〜明治十八年・第二巻。句読点は筆者による。以下同様。

(79) 前掲「善隣始末」巻八。条約原文(漢文・和文)は、国会図書館立法調査局編『旧韓末条約彙纂(一八七六〜一九四五)上』一九六四年、一五二—一七四頁。

なお、この最後交渉に際して駐朝鮮アメリカ公使がメレンドルフに送った忠告は、後に『尹致昊日記』一八八三年九月二一日・二二日(西暦一〇月二一・二二日)などに収められている。併せて参照されたい。尹致昊『尹致昊日記』一巻、国史編纂委員会『韓国史料叢書』第一九巻、一九七三年は、国史編纂委員会韓国史データベースより閲覧可能である(http://www.history.go.kr/url.jsp?ID=NIKH.DB-sa_019ar_0010_0010_0030_0040)。

(80) 三条実美太政大臣宛井上馨外務卿私信第二一三号別冊「朝鮮国ニ於テ日本人民貿易規則及税目等議定之復命書」前掲「朝鮮国ニ於テ日本国人民貿易規則及税目設立ノ顚末外務卿復命ノ件」。

第五章　日朝海底電線設置条約続約の締結

はじめに

一八八四年一二月四日、金玉均《キムオッキュン》、朴泳孝《パクヨンヒョ》らいわゆる独立党は、甲申政変というクーデターを断行した。独立党は、朝鮮を清の束縛から解き放し、自主独立国家を建設するという目標を掲げた。しかし、甲申政変は結果的には朝鮮国内で日清両国軍の武力衝突を引き起こし、清国軍の鎮圧により三日天下で幕を閉じた(1)。この政変で朝鮮は大きな混乱と衝撃に見舞われた。このことは朝鮮外交の展開にいかなる影響を及ぼしたのか。朝鮮政府が自国における武力衝突の再発を回避し、国の安全保障を第一に求めるようになったことは想像に難くない。

本章はそのような朝鮮の状況を念頭に置きつつ甲申政変後の朝鮮外交がいかに展開したのかを、一八八五年に日朝間に起きた電線問題とその結果である海底電線設置条約続約の締結経緯を通して考察しようとするものである。

電線問題に注目するのは、第一に、一八八五年の天津条約締結から一八九四年の日清戦争勃発までの期間を対象とした日朝関係史研究は多いとは言えず、電線問題を検討することで理解を深めることができると考えるからである。第二に、この条約をめぐる日朝交渉に清国が絡んでいるからである。周知のように甲申政変以来、朝鮮では清の影響力が一段と強まったと指摘されてきた。清が日朝交渉に与えた影響を視野に入れることで、甲申政変以降の朝鮮外交の実像を立体的に把握できるのである。

以上のように電線問題は含意するものが少なくないにもかかわらず、日朝関係史研究においてそれほど注目されてこなかった(2)。そうしたなか、最近の注目すべき研究として山村義照の論文がある(3)。山村は一八八五年の電線問題をめぐる外交交渉を検討しながら日朝清の三国関係を考察し、「日本側は朝鮮側との交渉にあたって、清という媒介者がいないと交渉をとりまとめられない状況にあった」(八八頁)という興味深い指摘をしている。確かに日朝交渉への清国の関与は重要で、日本が清を対朝鮮外交における媒介者と考えていたことは、以降の日朝関係を理解するうえでも重大な示唆を与える。

それでは、朝鮮は自国の外交問題に関与する清国をどのように見ていたのか。朝鮮における清国の影響力が一段と増していた時期に、外交へ関与するのは当然と思われがちである。しかし、朝清間の外交事案では清が優位に立っていたとしても、朝鮮と他国との関係でも清の思惑どおりになったのであろうか。

本章では朝鮮側の観点から、その問題を考えていきたい。朝鮮政府は時にはロシアとの密約を推進したり（一八八五年）、駐米全権公使を派遣したり（一八八七年）して、清の影響力から脱けだそうとしたこともある。しかしその一方では、清国の朝鮮における影響力を利用して外交を展開していた。こうした状況のなか、朝鮮は日本との外交関係において清国をどのように位置づけたのか。一方、日本は朝鮮の背後にいる清国をどのように認識しながら朝鮮との外交を展開したのか。以下、電線問題を通して検討する。

第一節　電線問題の前史

1．甲申政変以後の朝鮮

甲申政変では、金玉均らの要請を受けて竹添進一郎駐朝鮮公使と朝鮮駐屯の日本軍はクーデターに加勢したが、清国軍の介入により失敗に終わった。金玉均らは日本に逃走し、竹添公使も官民を率いて日本へ退去した。

その後、朝鮮政府と竹添公使との間で、事件の責任をめぐり論争が起きた。朝鮮側は、竹添公使が日本軍を率いて宮殿に入りクーデターに協力したうえ、日清両国の衝突まで引き起こすに至ったと抗議した(4)。これに竹添も抗議の返事を送って応酬した。事態の収拾のために日本から全権大使として井上馨外務卿が朝鮮に派遣され、全権大臣の金弘集《キムホンジプ》議政府左議政と会談を持った。こうして一八八五年一月九日（高宗二一年一一月二四日）、ソウルで漢城条約が調印された。日清の軍事衝突に関しては、天津において伊藤博文と李鴻章とのあいだで四月一八日（高宗二二年三月四日）に天津条約が結ばれた[5]。

金玉均らのクーデターは、朝鮮社会内部に急進的な開化政策を求める勢力が存在したことを示している。しかし、国内の反対勢力を抑えつつ外国との条約を締結するなど、開化政策を進めてきた朝鮮政府にとって、甲申政変は足かせとなった。結果的に国内で日清の軍事衝突が起き、社会を混乱に陥れてしまったからである。したがって、朝鮮政府にとって政変後の最大の懸案は朝鮮国内で日清間の再衝突を防ぐことにあった。

朝鮮のその思いは、漢城条約の交渉に如実に表れている。朝鮮側の代表である金弘集は当初竹添の責任を追及したが、井上全権は竹添公使の関与も責任も全面的に否定し、それどころか日本側の被害に対する賠償を要求して、返答次第では軍事行動もあり得ると強硬な姿勢を示した[6]。この井上の発言は、まさに朝鮮側が最も危惧していたことに他ならなかった。日本が軍事行動を起こせば清国も傍観するはずがなく、再び日清両軍が朝鮮で衝突するおそれがあるからであった。そこで金弘集全権は、竹添公使の責任に言及しないことに決めたのである。

こう決めたのにはもう一つ理由があった。一月八日の日朝会談が終わり、井上全権に同行した井上角五郎[7]が再び金弘集と金允植《キムユンシク》を訪ねてきて、井上全権の意向を伝えたのだ。もし朝鮮政府が甲申政変に日本が関与していないことを認めるなら、賠償金額も抑えるし、竹添公使と島村久書記官らを召還するというのである[8]。

朝鮮政府としては、なによりも再び軍事衝突が起こる危険を回避したかったのと、竹添公使が召還されれば責任を取らせた形になると判断し、井上の提案を受け入れた。

一方、高宗と外国人顧問官のメレンドルフは、日清の軍事衝突や清国の干渉が強まることを危ぶみ、日清に対抗するため極秘にロシア勢力と手を組もうとした。それが朝露密約説の発端となる。具体的には、ロシアから軍事教官を招聘し、朝鮮に危機が生じた際はロシアの保護を要請するという計画であった(9)。ここで注目したいのは、日清両国とも警戒していた列強のロシアを引き込むほど自国の安危に不安を覚えていた朝鮮政府と、それに対する日本側の対応である。ロシアに接近しようとする朝鮮側の動きを察知した井上馨外務卿は一八八五年七月二日、榎本武揚駐清公使を通して李鴻章に弁法八カ条を提案する。朝鮮をいわゆる日清共同保護下に置き、ともに朝鮮政府を監督して改革政策を指導するという内容であった(10)。

この大胆な提案に、清国は難色を示した。李鴻章はそもそも、朝鮮の国政に日本が干渉することを快く思っていなかった。また、宗主国から抑圧されているという印象を朝鮮に与えたくない。朝鮮情勢も混迷を極めているため、干渉する場合も密かにやるほうが得策だとの判断もあった(11)。

しかし、朝鮮がロシアに接近し、清国から距離を置くのはやめさせなければならない。そこで壬午軍乱後、清国に連れ去った大院君を帰国させて反清国派の閔妃《ミンビ》らの勢力を牽制しようとしたが、思ったほど成果はなかった。そのため今度は有能な清国の官吏を派遣し、朝鮮の国政の相談役にすることにした。一八八五年一一月、李鴻章は壬午軍乱と甲申政変で功績を挙げた袁世凱を駐箚朝鮮総理交渉通商事宜として朝鮮に派遣した(12)。

袁世凱の派遣により清国の影響力が強まるなかで、日朝関係はどう展開してゆくのか。電線問題をとおしてみていくこととする。

2．朝鮮における電線架設の試み

朝鮮政府が電信に関心を持つようになったのは、日朝修好条規を結んだ一八七六年頃である。第一次修信使として日本に派遣された金綺秀《キムキス》が、工部省を視察した際に電信を見て感嘆した様子が『日東記遊』（金が帰国後に著した見聞録）にみえる。高宗も電信をはじめ新しい技術や文化に強い関心を持っていた。一八八一年に高宗の密命を受けて日本に派遣された朝士視察団も、電信についてさまざまな記録を残している。また、金允植に引率され天津に留学した学生の一部は電気分野を学び、その一人尚澐《サンウン》は、朝鮮が電信を開設すると電務委員に任命された。一八八三年に米国に派遣された報聘使節団の閔泳翊《ミンヨンイク》や洪英植《ホンヨンシク》たちは電信局や郵便局を視察し、帰国後、高宗に通信事業を始めるよう力説して翌年に郵政総局が設置された。独立党が中心になって郵便や電信事業を本格的に展開する計画だったが、一八八四年の甲申政変によって中断される(13)。

一方、清や日本も朝鮮に電信線を敷設する必要を強く認識していた。壬午軍乱が勃発した頃、清の李鴻章は天津―上海間の電信を延長させて朝鮮の仁川までつなげる計画を立てたが、実現しなかった(14)。一方、日本政府も必要性を認めながら、費用などの点からすぐには実行に移せなかった。それが一気に現実味を帯びたのは、デンマークの大北電信会社（The Great Northern Telegraph Company）が朝鮮と日本をつなぐ海底電線の認可を日本政府に申請してきてからである。

第二節　電線問題の発端

1．日本―デンマーク間海底電線条約の締結

一八八二年八月に大北電信会社は日本に対し、以前日本と結んだ特許協約（「丁抹《デンマーク》国電信条約并内約添箇条」）に基づき敷設した長崎―上海間、長崎―ウラジオストック間のケーブルを延長するとともに、長崎―釜山間の海底ケーブルの敷設を提案してきた。同年一一月には正式に海底電線の件に関する免許状を作成して工部省へ提出した。前記のケーブルの敷設許可と、三〇年間の同電線事業の独占権を求めるものであった。日本政府は、長崎―朝鮮間の海底ケーブルに注目した。佐々木高行工部卿は、井上馨外務卿に宛ててこう書いた（一一月八日）。

朝鮮国ノ如キハ比隣ノ国ト云ヒ殊ニ政略上ニ於而必ス電線架設無之而ハ不相済場所ニ而其所益モ亦不浅少。況ヤ今日之形勢ニ就而ハ最モ電線須要之物ニ付、我国ニ於而架設ヲモ又要之処、幸ヒ会社ノ企望有之、至極好機会之事ニ候(15)

佐々木のように、日本政府内には政略上朝鮮と海底ケーブルをつなげる必要があると考える者もいた。大北電信会社もそのあたりは心得ていて、「高麗〔朝鮮〕海底線沈布ハ政略上要々ト考察ス。又夫レノミナラス支那ヨリ高麗ニ海底線ヲ沈布スルコトヲ予防スルナリ」(16)と日本政府を説得しようとしたのである。清国との競争心をあおっている点が興味深い。続けて大北電信会社は、自分たちは朝鮮と修交を結んでいないが、日本は関係を有しているので、この提案に応じるよう求めた。また、長崎と朝鮮を結ぶケーブルを朝鮮に陸揚げするためには朝鮮政府の許可が必要なため、日本政府が代わりに協議していただければ幸いであるとも述べた。

日本政府は、この申し入れを認めた。ただし、三〇年間の独占権を二〇年間に短縮するなど、一部変更させた。一八八二年一二月二八日に、朝鮮―長崎間の海底ケーブルの敷設にも同意するという協約を結んだ。

日本が大北電信会社へ与えた許可書では、第四条が長崎―釜山間の海底ケーブルに関する記述である。その内容は、以下のとおり。一八八三年の夏までに日本政府は朝鮮政府と協議し、海底ケーブルを釜山で陸揚げする許可を得ること。同社は九州西北の海岸部から朝鮮の釜山近傍まで海底ケーブルを引き、その間にある壱岐対馬両島に同線を陸揚げする。万一、朝鮮政府が陸揚げの許可を出さなくても、日本政府の責任は問わない。五年経っても許可が出ない場合は、日本朝鮮間に海底ケーブルを敷設する件は無効となる。(17)

日本政府にとっての課題は、いかに朝鮮を説得して海底電線設置条約を結ばせるかであった。

2．日朝海底電線設置条約の締結

一八八二年一二月、井上馨外務卿は朝鮮政府との交渉を竹添進一郎駐朝鮮弁理公使に担当させることにし、詳細な指示を訓令で送った。[18] ここで紹介するのはその五番目と六番目の指示である。五番目は電信線の独占権に関する指示で、現今の案では三〇年だが、朝鮮が不満を言ってくるなら二五年に短縮してもよいとしている。六番目は、釜山―ソウル間が最も重要なので、このルートを推奨することと、そして朝鮮政府が電線を架設した暁には、釜山にある日本電信分局につなげるよう朝鮮政府を説得すること、であった。

独占権の期間は、朝鮮との交渉で争点となった。また、井上が釜山―ソウルルートの重要性を指摘していることも注目に値する。彼は長崎―釜山間の海底ケーブルの敷設をめぐる交渉を前にして、すでに釜山―ソウル間のことを考えていたのである。このルートの架設は、一八八五年の日朝協議のテーマとなった。[19]

井上から訓令を受けた竹添公使は、一八八三年一月一五日に朝鮮政府に交渉を申し込んだ。[20] その際、以下の五点を提案している。[21]

第一、朝鮮政府はデンマークの大北電信会社に免許を与えて、日本の九州西北部の海岸から釜山または釜山近傍の海岸部まで海底ケーブルを敷設させ、その陸揚地から釜山の日本居留地まで日本政府が陸路電線を架設し、通信分局を設置して通信を取り扱うことを許可する。ただし朝鮮政府はこの用地は無税とし、電信機器などは輸出品税を免除する。

第二、朝鮮政府は、九州—釜山間の電信線を敷設したら、三〇年間はアジア大陸・島嶼と朝鮮との間に官線（朝鮮政府による電信線）をつくらない。他の政府や会社にも電線の架設を許可しない。また、朝鮮政府はこの海陸ルートと競合するような陸路電線を三〇年間は架設してはならないし、他者にも許可してはならない。ただし競合しない場所には電線を開設できる。

第三、朝鮮が今後電信線の架設工事を他国に発注するときは、まず日本政府に見積書をみせ、日本のほうが廉価ならば必ず日本政府の電信局に発注する。

第四、朝鮮政府が官線を架設するときは、海外電報は送受信とも釜山の日本電信分局を経由すること。詳細はその時に協議する。

第五、右の海陸ルートを保護するため、朝鮮政府は電信線に危害を加える者に対して相当の刑罰を設けて処罰すること。

朝鮮側は趙寧夏《チョヨンハ》督弁交渉通商事務（以下、督弁）と金弘集協弁、洪英植参議が交渉にあたった。[22]趙らは、前記第一の「近傍」という文字を削除して「釜山」とすることと、「無税」となっている部分は期限が明記されていないので二五年間とすることを要求した。また、第三条の削除も求めた。[23]

朝鮮政府の改定案は日本側に受け入れられた。また、日本側は釜山の日本電信分局より発受信する原書は保管義務を課し、必要なときは提示しなければならないとの条項を追加した。さらに、朝鮮官報の通信費を半額にすると提案した。そこで朝鮮側は、朝鮮—日本間も半額にしてほしいと求めたが、竹添はあくまでも釜山内の日本所有の電線に限ると答えた。しかし、この規定は条約が結ばれた後、朝鮮側の希望どおり変更される[24]。

交渉が続く二月下旬に、督弁が閔泳穆《ミンヨンモク》に交代した。閔督弁は次の二点に関して竹添公使に修正を求める書簡を送った。この内容は、後述する一八八五年の電線問題とも深く関わっている。第一に、対馬から釜山まではそれほど長距離ではなく、数年で利益を回収する見込みなので、電信線の独占期間を一五年としたい。第二に、朝清間で今後各種の電線を架設するだろうが、それは上記の独占年限とは関係ないばかりか朝鮮の問題であるから外国人が干渉すべきではないという内容だった[25]。

そもそも、井上外務卿が竹添弁理公使に出した訓令案では独占期間は三〇年だったが、それは大北電信会社が当初日本に要求した期間と同じであった。日本政府は大北電信会社と交渉の末二〇年に短縮したのだが、朝鮮との交渉では短くしても二五年までにせよと井上は命じていた。結局朝鮮政府の主張は通らず、独占期間は二五年となった[26]。

朝鮮は、清国との電線の架設を念頭において日本と交渉した。だが、朝清間の電線が日朝海底電線設置条約の定める日本の独占期間と無関係であることは、公文書に記載されないまま条約は結ばれた。これが一八八五年に「義州電線合同」（以下、朝清電線条約）が締結される際、日本政府が異議を挟む要因となったのである。後に検討するが、日本の抗議に対して朝鮮政府は、一八八三年の協議で、清国との電線架設は条約違反にならないことを竹添弁理公使に確認済みであると答えた。

数回の交渉を経て、一八八三年三月三日（高宗二〇年三月二四日）に閔泳穆督弁と竹添弁理公使との間で「釜山口設海底電線条款」（日鮮間海底電線架設議定書。以下、日朝海底電線設置条約）が結ばれ

海底電線図

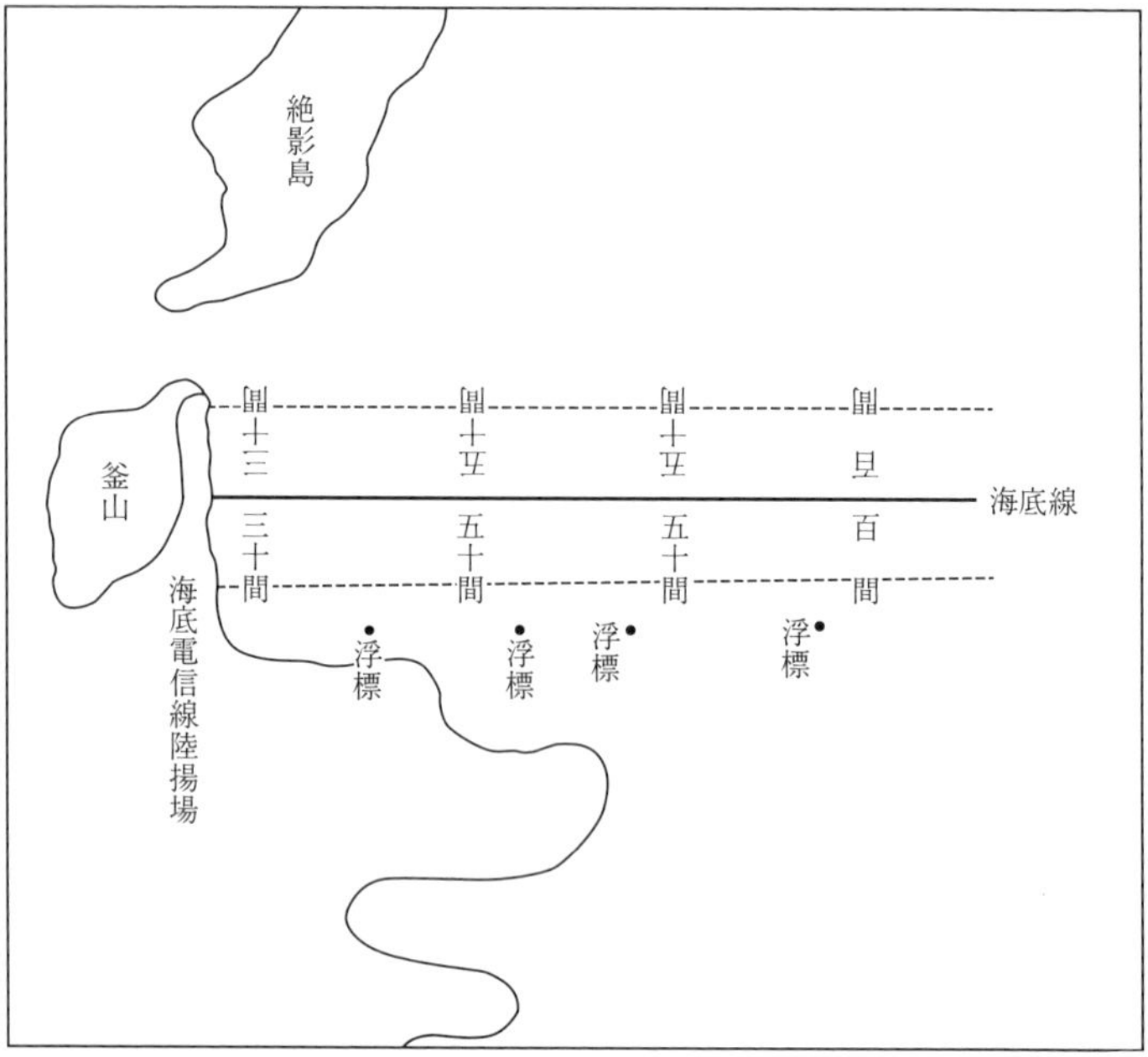

出典：『電気通信事業八十年史』逓信部，1966 年，75 頁

た。[27] 全五条からなり、外交問題に関わるのは次の箇所である。[28]

第二条　朝鮮政府ハ該海陸電線竣工後通信ノ日ヨリ起算シ、満二十五年ノ間ハ朝鮮政府ニテ該海陸線路ト対抗シテ利ヲ争フノ電線ヲ架設セス。並ニ他国政府及ヒ会社ニ海底線布設ヲ許サ、ルヲ約ス。其対抗利ヲ争フニアラサル処ハ朝鮮政府便ニ随ヒ線路ヲ開クヘシ。
第三条　朝鮮郵程司官線ヲ架設スルノ時、海外ノ電報ハ釜山ノ日本電信局ト通連シテ弁理スヘシ。其細節ハ郵程司ヨリ其時ニ至リ該電信局ト議定スヘシ。

第二条の、今回敷設するルートと競合する電信線の架設（以下、史料の表記に従い、「対抗争利」と略す）を今後二五年間禁ずるという条項や、第三条の「海外電報を釜山の日本電信局と連結すべき」という条項は、朝清が電線条約を結ぶときに日本が抗議する口実となる。しかし、後述するように、朝鮮政府はこの条約の内容を必ずしも日本と同じように理解したわけではない。また、閔督弁が竹添弁理公使宛てに出した書簡でわかるように、朝鮮政府は同条約が将来に影響を及ぼさないように、布石を打っていたのである。(29)

日朝海底電線設置条約が締結され、デンマークの大北電信会社は一八八三年九月から一一月にかけて敷設工事を竣工した。翌年二月には、通信が開始されたのである。(30)

3．義州電線合同（朝清電線条約）の締結

朝鮮国内でももちろん、電信に関する議論はあった。開化派のなかでも特にこの問題に強い関心を持って取り組んできたのが、交通及び逓信業務を担当する郵程司の初代協弁洪英植であった。一八八四年四月（高宗二一年三月二七日）に洪英植は郵征局総弁（首長）に任命され、その半年後の一二月四日には郵征局が開局された。しかし、洪が甲申政変で殺害されたため、朝鮮の通信事業は中断されることとなった。(31)

一方、清国も朝鮮の電信線の架設に早くから関心を示していた。日朝海底電線設置条約が結ばれる二年前の一八八一年に、清国政府は李鴻章の建議を受け、津滬（天津―上海）電線を設置した。この電線は壬午軍乱の際に真価を発揮した。李鴻章はこのおかげで事件に素早く対応できたとし、電報の力を高く評価したのである(32)。

李鴻章は壬午軍乱後に津滬電線を山東登州府に延長設置し、そこから朝鮮の仁川まで海底ケーブルを敷設する計画を立てたが、この計画は中断された(33)。

朝鮮は、日本と電線の設置をめぐって交渉している最中も、清国との間にいずれ電線を架すことを念頭に置いていた。前述のとおり、日本側は海底電線設置条約の締結後二五年間は競合する電線の架設を禁ずると条項に定めていたが、朝鮮政府はその条項が朝清間の電線計画に支障をきたすことを懸念した。にもかかわらずその条項を受け入れた理由は、一八八五年の日朝交渉における金允植督弁の主張から推論できる。金督弁は、一八八三年の竹添弁理公使の言葉を引用した。竹添公使は、朝鮮が清国と電線を架設することになっても、それは「非対抗争利」であって、日本との電線条約に違背しないと述べたという。朝鮮は、この発言を担保に条約に同意したというのである(34)。さらに、元左議政であった金弘集も同様の内容を高宗に報告した。金弘集は、一八八三年に日本と電線条約について協議した際の日本側の発言を証明する文書が残っていないため、今（一八八五年）日本側と言い争っていると報告している(35)。

一方、日朝海底電線設置条約の締結後、清の官吏である黎庶昌、呉大澂、袁保齢と李鴻章たちは、朝鮮政策に及ぼす影響を考え、対策を講じるよう清国政府へ建議した[36]。日朝海底電線設置条約が締結されたころ駐日公使だった黎庶昌は、「朝鮮と通商関係しか持たない日本はあれほど政策に工夫をこらしている。わが清国にとって朝鮮は属邦であり、門戸〔朝鮮半島の位置上、朝鮮は清国への出入りの要所という意味〕である以上、この問題を等閑視できない[37]」といい、積極的に動くよう促した。

日朝海底電線設置条約が締結された翌年、甲申政変が起きるとより具体的で現実的な対策が望まれた。呉大澂は、清国の旅順から鳳凰城を経て朝鮮のソウルに至る陸路電線の架設を建議する。呉は甲申政変の事後処理のため清国から朝鮮へ派遣された官吏であった。この提案に高宗は賛成したが、大臣たちは費用を心配したと『承政院日記』に記録されている[38]。

このような朝鮮側の懸念を予測した呉大澂は、一八八五年二月（光緒一〇年一二月二四日）に清国皇帝に「籌辦朝鮮善後事宜並起程日期摺」という上奏文を提出した。電線架設案には朝鮮側も賛同しているが、財政的に難しいようだから、自分が天津に帰ったら李鴻章と借款などについて相談したいという内容である[39]。

呉の提案に積極的に賛成していた李鴻章も、次のように上奏した。

> 日本が〔朝鮮と海底電線設置条約を結んで〕朝鮮の電線架設権を侵害しました。幸い〔この条約は〕釜山だけが対象で、しかも海底電線であって、陸上の架線は対象となっていません。〔清国が〕至急〔朝鮮の代わりに〕この件に対処しなければ、日本が先に〔陸路線を〕敷設してしまい、釜山

からソウルに至る水陸両線はともに他人〔日本〕の手に落ちるでしょう。（中略）今回は朝鮮国王からの要請があったので、〔我が国にとっては〕ちょうどいい機会ですから、朝鮮のために陸路線の権利を保護するよう善導すべきです。[40]

清国政府は李鴻章の提案を受け入れ、朝鮮と電線条約を結ぶべく交渉の準備を始めた。李鴻章は、清国電報総局道員の盛宣懐に朝鮮電線架設について調べさせた。そして一八八五年七月、陳允頤と徐昌宇を選抜して朝鮮に派遣し、朝鮮政府と電線の架設に関して協議させた。朝鮮では統理交渉通商事務衙門（以下、統理衙門）の金允植督弁が協議に臨み、一八八五年七月一七日（光緒一一年六月六日）に朝鮮と清国の間で「義州電線合同」（朝清電線条約）が成立した。[41]

この条約により、仁川―ソウル（漢城）―義州を結んで、陸路電線（義州線または西路電線とも呼ばれる。本文では以下、義州線）を架設することが決まった。最終的に清国の鳳凰城まで延ばす予定だった。建設費はすべて清国の借款でまかない、一部は利子を免除し、借款の返済期限は二〇年とする。また、義州線と競合する陸路線の架設は二五年間禁止するという条項も含まれていた。[42] 条約が成立すると、朝清両国はすぐ架設の準備に着手し、一八八五年九月に着工した。[43]

なお、朝清電線条約は、朝鮮側に電線を架設する意志はあるが、技術と資金がないため清国の主導で事業を進めると定めてあり、朝鮮にとって不利な点もあった。金正起や辛太甲の先行研究も指摘したように、清が朝鮮における影響力を増大するために結んだ条約という面が強い。

西路電線図（義州線）

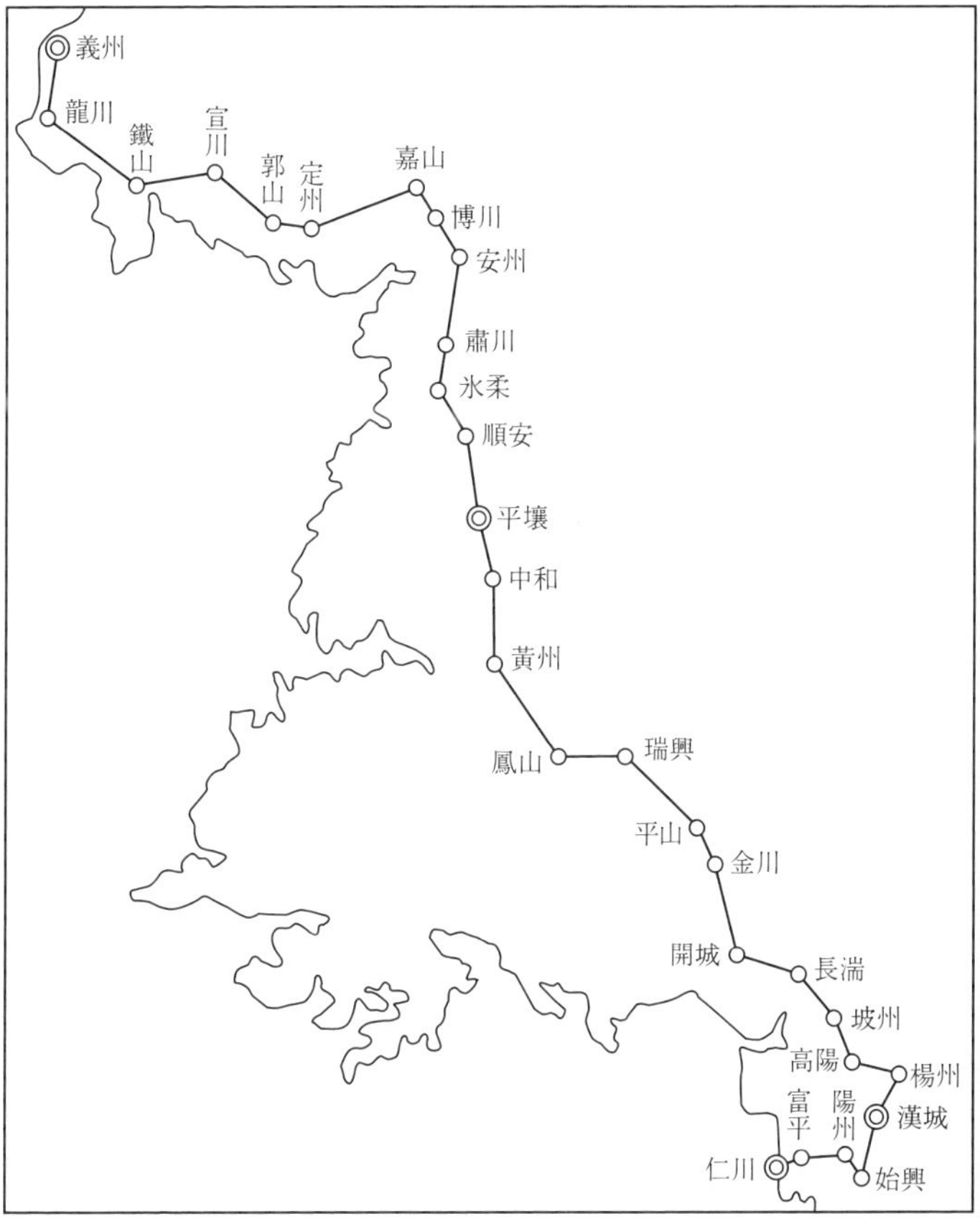

出典：『電気通信事業八十年史』通信部，1966 年，51 頁

そのような清の思惑は、李鴻章の先の上奏文にもうかがうことができる。日朝海底電線設置条約の第一条・二条は、海底でも陸上でも「対抗争利」の電信線の設置を禁じていた。李鴻章はこの条項を知っていたが、まだ日本が釜山からソウルまで陸路線を設置していないすきに、清国が先に朝鮮に陸路線（義州線）を設置しようとしたのである。だからこそ清国は、朝清電線条約に義州線と競合する陸路線の架設は二五年間禁止するという条項を盛り込んだのだった。そして、条約を締結するとすぐに、準備にかかったのである。

しかし、こうした清国の狙いは、当然ながら日本政府の強い反発を招く。

4．日本の抗議

すでに見てきたとおり、日本も清国も朝鮮に電線を架けようと画策していた。とりわけソウルとつなげる電線の架設は急務であった。日朝海底電線設置条約の交渉でも、井上は「釜山ヨリ京城間ノ電線ヲ架設スルハ最必要ニ付、其利便ヲ開設シ創設ノコトヲ誘導勧告スヘシ」と、釜山―ソウル間の重要性に言及していた。しかし長崎から釜山まで海底ケーブルが敷設されても、釜山―ソウル間にはまだ電線は引かれておらず、不便を覚えていた。そこで日本の工部省は、釜山―仁川間に海底ケーブルを引くよう太政官に建議する。朝清電線条約が結ばれる半年前のことであった。

工部省は、壬午軍乱・甲申政変の時のように通信障害を二度と起こさないため、そして貿易上の利益のため、政治的・経済的に架設は必要であると主張した。そして、清国との競争を制するためにもぜひ急ぐべきだと断言したのである[44]。

この佐々木高行工部卿の提案は、資金不足を理由に採択されなかった[45]。しかし、それから約半年後、佐々木が案じたように、朝清電線条約が締結されたという情報が届いた。高平小五郎駐朝鮮臨時代理公使は、初めて同条約の話を耳にしたときは好意的であった。「今般電線ヲ架設シ仁川ヨリ京城、京城ヨリ義州、義州ヨリ旅順口ニ至ルノ目論見ニ有之様ニ御座候。尤旅順口ヨリ天津マテハ既ニ架線相成居候趣ニ有之候ニ付テハ、右ノ諸線落成仕候上ハ清韓両国ノ声息自由ニ相通シ、于兎于角本邦トノ通信モ一層便利ニ相成候事ニ可有之候[46]」と記している。この条約により、朝清はより速やかで円滑に通信できるようになって、日本との通信もさらに便利になるだろうと考えたのである[47]。

しかし、高平代理公使は間もなくこの見解を覆すことになった。朝清電線条約に基づき架設される新しい陸路線である義州線が、日朝海底電線設置条約に違背するとみなしたからである。高平は朝清電線条約に異議を唱え、日本の外務省にもその旨報告した。外務省は調査の必要があると判断し、電信業務を管轄する工部省に、朝清電線条約が日朝海底電線設置条約に違背するかどうか問い合わせた。

佐々木工部卿は井上馨外務卿宛に、朝清電線条約は日朝海底電線設置条約の第二条・第三条に違背するので、朝清条約を廃止させるべきだという答申を送った。その根拠は第一に、義州線は釜山線と繋がっていないため、日朝条約第三条に違背すること。第二に、ソウルから鳳凰城まで架設すれば、この線によってアジアはもちろん、欧米諸国とも通信できるようになり、「釜山ノ線ハ遂ニ利益ヲ奪ハル、ニ至ルハ必然ノ事ニテ対抗利ヲ争フモノ」であるため、第二条にも違背することであった[48]。

一方、工部省は、この解釈で正しいか上海駐在の大北電信会社の代理人へ問い合わせたところ、日本政府の解釈を支持するという返答であった。これに力を得て日本政府は、高平代理公使に対し、条約違反について朝鮮と協議するよう訓令を出した(49)。高平代理公使は、朝清電線条約に対する抗議書を朝鮮政府に提出した(50)。

第三節　電線条約続約の交渉

1．義州線をめぐる日朝の見解の差

高平代理公使は朝鮮政府へ抗議書を提出した二日後の九月一八日に、朝鮮の金允植督弁とこの問題について折衝することにした(51)。日本側は、朝清条約に基づき架設される義州線が、長崎—釜山間の海底ケーブル（以下、釜山線）の独占権を侵害すると主張した。

その二日後、金允植が高平に送った反駁の照会文（ここでは国家間でやりとりする公文書を指す）をまとめると、次のとおりである(52)。第一に、日朝海底電線設置条約の交渉の席でわが国は、今後朝鮮が清国と電線を架設すれば「対抗争利」に違背するかと尋ねた。竹添進一郎公使が違背しないと答えたから、日本と条約を結んだ。また、義州線は海底電線ではなく陸路電線であり、仁川から義州までつなぐものである。第二に、義州線は朝鮮国内の電信線で、清国と接続するものではない。ゆえに日本との海底電線設置条約に抵触しない。

このように、朝清電線条約は、日朝海底電線設置条約に抵触しない根拠を挙げ、反論したのである。さらに、金允植の今回の反駁照会文には「陸地ノ架線ハ朝鮮ノ自由ニ属シ、又清国ヨリ義州ノ線路ニ通連スルハ朝鮮ニテハ阻止難致旨」[53]とある。自国に陸路電線を架設するのは朝鮮の自由であり、清国が義州線に電信線をつなげることは清国の自由であるため朝鮮が阻止するのは難しいといったのである。これを受けて高平は、井上外務卿宛ての機密信で「疑心ヲ起シ我国ニテ清韓ノ通信便利ナルヲ欲セサル為メ、今般ノ一挙ニ抗論候様邪察被致候ヤモ難計」[54]と述べ、朝清の通信が便利になるのが面白くなくて抗議しているように受け取られないかと憂慮した。甲申政変からまだ一年も経っておらず、日朝の微妙な空気が感じられる。

九月二四日に金督弁と再び協議した高平は、先の反論で朝鮮政府が根拠としている竹添前任公使の話は、当時の状況からしてあり得ないと一蹴した。また、義州線が朝鮮国内の陸路電線であっても、外国との通信は必ず釜山線経由でなければならないことを繰り返し説明した。最終的に金督弁は、朝清電線条約が日朝海底電線設置条約に違背していると認めた。しかし日本との条約に違反するとはまったく思わなかったとして、義州線の架設を認めるよう求めた。さらに、日朝の条約に抵触しないためにはどうすればよいか、日本は何を求めているのかと尋ねた。高平は、それは朝鮮と清国の官吏が相談して解決策を探るべきだろうと答えたが、金は幫弁朝鮮各口商務升用知府（以下、『日本外交文書』にしたがって「副総弁」と記す）の譚賡堯が朝清条約に関わっていたことを取りあげ、高平に譚と相談してみるよう提案した。高平は、自分から進んで清国の官吏と相談するつもりはないと断言したものの、先方が相談しに来るのであれば応じる用意はあると答えた(55)。

金允植が高平代理公使に清国の官吏と直接話すよう勧めたことは、興味深い。朝鮮政府は、日本との条約に違反しない形で清国とも条約を結んだという姿勢をとっていた。だから、日本側の抗議に対して朝鮮よりむしろ清国が日本と直接話し合うほうが得策と考えたのである。

清国の官吏を媒介にして日本との問題を解決したがる朝鮮の姿勢はその後も散見されるが、それは朝鮮にとって清の存在が日本との問題解決に役立つとの判断があったからであろう。

だが高平代理公使は、あくまでも日朝でこの問題を処理しようとした。これはその翌日、譚賡堯副総弁が高平を訪ねて、金督弁を外して自分たちで決めようと申し入れたのを断っていることにもうかがえる。しかし、高平はのちに日本と朝鮮の外交問題は、朝鮮よりもその背後の清国との問題だと考えるようになる。そうして次第に清国の官吏と相談するようになった。これに関しては後で詳しく検討する。

高平は九月二六日に、再び抗議の照会文を朝鮮政府に送った。日朝海底電線設置条約の第三条によると、釜山線(釜山―長崎)を経由しない限り、外国と通信してはならない。しかし朝清電線条約第五条では清国に義州線で官報を通信することを許可しており、これは明らかに日朝の条約に違背するとの内容だった(56)。

しかし、清国と通信するために、清と国境を接する義州線ではなく、わざわざ遠く離れた釜山線を経由しなければならないとは、朝鮮にとって納得がゆかない話であった。そこで金允植は一〇月四日、これに対して長文の反論を送る。簡単にまとめると、釜山線と義州線は互いに遠く離れていて、競合するものではない。日本との電線条約は釜山とその近傍に限定され、朝鮮全土を対象としないという解釈であった。[57]

しかし、高平は主張を曲げなかった。一〇月一七日に三度目の抗議文を統理衙門に送った。日本との電線条約が釜山とその近傍に限定するという金の解釈は不当である。また、義州線は釜山から遠くてもなお釜山線と競合する電線である。海外電報を釜山電信局を経由せずに送ることになるからである。これは日朝海底電線設置条約第三条に違背する。朝鮮政府が他の場所に電信線を架設したければ、その電信線を釜山電信局とつなげなければならない。[58]

この三度目の抗議文に対する朝鮮側の返信は見当たらない。高平も返事が無いと外務省に報告している。[59] 日朝の攻防が一時休止したころ、日本政府から新たな方針が高平代理公使に届いた。そして、次第に清国を巻き込む交渉へ展開してゆく。

2. 日本政府の方針——清国の活用

日朝の応酬が続くあいだも義州線の工事は進められた。一八八五年九月二八日に、アストン・イギリス総領事が高平代理公使を訪ねてきて、一八八三年の日朝海底電線設置条約は公布されているのかと尋ねた。高平はこれを聞いて気づいた。まだ公布されていなければ、清国は条文の内容を知らなかった可能性が高い。すると日朝の条約に違背するかどうかわかるはずもないため、朝清電線条約は成立できる。日本政府がいくら朝鮮を責めても、朝鮮政府としては謝罪するほか方法がないのではないか。そこで高平代理公使は、朝清条約を無効にすることは難しいだろうと判断し、自分の代案を外務省に送ったのである。[60]

その一つは、朝清間に電線（義州線）を架設することになっても、海外電報はその線を使わないこと。義州線を使えば釜山線の損害とみなし、日本側に弁償すること。いま一つは、日朝海底電線設置条約に抵触するにもかかわらず義州線を架設することになったので、釜山―ソウル間にも架設するように朝鮮政府に要請することであった。高平はこの提案を送り、井上馨外務卿には最後の訓令を乞うた。

この提案書は一〇月一一日に外務省に届いた。一方、井上外務卿も高平代理公使と同じように考えていた。井上はすでに九月一六日付の高平の報告を受けて、朝鮮政府が今回の架設を義州に止め、それより北部は清国に任せることで日本との条約に抵触しないよう努めていると把握していた。井上外務卿は佐々木工部卿へ書簡を送った。朝鮮がそのような方針を取るのであれば、条約第三条に基づいて抗議するのは難しいため、第二条の「対抗争利」を争点にするしかない。しかし、「対抗争利」により義州線の架設に反対しても、釜山―ソウル間の電線を架設しなければ釜山線はかつてほど利用されず、利益も上がらない。朝鮮政府に釜山―ソウル間に電線を架設させ、外国へ送る電信を義州線か釜山線のどちらかを経由させるほうが釜山線にとって得になるという見解を示した。工部省が同意すれば高平にそうした趣旨の訓令を送るという内容であった。[61]

義州線の架設を止めさせるのは難しいだろうという予想は、その後の高平代理公使からの電信[62]にもにじんでいた。高平の報告によると、金允植督弁は日朝海底電線設置条約は釜山とその近郊だけにあてはまり、朝鮮全土が対象ではないと回答してきた。高平は、金のこの返事はおそらく清国の駐在官の意見を入れているのだろうと推測した。それが正しいかどうかはさておき、高平代理公使が清国が関わっていると考えたのは注目すべきである。彼は、「論点は朝鮮よりも清国に関係するように思われる（Now the question seems to be the one concerning China rather than Corea）(63)」と、電線問題に清国が絡んでいることを示唆し、交渉に清国を関与させようと考えたのである。

井上外務卿も義州線の架設を無効にするのは難しいと判断したようで、一〇月一二日に高平へ訓令を送った。井上は、まず朝鮮政府に妥協案を提出させ、日本にとって満足できない内容であれば、次の四点を提示せよと指示した(64)。

①朝鮮政府は仁川―ソウル線を必ず釜山とつなげること。②上記、仁川―釜山線は義州線より先に架設すること。③外国からの電信はすべて釜山―ソウル―仁川を経由すること、決して義州を経由してはいけない。④義州線を利用する電信については、朝鮮政府が日本側に弁償すること。

井上馨外務卿の訓令は、一〇月二四日に高平小五郎代理公使のもとに届いた。高平は二六日に金允植督弁に面会し、日朝海底電線設置条約と朝清電線条約は両立できないと説明して、朝鮮の対策を尋ねた。金は、いま義州線の工事を止めることは難しいと答え、清国の官吏と相談すると答えた(65)。朝鮮政府にとってみれば、進行中の工事を中断するのは容易ではなく、日本との交渉も難航しそうだったため、清に日本と直接折衝してもらうほうが都合がよかったのであろう。金允植は高平と会談後、譚賡堯副総弁を訪ねて報告し、高平と直接協議してほしいと要請した。[66]

果たして、翌日には譚賡堯が日本公使館を訪ねてきた。高平は譚賡堯に対し、この件は清国にも関係するので貴官と相談できなくもないが、日本政府の訓令をまだ受けていない。しかし、日本政府の意見はすでに統理衙門へ送ってあるので、それをじっくり読んで金督弁と相談してはいかがかと述べた。また、この問題を解決するには、ソウルから釜山までをつなぐ線（以下、南路電線[67]）の架設が必要であると語った。[68] 清との公式な協議は避けながらも、朝鮮に対して影響力の行使を婉曲に求めたのである。

一方、譚賡堯は高平の意図を汲み取ったうえで、南路電線について言及した。この架設には巨額の費用がかかるため、自分からは朝鮮側に勧めることはできないと前置きしてから、日本側にはこの建設に借款を提供する意思があるかと尋ねた。

高平はこの会談を終えると井上に報告し、電線問題に関しては朝鮮政府ではなく、その背後にいる清国の譚と直接話しあうほうが得策であると述べた。また、日本政府には南路電線の架設費を貸与する気があるかと問い合わせた。[69]

井上外務卿の一一月五日発電信には、借款は不可とあった。[70] 一一日付機密信でその理由をこう述べている。「朝鮮政府ノ内事ニ干渉スルノ嫌アリ、亦如此内事ニ干渉スルハ太タ日本政府ノ好マサル事ニ有之、亦朝鮮政府ニ取リテモ好政策ニ有之間敷、故ニ此際朝鮮政府一手ニテ之ヲ挙行セシムルカ、然ラサレハ幸ヒ貴国―清国ヲ指ス―ノ補助ヲ以テ義州ニ架線セシ工事ヲ釜山迄延長セシメハ、我政府ニ於テ干渉ノ嫌ナクシテ事容易ニ成ルヘシ」[71]。朝鮮政府に借款を提供すると内政干渉の印象を与えかねず、むしろ清国に義州線の工事を釜山まで延長してもらうほうが得策だとの意見であった。

甲申政変以後、日本政府は朝鮮に干渉しているとみなされることを極力避けようとしていたが、井上の方針はこれを物語っていると言える。その一方で、朝鮮における日本の利益を守るために清国の影響力を活用しようとしたのである。

3．清国を引き込む朝鮮

一一月一〇日に金允植は譚賡堯とともに、高平代理公使との会談に臨んだ[72]。譚が同席したのは金允植の要請によるものであった。日本と清が妥協に至ればこの問題は解決できると判断し、譚を同席させたのであろう。この日、高平代理公使は、一〇月一二日付で井上が訓令した四つの案を提示した。譚が日本の案には同意し難い部分があると言うと、高平はこの件はそもそも朝鮮政府と話しあう事柄であり、譚の意見は聞く必要がないと反論した。ここで金が間に入る。「貴官〔高平〕御要求ノ各条ハ一々清国ノ条約ニ抵触致居候ニ付、清政府ト相談ノ上ニ無之候テハ決答難及候間、暫猶予候儀相成間敷哉」。日本側の要求は朝清の条約に関わるので清国とまず相談しないと答えられないとしばらくの猶予を求めたのであった。

これに対して高平は、「清国ノ条約ニ抵触スルトハ了解難致、清国ノ条約ハ元我条約ト矛盾スルカユヘニ其旨ハ最初ヨリ御注意及置候次第ナリ。于然貴政府ハ拙官ノ一言ヲ顧ミス架線ニ着手シ、今日ニ至リ清政府ト相談ノ上ニアラサレハ決答難被成トハ誠ニ自儘ノ中分ナリ。若貴説ノ如クナレハ我条約ハ違背スルモ差支無之、清国ノ条約ハ其政府ニ相談セサレハ難取消トノ意味ニ可有之」と答えた。そもそも朝清の条約が日朝の条約と矛盾しているのだと述べたのであった。

だが、金督弁は、朝鮮政府は日朝海底電線設置条約に違反するとは考えていなかったと繰り返し説明しただけであった。交渉を始めたときの立場を堅持したのである。高平は「果シテ然ラハ清政府へ相談ノ間本件ノ終結ヲ見合セ可申ニ付、夫レ迄ノ間ハ義州線路ノ通信ヲ停止」するよう要求した。まだ日朝で交渉が終わってないのに義州線を使用するのは不当だと考えたのだろう。金督弁は官報の通信と、場合によっては私報の通信も許可してほしいと訴えた。その代金は朝鮮政府が預かって日本側に弁償することも可能であると伝えた。高平は私報は断然中止させることを要求し、そこでまた朝鮮側と主張が対立したため、ここでその日の協議は終えた。

高平は井上宛の報告で、朝鮮政府や朝鮮駐在の清国官吏と交渉しても埒があかないのではないかと懸念し、「今後ハ更ニ我政府ヨリ清国へ御談判相成候歟、然ラサレハ尚一層有効ノ方法ニ拠リ重テ朝鮮政府へ御開談相成候様仕度」と、清国政府の影響力を効果的に利用する方策を講じるよう提案した。その一方で「朝鮮政府ヨリ同政府〔清国政府〕へ協議ノ一事ハ我国ニ於テハ公認難相成儀ニ有之」と書いてあるように、清国が干渉することを嫌っている様子も見て取れる(73)。

4. 日本政府の方針の変化

朝鮮で三者会談が行われた翌日の一一月一一日、井上外務卿は高平代理公使に宛てて、日本政府の新たな方針を文書で示した。清国の官吏と直接会談すること、義州線の廃止という日本側のこれまでの要求を取り下げ、代わりに南路電線の架設を朝鮮政府に要求することを指示したものだった。また、南路電線の架設は、朝鮮政府が自ら手がけるものでも、清国が補助して義州線を釜山まで延長するように清国側に提案するものでも、どちらでもかまわないとした(74)。

ところが一一月一七日、譚との直接会談を勧めた井上から、一転して日本政府は清国の発言を公式に認めないと朝鮮政府に伝えるように指示する電信が届いた(75)。なぜ一週間も経たないうちに方針を変えたのであろうか。

一一月一〇日の三者会談の報告は井上に二二日に届いたが、高平はその前の一五日にまず簡単な報告を電信で送っていた。朝鮮側は最初の立場を変えないばかりか、日本側が要求を出すとまず清国と相談するまで回答を見合わせるという内容だった。これを見た井上は、日朝間の問題における清国の発言権の拡大を懸念したものと思われる。一七日に井上が送った電信は、具体的には次のように指示していた。まず金督弁に日本側の提案に対する朝鮮政府独自の見解を問い、これは日朝両国だけに関わる問題であるから、日本政府は清国の発言権を認めないことを朝鮮政府に納得させよというのである。ただし、朝鮮が内々に清国に相談するのは自由であると付け加えた。そして、朝鮮には、日本が譲歩して南路電線の架設を提案しているのにその提案を受け入れず、義州線の工事をそのまま続けるのであれば、日朝海底電線設置条約違反とみなすと伝えよと命じた(76)。

このように井上は、朝鮮との問題に清国が公式的・直接的に干渉することを嫌った。しかし、交渉を日本に有利に進めるには、ある程度清国の影響力を利用する必要があると判断し、清の「非公式介入」による収束を狙ったのである。この方針は最後まで貫かれる。後に袁世凱が駐在官吏として朝鮮に赴任してからは、袁が清国側の代表として関与するようになったが、日本政府は袁世凱との公式協議を許可しなかったのである。

第四節　続約の締結

1．日本政府の最終方針

朝鮮では義州線の工事がほぼ完成に近づいていた。高平小五郎代理公使は、日本側が要求したように、義州線の通信が始まる前に朝鮮政府に南路電線に着工させることはもはや無理であろうと認めざるを得なくなった。一八八五年一一月二〇日、義州線はついに清国の電線に接続された。そこで高平は、朝鮮に、南路電線の完成を待ってやるかわりに、それまでのあいだ義州線を使った海外通信費を全額日本に補償させてはどうかと井上馨外務卿に諮った[77]。

これに対して井上は、「我要求ノ緊要点ハ釜京間架設ノ一款ニ在レハ、此一款サヘ彼ノ承諾ヲ得、架線ノ条約取結候ハヽ、其他ノ条款ハ承諾ヲ不得モ差支無之[78]」と返信した。一〇月一二日の訓令案と比べると、南路電線の架設に絞っていることがわかる。海外電報はすべて釜山を経由すべきとの条件

南路電線図

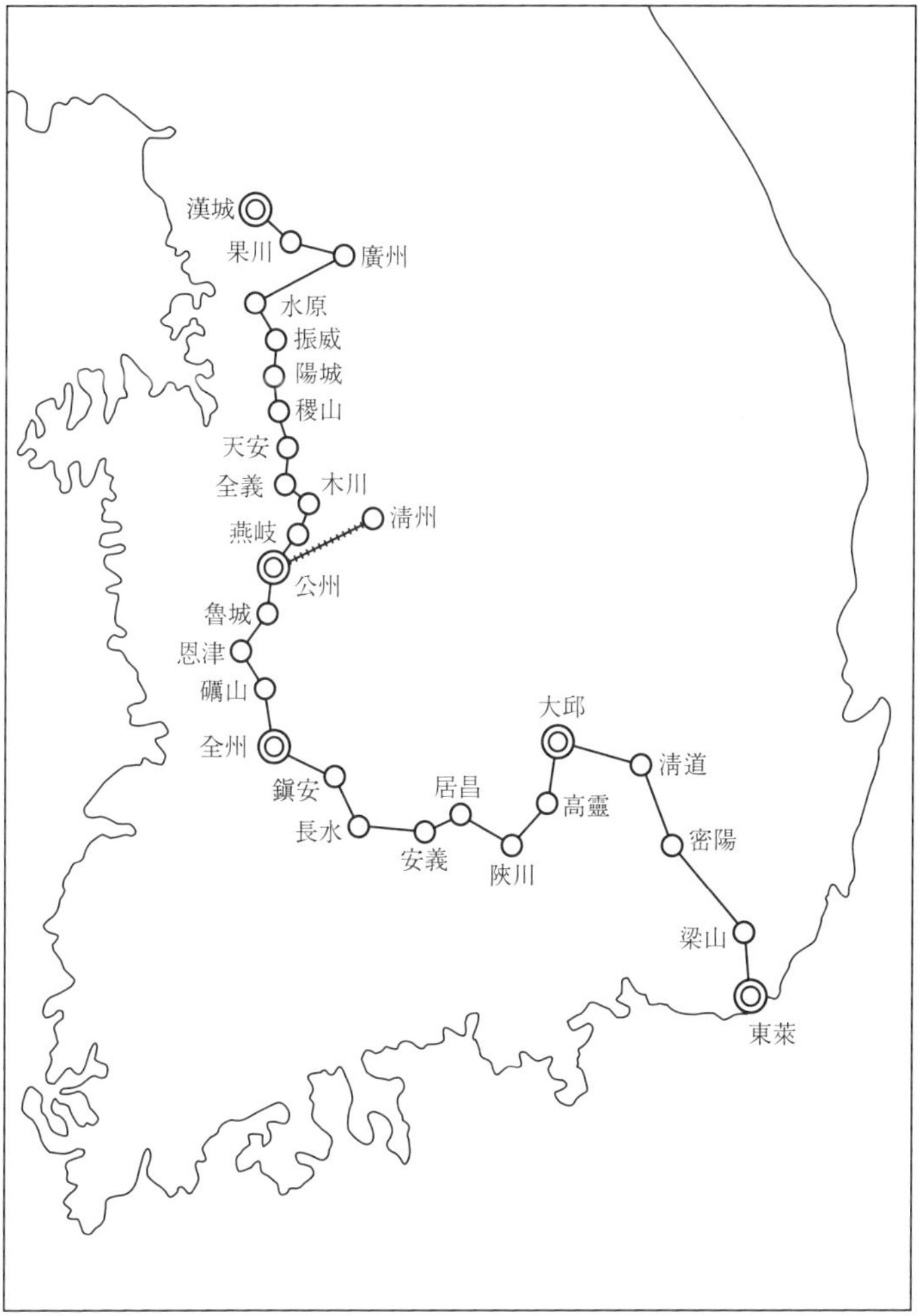

出典：『電気通信事業八十年史』逓信部，1966 年，91 頁

も取り下げ、南路電線の完工までに義州線を経由する海外電信料の弁償に関しては、高平の裁量に任せることにした。

その翌日、井上は再び高平に電信を送り、前日の書簡とほぼ同様の指示をした。特に、南路電線の架設に関しては一八カ月以内の猶予期限を認めてもよいと伝えた。[79]

その一方で井上は、義州線の開通にも対処する。佐々木工部卿へ私信を送り、高平代理公使がまだ朝鮮政府と協議中なので、義州線を経由する電信には一切関わらないよう高平に指示したことを知らせた。当時の電信局の広告案が外務省に残っているが、「清国電信局ニ於テ同国ヨリ朝鮮国義州ヲ経テ平壌漢城仁川へ電信線ヲ架設シ、分局ヲ設置シタル旨大北部電信会社ヲ経テ通報有之候処、我電信局ニ於テハ該線路ヲ経由発着スル電報ハ訂盟各国ノ官報ヲ除クノ外、当分ノ内一切通信取扱ハス候条、此旨広告候事。明治一八年一二月　電信局」とある。[80]

興味深いことに日本政府は、このような措置が果たして条約に添っているのか、大北電信会社の関係者に問い合わせている。一二月四日発電信がそれである。[81]七日付の返信電報には、日本の措置はかなり強硬で、清側の反発を引き起こす可能性に言及していた。[82]こうした外部の視線を意識したせいか、井上は高平にいち早く交渉を終結させるよう訓令した。[83]

井上はまた、朝鮮の電信問題に関しては清国は直接的・公式的に関わりがないので、清国から一八八五年一一月に派遣された袁世凱駐紮朝鮮総理交渉通商事宜と公式に交渉することには反対した。だが、日本の望む解決をみるため袁世凱を説得して影響力を発揮させることは可能であろうと付け加えた。[84]

この井上の方針は、以後の日本の朝鮮外交における清国の位置づけを示唆するものであろう。前述したとおり、日本政府は譚との協議でも清国の公式の介入を認めなかった。袁世凱がもし公式会談を開こうとしても、拒むよう井上は指示した。しかし清が陰で朝鮮に影響力を行使することは望んだのである。言い換えれば清は、日朝交渉で日本に有利な結果をもたらす役目を期待されていた。しかし、それ以上の介入や干渉は決して認めなかった。以後の南路電線の架設においても、次章で検討する防穀賠償交渉においても、日本はこの姿勢を崩さなかったのである。

2．交渉の妥結[85]

それでは、朝鮮の状況に目を向けよう。一二月三日と八日に、金允植督弁と高平小五郎代理公使は再び協議を行った。高平代理公使はまず井上外務卿の訓令案のとおり、日本の草案に対する朝鮮政府の意見を尋ねた。朝鮮側は、財政困難のため、しばらくは南路電線の工事費用は工面できないと答えた。すると高平は、日朝海底電線設置条約に違背しないように義州線での海外電信の取り扱いを中止するよう求めた。結局、金督弁はソウル―釜山間の南路電線を架設すると承認せざるを得なくなった。高平は、六カ月以内に南路電線に着工してほしいが、その期限を守る見通しが難しくなった場合は、延期を要請すれば三〜五カ月の延期は可能であると伝えた。金督弁も同意した。

こうして、南路電線の架設という日本側の要求はようやく受け入れられた。しかし、義州線を使った海外電信の被害賠償については、金督弁は賠償金まで支払うことになると、自分もこの件を処理し難いと答えた。金督弁は、南路電線の架設に同意したことを財政状況の厳しい政府に報告しなければならない立場にあったため、さらに賠償の話までしづらかったであろう。それを察したのか、高平も賠償問題については再考すると述べた。

この三日と八日の協議の最中に、高平は井上の指示どおり袁世凱を訪ね、朝鮮政府に日本の要求を受け入れるよう説得してほしいと依頼した。袁世凱もこの事案を速やかに処理する必要があると言い、協力の意を示した。

この間の朝鮮政府の動きはいかなるものだったのか。最後の交渉に関する朝鮮側の記録は管見の限り見当たらないが、高平代理公使の報告書には以下のようにある。

朝鮮政府ノ内情ヲ観察スルニ、外務督弁ハ外政統管ノ権力無之、一々勅裁ヲ仰カス候テハ、外国使臣ニ決答スルヲ得ス、殊ニ本件ハ朝鮮ノ為メニハ可也ノ大事ニ有之候ニ付、国王モ亦督弁ノ所説ノミニ安ンセスシテ、近侍ノ諸寵臣等ニモ下問致候ハ必然ニテ、其意見モ亦時々相動候事ト存候(86)

たとえ金允植が南路電線に関して合意したとしても、朝鮮政府はそれを認めてくれない可能性もあると高平は考えていたようである。朝鮮政治においては外務督弁の権限が弱いからというのが理由である。確かに、統理衙門が外交担当部署であるとはいえ、最終的な決定は「勅裁権」を持っている国王の高宗が下す場合が多かった。そのため、督弁との交渉ですべてが決まる保証はない。国王が勅裁する以上は、高宗に謁見して意見を述べられる寵臣たちの動向も重要な変数になる。さらに、国王に最終決定権があるということは、その結果の責任も高宗に帰することを意味した。そのため、特に条約の条文を決める際に「威信」を重視する場面がしばしばみられたのである(87)。

高平代理公使はこうした状況を見て、朝鮮政府を動かさないとこの件は決着がつかないと判断した。そこで一二月一五日に統理衙門を訪ね、早く決着しないと朝鮮にとって不都合であろうと述べ、自らの条約案を示した。その序文には朝鮮政府は日本の主張を認めるとあり、第三条には南路電線の竣工まで義州線を経由する海外電信費を日本政府へ弁償すると書かれていた。しかし金允植はその内容が朝鮮政府にとっては「徹頭徹尾屈服ノ姿」であると抗議した。

その後、金允植督弁は閔應植《ミンウンシク》礼曹判書とともに袁世凱を訪問し、相談した。袁と相談した理由として次のようなことが考えられる。高平の要求は、朝鮮政府にとって財政上困難なものであった。しかし高平は主張を曲げることなく、さらに強く迫ってきたので、朝鮮側は窮地に追い込まれた。そこで朝鮮は、そもそも日本側の要求の発端は朝清電線条約による義州線の架設だったので、清国に事情を説明し、支援を要請したかったのだろう。

翌日、高平公使は袁世凱を訪問した。すでに袁は閔應植・金允植とともに高平の条約案について意見を交えた後だった。袁世凱によると、朝鮮政府は高平草案第一条の南路電線の工事費に苦慮していたという。袁は清国政府へ工事費の援助を申請するからとなだめ、朝鮮に承諾させたと言った。[88] 清国の援助が期待できると知って、ようやく金允植督弁のみならず、朝鮮政府も南路電線の架設を承認するに至ったのである。朝鮮の深刻な財政難がうかがえるが、朝鮮が清に援助を頼んで日本の要求を受け入れたことは、非常に興味深い。清にとっては、自国に必要のない南路電線設置の費用まで朝鮮に提供することになったからである。また朝鮮は財政難と日本からの執拗な要求という問題を、清の力を借りて切り抜けたからである。

袁世凱は、朝鮮のその他の希望を高平代理公使に伝えた。第二条に南路電線は朝鮮政府の「自主」により架設し、日本は関与しないという文言を入れたいこと。第三条の義州線を利用したことによる被害賠償案は全文を削除すること。第四条の二五年間日本の電報（官報）を半額にする件は釜山―ソウルに限り、ソウル―仁川間は含めないこと。さらに序文にある「違背」という言葉は朝鮮国王の体面を慮って「妨害」に変更したいこと、である。

袁世凱から自分の草案に対する朝鮮側の要望を聞いた高平は、特に第二条に関して強く反対した。そして朝鮮側の条約案をよく検討したいので、全文を送ってほしいと要求した。

翌一七日に朝鮮側から草案が届いたが、同意できない箇所があったため、高平は一八日に譚賡堯が日本公使館を訪ねてきた折に、朝鮮政府は果たしてこの件を解決する気があるのかと尋ねた。高平はこれ以上清国の官吏に依頼することを不愉快に思ったものの、譚が日朝の仲裁をしてくれると言ったので、譚に修正案を送ることにした。

一九日、金允植督弁は譚賡堯とともに高平代理公使を訪問した。この日の話しあいで、朝鮮側の要求に従い、前回「違背」から「妨害」に変えたがさらに「妨碍」に修正することにした。高平は金督弁の「朝鮮政府ノ体面ヲ重ンスルノ決意」に配慮し、この修正案を受け入れたのである。また朝鮮側が削除を要求していた、賠償案を規定した第三条は、高平が自ら取り下げた。これを撤回することで、後日南路電線の架設を督促しようとしたのである。その他の条項でも双方が合意したため、それぞれ条約書に署名し、各一通を持ち帰った。調印は二一日に行うことにした。

しかしその日の夜、またもや金督弁から高平代理公使宛に書簡が届いた。第二条で、南路電線の架設は「朝鮮ノ自主ニ在ル者ニテ日本ハ干預ヲ得ス」（以下、自主条項）という一文が削除されているので、追加してほしいというものであった[89]。この自主条項については、一六日に袁世凱からすでに聞いていて、高平代理公使が強く反対した条項だった。

ところで金督弁は、第二条の自主条項の「删去」（削除）という表現を使った。これは、一七日に朝鮮側が高平代理公使宛に送った草案には、この自主条項が記載されていたことを示唆する。金督弁は、自主条項の削除については本日高平公使からなんの説明もなかったので[90]、第二条は朝鮮の草案のままにすべきであると言ってきたのだった。なお、『日本外交文書』所収の「続約ニ至ル経過報告ノ件」のうち、一九日の会談記録にはこの自主条項に関する記述はない。

高平代理公使は、すでにお互い合意署名した後にこのような改正を要求することは受け入れがたいという返信を翌二〇日に送った。しかし、金督弁は同二〇日の午後、日本は関与しない云々の文言は削除してもよいが、電線架設は「朝鮮ノ自主ニ有之儀」はぜひ条文に入れたいと再度要請してきた。高平はこれ以上は妥協の余地がないと判断し、日本公使館書記生を清国公館に遣わし、金の書翰を見せて、会談は決裂したと伝えた。これまで公式にはあくまでも日朝だけの問題だと言い続けていた日本側が、統理衙門ではなく清国の公館に会談の決裂を伝えたことは興味深い。朝鮮との交渉が行き詰まると、清国の仲裁を求めようとしたことが見て取れるのである。

譚賡堯が第二条に自主条項の一文を入れるのを諦めるよう説得した結果、金允植はそれに従い、ようやく条約が成立することになった。南路電線の架設費用を清国の借款に頼らざるを得なかったため、清国の意向に背くことはできなかったからであろう。

3．続約の調印

こうして一八八五年一二月二一日、日朝両国は海底電線設置条約続約に調印した。条約の内容は以下のとおりである。

今般朝鮮政府電線ヲ架設シ、仁川ヨリ漢城ヲ歴テ義州ニ至リ海外電信ヲ通連弁理スルノ一事ハ、日本政府海底電線条約ヲ妨碍スル者ト視為シ、朝鮮政府モ亦遂ニ其レヲ以テ理無シト為サス。而シテ両国政府均シク交誼ノ為メニ起見シ、日本ハ臨時代理公使高平小五郎ヲ派シ、朝鮮ハ督弁交渉通商事務金允植ヲ派シ、会議妥弁セシム。此ニ因テ下文ノ各条ヲ議定ス。

第一条　朝鮮政府ハ仁川義州間ノ電線ヲ以テ釜山口ノ日本電信局ニ通連スヘシ。但シ朝鮮政府該局附近ノ地ニ於テ別ニ一局ヲ設ケ、該局ヲ経由シテ海外電信ヲ発収スルモ亦其便ニ任ス。
第二条　該電線通連ノ工事ハ今ヨリ六個月内ニ於テ着手シ、其後六個月内ニ於テ竣成スヘシ。
第三条　仁川釜山間ノ電線竣工後釜山線路ヲ経由スル海外電信ノ報費ハ義州線路ヲ経由スル海外電信ノ報費ニ比準シ、価額ヲ同一ニスヘシ。而シテ其額外ノ費用ヲ徴収スヘカラス。
第四条　釜山ヨリ九州西北岸マテノ海底線ニハ既ニ朝鮮政府ノ官報ヲ満二十五年間半価ト為スノ約アリ。故ニ仁川釜山間ノ電線竣工ノ後此線ヲ経過スル日本政府ノ官報モ亦満二十五年間半価ト為スヘシ。(91)

おわりに

この章では対日外交において困難に直面した朝鮮政府が、交渉に清国を引き入れて懸案を解決していく様相を考察した。

清国の援助によって南路電線の問題が解決されると、朝鮮政府は、条約序文にあった「違背」という文字を「妨碍」に変更させ、さらに第二款には自主条項を入れることにこだわった。結果序文の文字は変更できたが、自主条項の挿入は失敗に終わった。それでも朝鮮政府は、調印直前まで自主条項を入れようとしたのである。

以上の経緯から、当時の朝鮮外交の様子をうかがうことができる。朝鮮外交において最終責任は高宗にあった。それゆえ、実際交渉を担当する朝鮮の督弁は、朝鮮の「威信」を重視せざるを得なかったと思われる。高平代理公使は朝鮮側が体面を重視していると判断したため、「違背」を「妨碍」に変更することには同意したが、自主条項には反対した。だが、朝鮮政府は、電線架設の自主を確保することで、かつて甲申政変のような日本の干渉の可能性を未然に防ごうとしたであろう。そのうえ、朝清電線条約とは違い、この南路電線の自主架設を明記することで朝鮮政府、ひいては高宗の威信を維持しようとしたと思われる。このように、朝鮮は清国の影響力を適切に借用して、日本との交渉を一段落させ、そのうえで自分たちの狙いを交渉の最終段階で反映させようとしたのである。

以上のように、甲申政変以降、朝鮮は対日外交において時に清を介入させる「戦略的選択」を行うことで難局に対応しようとした。すなわち、戦略的な事大主義政策をとったのである。本章ではそのような朝鮮外交の様相を日朝間の電線架設交渉を通して考察した。朝鮮は、日本の干渉を懸念し朝鮮の「自主」を保つために、逆説的にも朝鮮の自主を抑えようとする清の力を借りて外交を展開していった。一方、表面上は朝鮮の独立を認める方針を一貫して取りつづけた日本もまた、裏面では清国の朝鮮における影響力に期待しながら日朝関係を自国に有利な方向へ展開しようとしたのである。

ところが、日朝両国とも都合よく利用しようとした清国の影響力が、必ずしもすべて有効だったわけではなかった。次の章では、清国を引き込んでそれぞれ自国に有利な外交を展開しようとした日朝両国が、むしろ武力衝突の危機を招くこととなった防穀賠償交渉について検討する。

注

(1) 甲申政変に関する研究は数多くあるが、ここでは田保橋潔『近代日鮮関係の研究 上』朝鮮総督府中枢院、一九四〇年、金容九『壬午軍乱과（と）甲申政変』図書出版원、二〇〇四年のみ挙げておく。甲申政変に関する韓国側の研究や史料紹介については、金容九・河英善共編『韓国外交史研究』나남、一九九六年、김영석・김영수・이항준（イムギョンソク・キムヨンス・イハンジュン）共編『韓国近代外交事典』成均館大学校出版部、二〇一二年を参照。

なお、本章は拙稿「一八八五年の日朝海底電線条約続約締結交渉について」『朝鮮学報』第二三二輯、二〇一四年を若干修正したものである。

(2) 主な資料集として、日本側の逓信省通信局編『朝鮮電信誌』一八九五年（韓国国立中央図書館蔵デジタル資料）、韓国側の電気通信事業八十年史編纂委員会編『電気通信事業八十年史』逓信部、一九六六年がある。そのほか、辛太甲「전신선의 가설문제를 통해서 본 한중관계（電信線の架設問題を通してみた韓中関係）」『考古歴史学誌』五―六号、一九九〇年、金正起「清州支線의（の）電線架設과（と）忠清道東学農民戦争」『湖西文化論叢』第一一輯、一九九七年、同「西路電線（仁川―漢城―義州）의 架設과 反清意識의 形成」『金哲埈博士華甲紀念史学論叢』知識産業社、一九八三年、陳錤洪「韓国逓信史」高麗大学校民族文化研究所編『韓国文化史大系III――科学技術史』第三版、一九八八年、鄭璣千「近代電気通信導入의 思想的背景과 三路電信線의 架設」成均館大学校修士学位論文、一九九五年がある。

辛太甲と金正起の研究は朝清関係の文脈で電線問題を取り扱っており、清国が朝鮮を属国化していく事例として考察した。陳錤洪と鄭璣千は科学技術の導入という側面から電線架設における朝鮮の主体的な対応を考察したうえで、電線架設の経緯を述べた。

日本語の研究としては、岡忠雄『太平洋域に於ける電気通信の国際的瞥見』通信調査会、一九四一年、朝鮮総督府逓信局編『朝鮮通信事業沿革小史』一九一四年などが日朝間の電線架設の経緯や当時の電信設備に関する内容を紹介している。中国語の研究としては林明德『袁世凱與朝鮮』台北：中央研究院近代史研究所、一九七〇年、二二七―二三七頁を参照。

（3）山村義照「朝鮮電信線架設問題と日朝清関係」『日本歴史』第五八七号、一九九七年。

（4）高麗大学校亜細亜問題研究所編『旧韓国外交文書　第一巻　日案1』（以下、『日案』1と略す）高麗大学校出版部、一九六五年、及び鄭喬著・趙珖編『大韓季年史』巻一、소명出版、二〇〇四年参照。鄭喬（一八五六～一九二五）の『大韓季年史』の編纂時期は明らかではないが、一九一四年以後であると推定されている。巻一は高宗の出生から日清戦争までを扱っており、甲申政変について詳細に叙述している。

（5）両条約締結に至るまでの詳細な交渉経緯は市川正明編『日韓外交史料3　甲申政変・天津条約』原書房、一九七九年が詳しい。以下『日韓外交史料』3と記す。

（6）同前、一六八―一八九頁。

（7）井上角五郎（一八六〇～一九三八）は一八八二年慶応義塾を卒業した後、朝鮮に渡航し、翌一八八三年に統理衙門傘下の「博文局」で「漢城旬報」という韓国最初の新聞を発行した。金玉均ら親日派と緊密な関係を持っていた。一八八七年に帰国。ソウルに滞在した時期の記録を『漢城之残夢』春陽堂、一八九一年に残した。

（8）田保橋、前掲『近代日鮮関係の研究　上』一〇五一―一〇五二頁。

（9）朝露密約に関する研究としては、田保橋潔『近代日鮮関係の研究　下』朝鮮総督府中枢部、一九四〇年、崔文衡『韓国을 둘러싼　帝国主義列強의　角逐（韓国をめぐる帝国主義列強の角逐）』知識産業社、二〇〇一年、金鐘憲「슈페이예르와　러시아公使　베베르의　朝鮮内　外交活動（スペイエルとロシア公使ウェーベルの朝鮮内外交活動）――一八八四～一八九四」洪熊活ほか『近代韓露関係――修交와　交渉의　時期　韓露関係』선인、二〇〇八年、具仙姫『韓国近代対清政策史研究』혜안、一九九九年など。

（10）外務省編『日本外交文書　明治年間追補』第一冊、日本国際連合協会、一九六三年、三五二―三八七頁。田保橋、前掲『近代日鮮関係の研究　下』一九―二〇頁。

（11）徐万民著、全洪奭訳『中韓関係史』일조각、二〇〇九年（徐万民『中韓関係史』北京：社会科学文献出版社、一九九六年）九一―九二頁。

(12) 徐万民、前掲『中韓関係史』九二―九七頁。具仙姫、前掲『韓国近代対清政策史研究』一一六―一二六頁。

(13) 朝鮮における電信事業への関心や初期の動向に関しては、陳錤洪、前掲「韓国逓信史」四六一―四九九頁、鄭璣千、前掲「근대전기통신도입의 사상적 배경과 삼로전신선의 가설(近代電気通信導入の思想的背景と三路電信線の架設)」が詳しい。

(14) 逓信省通信局編、前掲『朝鮮電信誌』一八六―一八七頁。

(15) 外務省外交史料館蔵「丁抹国大北電信会社ト海底電線沈架陸揚ニ関スル約定締結一件」第二巻(分類番号2.7.1.1-2)。以下「海底電線約定締結一件」第二巻と表記。

(16) 明治一五年一一月七日大北電信会社のヘンリッキ・ボールが東京にて作成した手記、前掲「海底電線約定締結一件」第二巻。

(17) 前掲「海底電線約定締結一件」第二巻。

(18) 明治一五年一二月二七日付、竹添進一郎弁理公使宛井上馨外務卿内訓、前掲「海底電線約定締結一件」第二巻。

(19) 一八八五年に朝清間の条約の締結によって義州線が設置されると、日本政府はそれを口実としてソウル―釜山間の電線架設を要求し、その線を釜山の日本電線と連結させることを主張した。詳しい内容は次節で述べる。

(20)『日案』1、高宗一九年一二月七日(一八八三年一月一五日)付、李秉文礼曹判書宛竹添公使照会、七二―七三頁。

(21) この草案は本文で前述した竹添公使宛井上内訓案の後ろに続いており、恐らくその内訓案と一緒に竹添に送られたものと推定される。

(22) 電気通信事業八十年史編纂委員会編、前掲『電気通信事業八十年史』七三頁。逓信省通信局編、前掲『朝鮮電信誌』二一頁。

(23) 交渉の内容に関しては、『日案』1、七八―八二頁、逓信省通信局編、前掲『朝鮮電信誌』一九―三八頁を参照。なお、竹添公使と朝鮮側との詳細な協議の様子は、明治一六年二月一四日付井上宛竹添機密信第一三号

「竹添弁理公使ヨリ朝鮮事務報告」JACAR（アジア歴史資料センター）Ref. A03023651600、公文別録・朝鮮事変始末・明治十五年・第七巻・明治十五年（国立公文書館）にも詳しく書かれている。

(24) 詳細は逓信省通信局編、前掲『朝鮮電信誌』二一―二二頁、三二頁。また、後の注26を参照されたい。

(25) 「査自対州至釜山、計日本里数、該海線僅長十里許、為費不多、数年後可獲利、定限十五年、想貴公使不以為少也。再、我国与中国、因巡洋之挙、須設立各種電線、則不在所准年限内、此我国家事、似与外人無渉。特此声明、免滋後議、外附擬稿」（『日案』1、高宗二〇年一月付、竹添公使宛閔泳穆照会、八一―八二頁）。

(26) 朝鮮側は釜山―日本間の官報の電信料金を半額にすることを提案したが、最初日本政府はそれを拒んだ。しかし後ほど大北電信会社へ問い合せたところ、同社から電線設置の期限を延長することと、朝鮮の官報半額の代わりに二〇年間の特許を得られるなら許可するとの返事がきた。日本政府は大北電信会社の望む二〇年間の期限にさらに五年を加え、二五年間を特許期限と定めた条約を朝鮮との間ですでに結んでいた。そのため朝鮮官報の料金を半額にすることにし、それを朝鮮政府にも通報したのである。逓信省通信局編、前掲『朝鮮電信誌』三二頁、『日案』1、八七頁。

(27) 電気通信事業八十年史編纂委員会編、前掲『電気通信事業八十年史』七三頁。陳錤洪、前掲「韓国逓信史」四九三頁。

(28) 詳細な条約文は『旧韓末条約彙纂（一八七六～一九四五）上』韓国国会図書館立法調査局、一九六四年、一七八―一八〇頁、『外文』第一六巻、二九〇頁、逓信省通信局編、前掲『朝鮮電信誌』二六―二九頁を参照。

(29) 注25の『日案』1の引用文を参照。

(30) 陳錤洪、前掲「韓国逓信史」四九四頁。

(31) 電気通信事業八十年史編纂委員会編、前掲『電気通信事業八十年史』三一―三三頁。

(32) 辛太甲、前掲「전신선의 가설문제를 통해서 본 한중관계（電信線の架設問題を通してみた韓中関係）」四三四―四三五頁。

(33) 逓信省通信局編、前掲『朝鮮電信誌』一七七頁。

（34）明治一八年九月二二日付、高平宛金書簡、外務省外交史料館蔵「日韓海底電線条約続約締結一件」（以下「日韓海底電線条約続約締結一件」と表記）第一巻（分類番号2.7.1.6）。史料の内容は、以下のとおりである。
貴国公使竹添云、他日我国若由仁川港至清国烟台上海等地、均係商務緊要之地、設電海底、貴公使若以対抗争利為言、則此約不可成。竹添公使云、此非対抗争利、無所相妨、於是乎允准。継与故督弁閔、合約鈐印。実為竹添公一言之重也。

（35）『承政院日記』高宗二二年九月二三日条。なお、金允植が残した記録によると、壬午軍乱後、外交事務への助言者として清国から朝鮮に派遣された馬建常が、日本の勢力を恐れて朝鮮に日本との電線条約を締結するようにさせたという。金允植『続陰晴史』大韓民国国史編纂委員会編『韓国史料叢書』11、探求堂、一九七一年。ただし、同書は数十年が経ってから金允植が回想して執筆したものであるため、執筆当時の彼の立場が相当反映された可能性も排除できないと考える。

（36）辛太甲、前掲「전신선의 가설문제를 통해서 본 한중관계（電信線の架設問題を通してみた韓中関係）」一四三五頁。

（37）林明徳、前掲『袁世凱與朝鮮』二二七頁。

（38）『承政院日記』高宗二一年一二月二二日条。該当箇所を訳すと次のとおりである。「高宗いわく、「電線は良いものである。そのうえ呉欽差が勧めたことでもあるから設置しないわけにはいかない」。沈舜澤が答えていわく、「電線がよくないわけではないですが、資金を集める方法がないのでそれが心配です」と申し上げると、「大臣たちみんなで相談し合ってから返事せよ」といった」。

（39）『清光緒朝中日交渉史料』巻七、光緒十年十二月二十四日、三二九。

（40）「近来日本曾託大北電報公司安置海線、由該国西北海岸設起、経対馬島以達朝鮮釜山。並聞朝日訂約五条、第一条有陸線承辦字様、第二条有二十五年朝鮮政府不架設与該海陸線路対抗争利之電線、并不准他国政府及会社布設海底電線等語。是朝鮮設電之権利已為日本所侵攘、幸所設止釜山一口、且係水線、尚未展至陸路。若不趕緊代為籌辦、窃恐日本先我為之、将由釜山経達漢城水陸線索盡落他人之手、中高気脈不能霊通。此次因朝王商請、正当迎機善導、為朝鮮保護陸線之権」(『清季外交史料』巻五十八、「直督李鴻章奏請撥疑籌辦朝鮮至奉天電線摺」、光緒十一年五月十二日、十七～十九)。句読点は筆者による。

(41) 辛太甲、前掲「전신선의 가설문제를 통해서 본 한중관계 (電信線の架設問題を通してみた韓中関係)」四三六―四三七頁。義州電線合同に至る過程と、条約の内容とその意味、電線設置に至る過程や実際の運営実態など、義州線(西路電線)全般については、辛太甲前掲論文と、電気通信事業八十年史編纂委員会編、前掲『電気通信事業八十年史』四三一―七〇頁が詳しい。

なお、義州電線合同を本文では便宜上朝清電線条約と表記する。朝清間では「条約」という用語は使わなかったが、ここでは日朝電線条約と比較する意味で便宜上使用した。

(42) 前掲「日韓海底電線条約続約締結一件」第一巻。

(43) ソウル大学校奎章閣所蔵「電案」巻之一(奎章閣図書番号17740)。「電案」は朝鮮統理衙門と清の華電局との往復公文書綴(光緒一一年八月～光緒一八年一二月)である。全八冊。

(44) 明治一八年一月一九日付、三条太政大臣宛佐々木高行工部卿第二号信及び付属書「釜山仁川間海底線架設ノ義ニ付石井電信局長伺」『外文』第一八巻、一四一―一四三頁。

(45) 明治一八年二月二四日付、三条実美太政大臣宛松方正義大蔵卿「大蔵省答申」郵政省編『郵政百年史資料第二巻』吉川弘文館、一九七〇年、三六四―三六五頁。

(46) 明治一八年七月一一日付、井上宛高平機密信第一〇二号『外文』第一八巻、一四四頁。

(47) 高平代理公使は最初、日朝間の電線問題についてそれほど詳しく理解していなかったようである。

(48) 「日韓条約第三条ニ朝鮮郵程司官線ヲ架設――架設ノ架ノ字ニ付彼ハ専ラ陸線ヲ云シモノ、如シト申候ヘトモ是ハ架ノ字ニ拘泥スヘカラス海陸線ヲ含ミタルモノニ有之候――スルトキハ海外ノ電報ハ即チ釜山口日本電信局ト通聯辨理スヘシト有之。然ルニ今京城ヨリ鳳凰城ヘ架線シ清国ノ電線ト接続スルトキハ此線ヲ以テ朝鮮国境外亜細亜ハ勿論欧米各国マテモ通信スルニ至ルカ故ニ即第三条ニ抵触スルモノニ有之、加之右鳳凰城ハ朝鮮国境外ノ地ニ在リ之ニ架線シテ前陳ノ如ク電報ヲ通スルニ於テハ釜山ノ線ハ遂ニ利益ヲ奪ハル、ニ至ルハ必然ノ事ニテ対抗利ヲ争フモノニ付、独リ第三条ニ牴触スルノミナラス第二条ニモ違背スル義ニ有之候間、右架線ノ挙ハ断然拒絶相成、韓清ノ条約ハ廃止セシメ候方至当ト存候」（明治一八年八月一一日付、井上外務卿宛佐々木工部卿送甲第七三〇号『外文』第一八巻、一四七頁）。

(49) 明治一八年八月二一日付、高平朝鮮臨時代理公使宛井上外務卿機密信第八四号『外文』第一八巻、一四八頁。
(50) 『日案』1、高宗二二年八月八日（一八八五年九月一六日）、二六二―二六三頁。
(51) 『日案』1、高宗二二年八月九日（一八八五年九月一七日）、二六三頁。
(52) 『日案』1、高宗二二年八月一二日（一八八五年九月二〇日）、二六五―二六六頁。
(53) 明治一八年九月三〇日付、井上外務卿宛高平機密信第一三八号「電信約定ニ付談判ノ模様報告ノ件」『外文』第一八巻、一五一頁。
(54) 同前。
(55) 同前、一五一―一五二頁。
(56) 『日案』1、高宗二二年八月一八日（一八八五年九月二六日）、二六八―二六九頁。
(57) 『日案』1、高宗二二年八月二六日（一八八五年一〇月四日）、二七二―二七四頁。
(58) 『日案』1、高宗二二年九月一〇日（一八八五年一〇月一七日）、二七九―二八一頁。
(59) 明治一八年一〇月二八日付井上外務卿宛高平公使機密信第一六二号『外文』第一八巻、一五六頁。
(60) アストン関連記録及び高平の意見書はすべて明治一八年九月三〇日付、井上外務卿宛高平機密信第一三八号『外文』一八巻、一五三―一五五頁を参照。
(61) 明治一八年一〇月七日付佐々木工部卿宛井上外務卿書簡『外文』第一八巻、一五五―一五六頁。
(62) Oct. 12, 1885, Takahira to Gaimukio, 前掲「日韓海底電線条約続約締結一件」第一巻。
(63) 同前。
(64) Oct. 12, 1885, Inouye to Takahira, 前掲「日韓海底電線条約続約締結一件」第一巻。
(65) 明治一八年一〇月二八日付、井上宛高平書簡『外文』第一八巻、一五六―一五八頁。

(66) 同前。
(67) 韓国側の資料では「南路電線」と表記されるのでここでもその表記を使用する。
(68) 明治一八年一〇月二八日付、井上宛高平書簡『外文』第一八巻、一五六―一五八頁。
(69) 同前。
(70) Nov. 5, 1885, Inouye to Takahira 英文電信、前掲「日韓海底電線条約続約締結一件」第一巻。
(71) 明治一八年一一月一一日付、高平宛井上機密信第一二二号『外文』第一八巻、一六二―一六三頁。
(72) 以下、本文で記述したこの日の交渉の詳しい内容については、明治一八年一一月一一日付、井上宛高平機密信第一六五号『外文』第一八巻、一六三―一六五頁。
(73) 同前。
(74) 明治一八年一一月一一日付、高平公使宛井上機密信第一二二号『外文』第一八巻、一六三頁。
(75) Nov. 17, 1885, Inouye to Takahira 英文電信、前掲「日韓海底電線条約続約締結一件」第一巻。
(76) "Ask Minister for F.A. the own view of Corean Gov't. with regard to our proposed compromise and if he say that they could not accept it, then you are instructed to let him clearly understand that the telegraph question, having sole concern between Japan and Corea exclusively, Japan can not officially admit China's voice regarding the matter, although at the same time Corea is quite at liberty to consult China privately, and also that if Corea insist upon the construction of Gishiu line without coming to our proposed compromise we cannot but regard such action as infringement upon the Telegraph Convention between Japan and Corea".（同前）
(77) 明治一八年一一月二五日付、井上宛高平機密信第一七四号『外文』第一八巻、一六五―一六六頁、Nov. 29, 1885, Takahira to Gaimukio 英文電信、前掲「日韓海底電線条約続約締結一件」第一巻。
(78) 明治一八年一二月一日付、高平宛井上機密信第一三〇号『外文』第一八巻、一六六―一六七頁。
(79) Dec. 2, 1885, Inouye to Takahira 英文電信、前掲「日韓海底電線条約続約締結一件」第一巻。
(80) 明治一八年一二月三日付、佐々木宛井上私信一三号、前掲「日韓海底電線条約続約締結一件」第一巻。

(81) Dec. 4, 1885, Fukuda to Stone 英文信、前掲「日韓海底電線条約続約締結一件」第一巻。

(82) Dec. 7, 1885, Stone to Nakano 英文信、前掲「日韓海底電線条約続約締結一件」第一巻。なお、ストンと中野がどのような人物であるかについては、今回の調査で判然としなかった。

(83) Dec. 2, 1885, Inouye to Takahira 英文電信、前掲「日韓海底電線条約続約締結一件」第一巻。この電報の一番最後に"...I endeavour to bring the negotiation to speedy conclusion in accordance with my telegram 2 instant because delay may entail us to serious difficulties."とあることから推測できる。

(84) 同前。

(85) この項で叙述した交渉の詳しい内容は、特に断わらない限り、明治一八年一二月二九日付、井上宛高平機密信第一八四号(『外文』第一八巻、一七〇—一七三頁、「続約ニ至ル経過報告ノ件」)を参照した。

(86) 同前、一七一頁。

(87) たとえば、壬午軍乱と甲申政変の後日本と条約を締結する際に、朝鮮側は日本政府の被害「賠償」や「償補」要求条項に対し、「塡補」という用語に変更することを要請し、その主張が認められた。「塡補」とは、足りない部分を補うという意味で、「償」より和らげられた表現なので朝鮮側が変更を要求したのである。

(88) なぜ袁世凱が費用の件を清国政府に頼んだかを知りうる史料は見当たらないが、袁は恐らく日本と朝鮮との間で複雑な外交問題が生じるのを避けようとしたと推測される。そして、日本政府の要求を朝鮮側に呑ませることで朝鮮における清国の影響力をみせて、それを日本側にアピールできるとの計算もあったのではなかろうか。このことは朝鮮に対する清国の「面目」を保つためにも重要であったと考えられる。

(89) 金允植督弁が送った書簡の全文は、前掲「日韓海底電線条約続約締結一件」第一巻。

(90) 同前。

(91) 明治一八年一二月二二日付、井上宛高平機密信第一七七号付属書『外文』第一八巻、一六九頁。

第六章　防穀賠償交渉における日朝戦略

はじめに

本章では、一八八九年に咸鏡道《ハムギョンド》で起こった防穀令事件の損害賠償をめぐって日朝の行った交渉について考察する。(1)

防穀賠償交渉を検討するのは、前章で扱った電線問題とは違って、日本側が依頼した清の調停がうまく機能しなかったからである。日本側の予想が外れた背景には、朝鮮外交のどのような実像があったのか。そしてその後、日朝外交はどのような展開をみせたのだろうか。

防穀令事件は、咸鏡道の趙秉式《チョビョンシク》監司（各道の長官、観察使ともいう）が道内の凶作のため穀物の輸出を禁止する防穀令を発布したことをきっかけに起きた。日本政府は防穀令によって日本人の商人が被害を受けたとし、繰り返し抗議したため禁令は解除されたが、その後日本人商人に対する賠償問題に発展した。賠償金額がなかなか合意に至らないなか、日朝の経済問題から清国を巻き込んだ政治問題へ拡大する。一八九三年にはとうとう朝鮮半島で日清が一触即発の事態となり、翌年に日清戦争が勃発したことから、研究対象として注目を集めてきた(2)。

田保橋潔をはじめ先行研究では、伊藤博文と李鴻章の水面下の交渉によって賠償金額がようやく決まり、衝突の危機が回避された点が注目されてきた。近年の高橋秀直の研究は、そうした伊藤内閣の外交を日清協調路線の流れに位置づけている(3)。

しかし、朝鮮の視点でこの外交交渉をみると、協調の枠内で解決したという結末もさることながら、その過程で日清両国が衝突する危機があったことに目が引かれる。自国の安全を最優先にしてきた朝鮮にとってそれは最も避けたい状況だったはずだからである。にもかかわらずなぜ「危機」が起きたのだろうか。その危機に朝鮮政府はどのように対応しようとしたのか。

それを明らかにするために、本章では従来の研究で看過されがちであった朝鮮の対応、とりわけ朝鮮の東京交渉案と、朝鮮に派遣されていた清の官吏である袁世凱の動向を中心に交渉過程を考察する(4)。そしてそのような朝清関係を日本がどのように認識し、対応していったかに注目しつつ、日朝交渉を検討する。史料としては、朝鮮における袁の立場をさらに詳しく検討するために『養壽園電稿』(5)を、朝鮮側に関しては朝鮮政府の顧問官リゼンドル（Charles W. Le Gendre: 李善得）の個人文書である「リゼンドル文書」(6)のほか、「外務省記録」(7)などを使用し、分析する。

第一節　咸鏡道防穀令事件の概略

1.　防穀令の発令から撤回まで

一八七六年に釜山が開港されると、日本へ多量の穀物が輸出され、朝鮮国内の穀物不足が危惧されるようになった。一八八三年日朝通商章程について交渉する際、朝鮮政府は穀物の輸出を禁ずる防穀令の権限を確保しようと尽力した。その結果、実施する一カ月前に通告しなければならないという条件が付いているものの、防穀令実施条項が一八八三年に批准された(8)。

この実施条項のどこを見ても、防穀令を発布する際、日本側の同意を求めるという規定はなかった。しかし、朝鮮の防穀令は日本人貿易商に影響を与えたため、日本側は防穀令が発令されるたびに作況を調査し、深刻だと認められるときだけ、実施を承認した。日本から抗議されて撤回したこともある。しかし、一八八九年に咸鏡道で発布された防穀令は、凶作かどうかをめぐって咸鏡道の趙秉式監司と日本側が対立し、防穀令事件にまで発展した(9)。

この年の一〇月、趙秉式咸鏡道監司は道内の凶作のため、これより一年間防穀令を実施することを各公館に知らせるよう統理交渉通商事務衙門（以下、統理衙門）に通告した。これを受けて統理衙門の閔種默《ミンジョンムク》督弁は、一〇月一一日（高宗二六年九月一七日）に近藤真鋤代理公使に宛て、朝日通商章程第三七款の規定に基づき、旧暦の一〇月末より元山港で防穀令を実施すると通告した。だが近藤代理公使は、咸鏡道が凶作など聞いたことがないと述べ、直接調査して実施に同意するかどうかを知らせると答えた。調査を終えた近藤代理公使は翌月六日、凶作とみなす根拠が明らかでない以上、防穀を実施することは認められないと回答した。そして翌日、すでに防穀令が実施されていることに抗議し、すぐに禁令を解除するよう要求した。[10] さらに、防穀で生じた損害は朝鮮政府が賠償すべきだという書簡を送った。[11]

この抗議を受けて、統理衙門の閔種默督弁は一一月九日、趙秉式監司に即時大豆売買禁令を解除し、咸鏡道の凶作に関する報告を提出せよと訓令した。[12] しかし、趙秉式はそれに従わなかった。

一方近藤代理公使は、趙秉式が解除を命じられたのに従わなかっただけではなく、穀類の売買を一層厳しく禁じ、違反した者は即時拘束したため、商況が冷え込んでいるという報告を受けた。近藤は直ちに朝鮮政府に連絡を取り、咸鏡道観察使が政府の訓令に背き両国の条約を軽視したので、必ず相応の処分を下すよう要求した。[13] 近藤の要求に従い、閔督弁は防穀令を即時解除せよと二度も命令した。[14] しかしそれでも趙秉式は防穀令を解除しなかった。日本公使は趙秉式の処分を要求する書簡を再度送った。[15]

度重なる日本の抗議と朝鮮政府からの数度の訓令を受けて、趙秉式はようやく一一月四日、各邑（村）に解除令を出したと閔種默督弁に報告した。[16] 統理衙門の訓令を三度も受けた末のことだった。

近藤代理公使は当初から、趙秉式監司が統理衙門の命令に従わなかっただけではなく、両国の条約に違反したから当然相応の処分をすべきと主張した。これに対して閔種默督弁は、早急に解除令を発令させて問題を解決しようとした。しかし、趙秉式はなかなか解除令を出さず、むしろ一層厳しく防穀を施行したので、連日日本領事から被害の報告が届く有様だった。このため近藤代理公使は一二月一九日付で「咸鏡道観察使ヲ速カニ処分セラレ度旨申入ノ件」[17]を閔種默督弁に送り、監司の処分を催促した。閔種默は再び咸鏡監営に訓令を送り、防穀令を解除するよう指示した。こうして趙秉式は解除令を下したのである。

ところが近藤代理公使は、防穀令は解除されたが、趙秉式が条約に違反したことにいかなるお咎めもないことに抗議し、再度趙の処分を催促した。閔種默督弁はすでに解除されたのだから不問に付すようにうながしたが、日本側は強硬であった。閔督弁は監司の処分のような重大な事項は督弁個人で処理できるものではないと答えると、近藤は直接朝鮮国王に訴えようとした[18]。監司の処分は内政問題であったにもかかわらず、近藤は解除を徹底させるには地方官民に絶対的な権力を振るう趙監司を罷免すべきと判断したのである[19]。

日本側の度重なる要求に朝鮮政府はやむを得ず、趙秉式に三等減俸の処分を下した。統理衙門の命令を十分に履行しなかったという理由であった[20]。ところが近藤は、三等減俸は条約違反の罰としてはふさわしくないと抗議したのである。その一方で近藤は、すでに防穀令は完全に解除されたという噂もあること、減俸処分は咸鏡道監司の名誉を損ない、閔督弁によると「遠カラスシテ辞表ヲ見ルニ至ル」ことを報告し、もう決着したとみなしてよいかと青木周蔵外務大臣に問い合わせた[21]。

しかし、日本外務省の意志は固かった。「該監司転職ノ儀ヲ勧告シ、速ニ之ヲ実行セシメ候様可致」という電訓が届いたのである。[22] 監司を処分するために策を講ずるようにという訓令を、青木大臣は三度も出している。日本政府が趙秉式の罷免を強く望んでいたことは明らかである。

日本政府からの度重なる要求を受けて、朝鮮政府は趙秉式を江原道監司に転任させることにした。[23] こうして当面の危機を回避し、その後趙秉式を上職に引き上げる予定であった。江原道監司になった趙秉式は、この年の七月には吏曹判書（官制と人事を担当する「吏曹」の長官）に任じられたからである。[24] 一方日本政府は、監司が罷免されなかったことに不満を表したものの、「該監司ヲ他ニ転任セシメ候上ハ元山貿易ノ障害物ヲ排除スルニ足リ[25]」とみなし、これをもって防穀令事件の決着とした。

2. 賠償交渉への発展

日本側の要求どおり防穀令が解除され、趙秉式が転任処分されると、青木周蔵外務大臣は一八九〇年四月二三日、近藤代理公使に訓令を送り、防穀令事件を終結させる意向を伝えた。[26] これで事件は決着したかにみえた。ところが、一八九一年一二月、日本政府は一八八九年の咸鏡道防穀令事件に関する損害賠償を朝鮮政府に正式に請求した。[27]

終結してから一年半も過ぎた事件について損害賠償を請求した背景には、日本人商人たちの陳情運動があった。元山の貿易商は防穀令の打撃を受けて景気が停滞し、清国商人の後塵を拝する状況だった。日本人商業会議所では防穀令の発布で日本人商人が受けた被害状況と損害額を調査し、朝鮮政府に損害賠償を要求すべしという結論に至った。[28] 商人たちは一八九〇年一二月に元山領事館に訴願書を提出した[29]。

一方、日本外務省では元山港における貿易額が一八八七年以来清商人との競争のせいで減っていると憂慮していたところであった[30]。そうしたなか防穀令事件が起こり、被害を訴える商人たちは事情を説明するために東京へ梶山新介・田中長介両人を派遣したのだった。彼らから事情を聴き、外務省では一八九一年二月下旬、石井菊次郎取調局勤務試補を元山に送った[31]。石井に日本商人が提出した損害賠償書の真偽を調べさせた結果、交渉の開始を決定した。

この時期日本では山県有朋内閣が辞任し、松方正義内閣が成立した。外務大臣も青木周蔵から榎本武揚に代わるなど、外務省官吏の交替が続いて、防穀事件の協議が始まるまでには時間がかかる見通しだった。朝鮮の日本商人は再び代表を東京に派遣して、榎本武揚外務大臣に請願した。その結果、一八九一年九月七日外務大臣より朝鮮の梶山鼎介弁理公使へ協議を始めるよう訓令が伝えられた[32]。

一八九一年一二月七日に朝鮮政府が受け取った損害賠償請求書の内訳は、梶山新介ら元山の商人四〇名が受けた損失額日本銀貨一四万一四四二円二四銭七厘、大塚栄四郎[33]が受けた損失金額日本銀貨五七二六円七銭五厘で、総合計一四万七一六八円三二銭二厘であった[34]。

しかし、日本外務省は防穀令事件を決着済みとしたはずなのに、損害賠償を請求するのは矛盾している。朝鮮政府も「当時同公使〔近藤〕ヨリ「貴政府ニテ斯ク迄重キ御処分相成リタルハ満足ノ至リナリ」トノ挨拶」があったので安心していたのに、「三ヶ年ヲ閲シタル今日ニ及ンテ突然御照会アリシハ実ハ意外ノ事ナリ」と抗議した[35]。

しかし、日本側は「主務官ノ御処分ト損害賠償トハ全ク別物ニテ、該道監司ヲ転任セシメラレタリトテ我商民ノ損害ハ未タ塡補セラレス」と、損害賠償の責任は朝鮮政府にあると主張した[36]。また、事件発生から三年経ってから請求したのも、被害者が多数にのぼり正確な調査に時間がかかったためだと言い逃れ、朝鮮側の抗議を一蹴した[37]。

朝鮮政府は防穀令のせいで損害が発生したことは認めたが、条約に賠償規定がないことと、すでに終結した件をほじくり返したことを挙げて、支払いを拒絶した。しかし、日本が「「咸鏡道監司ガ防穀令ヲ発シ我商民携帯ノ銭物ヲ没収シ、又ハ我商民ト取引シタル朝鮮人ヲ獄ニ下シ、并ニ税銭ヲ強収シタル等ノ件々ヲ証明ス可キ」書類[38]」を示して協議を持ちかけると、朝鮮政府はやむを得ず賠償交渉を受け入れた。

さて今回、最も問題となったのは賠償額であった。日本側は一四万円余を主張したが、朝鮮側は財政難もあって、防穀令実施の際、咸鏡道監司に金品を没収されるなど直接被害にあった人だけに賠償金を支払うという姿勢であった。朝鮮側が正式に日本人商人の被害を認め、賠償金額を提示したのは、一八九一年一二月に交渉が始まってから八カ月が経った一八九二年八月四日のことである。朝鮮の閔種黙督弁は賠償金として総額六万七七四円九〇銭六厘を提示した。これは、日本側が要求した一四万七一六八円三二銭二厘の半分にも及ばない額であった[39]。

もともと梶山弁理公使は事件を早く妥結させるため、賠償額を減らして合意しよう考えていた。しかし、日本外務省は訓令で日本人商人の同意なしに減額に応じてはならないと命じた。いたずらに日数を重ねるよりは、交渉が進むなら減額も考慮すべきだが、その場合も商人の同意を前提とすると強調した[40]。このように日本人商人を気遣い交渉に臨む方針は、榎本武揚外務大臣以後も陸奥宗光外務大臣まで続く。これでは閔督弁の六万円余の賠償案などもってのほかであろう。

賠償額は合意に至らぬまま、時間だけが過ぎた。朝鮮政府は防穀事件の調査委員を現地に派遣することにし、その結果をみてから賠償額の協議に応じると主張した。日本政府は、誰が咸鏡道に派遣されたか密偵に探らせ、調査委員の報告書を入手するなど[41]、賠償交渉に向けて周倒に準備を整えた。

朝鮮で賠償交渉が難航していた頃、一八九二年八月に日本では再び内閣が交替し、伊藤博文内閣が成立した。外務大臣は陸奥宗光に代わった。陸奥外務大臣は賠償交渉を妥結させるため、原敬外務省通商局長を朝鮮に派遣した。陸奥は原に減額と、賠償金の支払いの方法、賠償金の代償について三つ指令を下し[42]、「被害商民ヲ満足セシメ候様談判可被成候」[43]と指示した。そして咸鏡道防穀令事件と黄《ファン》海《ヘ》道《ド》防穀令事件[44]の損害賠償をまとめて交渉するよう訓令した。

しかし、原通商局長が出向いた協議も、朝鮮側があくまで六万円の賠償案を主張したせいで、成果なしに終わった[45]。原は日本に帰国すると、防穀事件処分意見書を陸奥外務大臣に提出した。ここで彼は防穀事件を解決するために、朝鮮国王に上奏してはどうかと述べている。それが不可能なら、朝鮮駐在の日本公使を召還し、その後も交渉に進展がみられなかったら、最後通牒を通告しようという意見を提出した。さらに不足なら、報復措置として軍艦を派遣し、釜山や仁川の税関を差し押さえるよう建議した[46]。原の案がただちに採用されることはなかったが、軍艦の派遣まで視野に入れた強硬な主張が現れたのである。
交渉が難航するなか、日本政府は一二月に梶山公使を召還し、新しい朝鮮公使として大石正巳を任命する。この大石の赴任と彼の強硬な交渉が、袁世凱の介入をもたらし、防穀賠償は経済問題の枠を越えて日本・朝鮮・清国の政治・外交問題に発展していくことになる。

第二節　経済問題から政治問題へ

1．朝鮮側からみた大石の赴任――リゼンドル報告

大石を公使に起用したことに関して、田保橋潔は、民党の攻撃に晒された伊藤内閣による議会対策的な意味を強調したが、高橋秀直は、伊藤博文や井上馨らの強い推挙によるもので、大石の説く日清提携論は伊藤らの主張と軌を一にするものだったという。たしかに、もと自由党員であり、外交官の経験のなかった大石だが、ロシアの朝鮮支配を阻止するため、日本は清や欧州各国と連携・同盟すべきと唱えていた(47)。

だが、大石の起用を朝鮮や清はどのように見ていただろうか(48)。以下では、朝鮮と清国の立場を検討し、大石の派遣が防穀賠償の案件を経済問題から国際的な政治問題へ発展させていった経緯を追う。

大石公使の赴任をどう受け止めたかについて、朝鮮側の史料は管見の限り見当たらないが、一八九二年に済州道《チェジュド》漁採禁止協商（漁業協商）のため東京に派遣されていた朝鮮政府顧問官リゼンドルの報

告書は、朝鮮の考えを知る手がかりを与えてくれる。[49] 宛先は書いていないが、内容からみて趙秉稷《チョビョンジク》督弁に送ったものと推定されるこの文書は、[50] 大石が次の朝鮮駐在公使に任命されたと報告し、大石の赴任が防穀賠償交渉や朝鮮政界に及ぼす影響について、以下のように私見を披瀝している。[51]

リゼンドルはまず、大石は大隈重信の盟友（intimate friend）であると述べた。その大隈は反政府を標榜する改進党のリーダーであり、亡命中の金玉均とも親しい関係にあると強調し、金が改進党の援助を受けて朝鮮政府内の既得権者に戦いを挑むことも可能だと指摘した。大石の赴任により、金玉均が朝鮮政界で勢力を回復する恐れがあると警告したのである。

それとともに、いま一つの注意事項として挙げたのは、大石の赴任を日本の民党が歓迎しているうえ、かなり期待をかけていることであった。大石は目的をかなえるために朝鮮国内でめんどうを惹き起こす可能性もあるとし、それを防ぐには彼を赴任させないほうがよいという。

またリゼンドルは、日本の民党は大石に防穀賠償交渉の解決を期するところがあると指摘した。だからこそ、朝鮮政府は大石が赴任する前に交渉を終結させ、彼がどんな役割も演じられないようにしなければならないのだ。しかし、この件は日本人商人が関わっているだけに、適切で公正な賠償をしなければならない。だから関連書類を送ってくれれば、自分（リゼンドル）が調査して解決できると主張したのである。

さらにリゼンドルは、賠償問題を解決しないうちに大石が赴任することになれば、民党に圧力をかけられている日本政府が、朝鮮に強く迫るだろうと予測もしている。日本はこの問題で戦争を始めることはないだろうが、報復として関税を差し押さえるなどの措置はとるだろうし、そうなれば朝鮮側も日本人商人に対して不買運動をするだろうが、それは主要な関税収入を減らし、歳入の激減に繋がるだろうという。

最後に、「もし私が朝鮮へ行ったら、私がやろうとすることは明らかである」という大石の言葉を引用しながら、彼は朝鮮で改革をもくろんでいると警告した。

リゼンドルの以上の報告を朝鮮政府は相当深刻に受け止めたと思われる。また、大石に対する警戒を説きながら、リゼンドルが賠償問題を調停する意思を示したことに注目しなければならない。彼は賠償問題を解決して済州道漁業協商の失敗を挽回しようとしたわけだが[52]、後述するように、リゼンドルが賠償問題に関与しようとしたことがさらに袁世凱の介入をもたらし、結果的に国際的な政治問題へ発展する一因となったからである。

リゼンドルの報告に朝鮮はいかに反応したのだろうか。まず、アメリカ公使の機密報告書からその様子がうかがえる。一八九二年一二月一八日にハード（Augustine Heard）弁理公使兼総領事がアメリカ本国に送った報告書には、朝鮮側が大石を金玉均の友人と認識し、彼の赴任について憂慮していると記されている。そして高宗がアメリカ公使館に二、三度人を寄こし、今度の大石の赴任にあわせて金玉均が暴動を起こす恐れがあるかと質問してきたとある[53]。不安に思う朝鮮政府の雰囲気をうかがうことができる。

次に、防穀賠償交渉について詳しいフランス側の史料を検討する[54]。一八九三年一月一五日、フランデン（Hippolyte Frandin）公使はパリの外務大臣に送った報告書で、朝鮮政府が大石公使の派遣をめぐり緊張している様子を伝え、その理由として次の二つをあげた(55)。第一に、大石が書いた『日本ノ二大政策』に朝鮮に対する辛辣な批判が含まれているからであった。フランデンはその一部（二七―三一頁）の英訳文を添付したが、前述したリゼンドル報告書にあった大石の引用文とまったく同じ英文なので、フランデンがリゼンドル報告書に接した可能性が高い。たとえば次のような箇所が英訳されている。「世には朝鮮の将に亡びんとするを説く者あれ共、余の見る処を以てすれば既に亡び失せたる者にして、唯他国の未だ之を拾はざるに止るなり。所謂国家を組織せる骨子悉く壊頽して殆んど絶望の地位に在る者と云ふべし(56)」。

第二に、リゼンドルと同様にフランデンも、大石が大隈重信と深い関係があること、その大隈は金玉均と親しいことを報告した。つまり、大石と金玉均もつながりがあるとみなしており、フランデンは朝鮮駐在の日本の官吏たちが政治的陰謀を再び企てると予想したのである。

以上のように、フランデン公使は、朝鮮を蔑視する大石が甲申政変の主謀者である金玉均と関わりがあり、その大石が朝鮮公使に着任することに朝鮮政府が神経質になっていると報告した。フランス公使は朝鮮の政治情勢に一層注意を払うことにした。

朝鮮政府は大石が公使に着任する前から神経を尖らせ、強い警戒感をもって受け止めていたと考えられる(57)。前章で述べたように、甲申政変後、朝鮮政府が最も避けたかったのは朝鮮で再び武力衝突が起こることであった。その主犯であった金玉均と関わりのある人物が新しい公使として赴任するのだから、朝鮮側が警戒心を抱いたことは想像に難くないであろう。しかも朝鮮を蔑視している人物なだけに、警戒心はさらに強まったと思われる。

大石が登場することによって、防穀賠償問題は単なる経済問題にとどまらず、日本の民党と政府の関係や金玉均とも絡み合う、政治問題として認識されるようになったのである。

2．清国の立場——「自主論」への警戒

それでは、清の李鴻章や駐紮朝鮮総理交渉通商事宜の肩書で朝鮮に駐在していた袁世凱は、大石の赴任をどのように捉えていたのだろうか。

袁世凱が李鴻章に送った電報によると、袁は金玉均から今回日本が公使を大石に代えたのは失策であるという内容の書簡を受け取ったといい、それを高宗にも見せようと考えているという[58]。この金玉均の書簡は確認できないが、袁の電報のとおりだとすれば、大石と金玉均は欧米公使館や朝鮮政府が憂慮するような関係ではなく、金玉均と関わりがあるからという理由で袁が今回の大石の派遣に注目したとは考えにくい。彼は大石の主張する「自主論」に大きな関心を寄せていたのである。

清の汪鳳藻駐日公使はかつて、大石が対朝鮮政策としてロシアと連帯し、清国を制御することを主張した人物だと李鴻章に報告し、大石を「喜事者（事件を起こすことを好む人）」のようであると評した。この報告を受けた李は袁に、大石に注意をはらって、彼の行動を抑えるようにと指示した[59]。袁はその翌日に李鴻章に電報を送って、「大石の著書を読むと、各国と連合して清を抑えて朝鮮の自主を

助けようと言っている」と述べ、指示に従うと報告した(60)。さらに袁は別の電報で、

日頃聞くに、日本の新しい公使の大石は、「みずから各国と連合して、朝鮮を扶けて自主とし、永く中国の凌侮を受けないようにさせようとする。中国が遣わした税関員は追い出すべきであり、五国使を遣わすべきである」(61)

と述べていることを強調し、警戒の念を表した。

このように清側は、大石が早くから朝鮮の自主論を唱えてきた点に注目していた。この時点では、防穀賠償問題と関連づけて大石の赴任を捉えていないようだが、大石に対する警戒心は当初から強かったことがわかる。

ただ袁世凱は、日本人の噂からみて、大石をそれほど高く評価する必要はないという姿勢だった。噂によると「大石は言葉だけ誇張しすぎていて実力を有していないし、陸奥宗光外務大臣とも意見がかみ合わない(62)」という。袁世凱はさらにこうも言っている。

日本寄りの勢力が増えたため、朝鮮の自主に関する議論はまた盛りあがるだろう。しかし、前年韋貝《ウェベル》・徳尼《デニー》らが朝鮮の自主を謀ったが、結局はなんの成果もなかった。日本の強さはロシアほどではなく、大石の陰険なることも韋貝らには及ばない。各国もいまだ必ずしも連合を聞き入れて

おらず、無駄に騒ぐだけであって、連合はできないであろう。(63)

このように大石の力量を評価しないところもあった。しかしながら、前述の李鴻章と袁世凱の電報のやりとりからわかるように、清国側は大石が唱える「自主論」が朝鮮を刺激する恐れがあると判断したのである。(64)

つまり、大石は高橋秀直の研究が主張するような日清提携論を唱える協調論者としてではなく、(65)逆に自主論を唱えて朝鮮における清の立場を難しくするような人物と受けとられた。そうした大石への警戒が、袁世凱をして防穀問題に関与させるきっかけとなるのである。

3．大石と趙の会談、袁世凱の介入

大石弁理公使は一八九三年一月に着任すると、早速賠償交渉に取りかかった。(66)一月三一日に初めて協議の場を持ち、続けて二月八日、一五日、二八日、三月一〇日まで五回行ったが、(67)大石と趙秉稷は最初から論戦を繰り広げた。双方の攻防は賠償金額をめぐってさらに激化した。大石公使は利子を含め一七万五〇〇〇円余の賠償額を提示し、回答を要求した。これは前任者の梶山公使が最初に要求した一四万円余をさらに上回る金額であった。趙秉稷督弁は四万七〇〇〇円余が適当だと回答し、詳細を文書にして大石に送った。(68)前任の閔種默督弁が主張した六万円をも下回っている。大石は趙秉稷の文書の受け取りを拒否し、そのまま送り返した。趙は戻ってきた文書を再度大石に送り、大石はそれをまた送り返す。このやりとりが四度も繰り返されたのである。

このように日朝の対立がエスカレートするなか、趙秉稷督弁は督弁を辞職する意向を示し、六回目の会談が予定されていた三月二一日には、趙秉稷督弁が辞表を提出し病気であることを理由に大石の訪問を断っている。

朝鮮政府は賠償問題をどう解決しようか苦慮した。フランデン公使がフランス外務大臣宛てに送った一八九三年三月二一日付の報告書に、日朝の対立の様子が記されている。ここには、朝鮮の官吏が自分の意見を聞きにフランス公使館を訪ねてきたとある。(69) 朝鮮政府はソウルに駐在する各国の公使に相談してまわったようだ。アメリカ公使館の記録にも、日朝の対立について詳しく書かれており、(70) 各国公使館も注目していたことがうかがえる。

大石の赴任と、朝鮮側の四万七〇〇〇円案の提示により、日朝の対立はいっそう深まったが、この金額を考えたのは袁世凱であった。(71) 大石の陸奥宛機密信によると、大石は、趙秉稷督弁の背後にいて賠償案を作っているのはリゼンドルだとにらんでいた。(72) だが袁世凱が李鴻章に宛てて送った三月六日と九日付の電報をみると、賠償案を作成したのは袁世凱であることが確認できる。(73)

袁世凱がこの問題に介入したのは、先にみたとおり、大石の公使就任への警戒心であった。また、朝鮮政府顧問官リゼンドルがこの問題に関わろうとしたことも気にかかっていた。リゼンドルは、大石を警戒し、防穀問題に関する資料をもらえれば、適切な金額で解決できると述べていた。清はリゼンドルが朝鮮へ赴任したころから注視していたが、(74) それは彼が朝鮮の自主論を掲げる可能性があると考えたからであった。

袁世凱からすれば、大石もリゼンドルも朝鮮の「自主」を唱える点では同じだった。袁は二人の実力をそれほど高く評価していたわけではないが、彼らの活躍は抑えなければならなかった。そこで、リゼンドルが賠償交渉を担当したいと言いだし、朝鮮政府に賠償金一〇万円を勧めたのを見て、袁はそれよりはるかに低い金額でこの件は解決できると主張し、リゼンドルを退けたのである[75]。袁世凱が介入した背景にはこのような事情があった。

しかし、袁世凱の介入を朝鮮側は最初から想定していたわけではなかった。第一節でみたとおり、一八八九年に防穀令事件が起きてから賠償交渉が続くあいだ、袁世凱や清国側が関わった形跡はどこにもない。袁世凱が一八九三年になって関与するようになったのは、防穀令の問題が重要だからではなく、自主論を抑える必要があったからである。つまり、朝鮮政府と袁世凱とでは、賠償問題に対する立場が異なっていた。また、袁世凱自身が低額で賠償問題を解決するといって介入した事実も忘れてはならない。だからこそ、後述するように日本側から仲裁の要請を受けて袁世凱の立場は難しくなったのである。

大石と趙秉稷の交渉は完全に行き詰まってしまい、四月二日に大石は陸奥外務大臣に、公使の引揚げと税関の占拠などを含め強硬策を採るよう要請した。だが陸奥は、袁世凱に調停を依頼せよと指示した。朝鮮における清の影響力の強さを認めたうえで、それに依拠して問題の解決を図ろうとしたわけである。たしかに、四月六日の陸奥の指示については、清の影響力を実際のところどの程度のものと認識していたかはなお検討の余地がある。だが、陸奥は、もし袁の調停が不調に終わっても、彼は自分の調停を受けいれなかった朝鮮政府に悪感情をもつようになり、「後日、本件ニ関スル我政府ノ行為上幾分カ清国トノ葛藤ヲ防キ候事」もあると述べている(76)。このように、まずは袁の調停を「上策」として位置づけて、問題解決を図ろうとしたことがうかがえる。

いずれにせよ、すでに水面下では袁の介入によって清も巻き込んでいたが、ここに防穀賠償問題は公然と日本・朝鮮・清国の三国が係わる国際問題として展開することになったといえよう。日朝の経済問題から始まった防穀賠償交渉は、次第に清国まで巻き込んだ三国の国際問題へ発展していった。そのきっかけは、大石が朝鮮公使に任命されたことだった。

4. 微妙な立場

日本が袁世凱に調停を依頼したため、賠償交渉はいっそう国際問題としての性格を強めたが、袁は必然的に難しい立場に立たされることとなった。

第一に、すでに袁世凱は大石と対立する陣営にいた。朝鮮政府に熱心に求められたからではなく、自主論を牽制するために、自らこの交渉に介入したのである。袁は、大石の提示した金額を抑え、朝鮮側が当初了承していた六万円で妥結させようと考えていた(77)。しかしそれは、賠償金を上げたい日本政府と初めから食い違っていた。そして、大石に対しては強硬な態度を取っても構わないと、朝鮮政府にうそぶいていた。そもそも、交渉が暗礁に乗り上げたのは、大石が増額を求めたのに、袁がおそろしく低い賠償額を提示したからである。それにもかかわらず、日本は袁に仲裁を要請するという方策をとったわけである。

第二に、袁世凱といえども朝鮮政府と考えが合致していたわけでは決してない。前述したように、朝鮮政府と袁世凱とはこの問題への向き合い方が異なっていた。朝鮮政府内では、賠償金額の増減をめぐって意見が分かれていた(78)。大石の陸奥宛報告を見よう。

拙官ハ諸方ニ手ヲ廻シテ政府部内ノ内情探偵致候処、趙秉稷・趙秉式・閔應植等ハ日本政府ノ要求ヲ以テ不当トナシ、趙督弁ノ四万余円ヲ以テ賠款ニ充ツヘシトノ説ヲ唱ヘ、且ツ我政府ハ決シテ兵ヲ動カサス、又兵ヲ動カスモ更ニ怖ルヘキ事ナシトシテ、飽迄モ非増額説ヲ主張シ、且ツ拙官ト本件ヲ議スルハ不得策ナレハ、宜シク人ヲ東京ニ派シ之ヲシテ本件ヲ議了セシムヘシトノ意見ニ有之候。之ニ反シテ閔泳達・閔泳韶・閔泳駿（在東京権ノ電報以来説ヲ変シタルモノ、如シ）・金宏集・鄭範朝・趙秉世等ハ日本ハ決シテ前後ヲ顧ミス、不条理ノ要求ヲナスモノニアラサル旨ヲ述ヘ、且ツ事体ノ軽視スヘカラサル点ヨリ今日両国ノ和親ヲ破ルハ両国ノ不利益ナレハ、日本政府ニ議シ其最モ譲与ヲナスノ点ニ於テ妥ニ本件ヲ結了スヘシトノ説ニ有之、五六日来ノ勢寧ロ増額説多数ヲ占メ来ル有様ニ立至リ候(79)。

ここからわかるように、袁とは逆に増額を認めるグループも存在した。彼らは日本との親交を壊すのは得にならないと判断し、日本の要求に応じるべきだと主張したのである。これに対して、減額を主張する官僚たちは、強硬な姿勢を堅持しようとした。大石は同じ報告書でこのような態度の裏面には、リゼンドルやグレートハウス、ロシアやフランスの公使のほか袁世凱の支援があるからだと報告した。

さらに、国王の高宗にしても、最初は袁の提案を喜んだ[80]とはいえ、その強硬な反大石路線にすべて同意したわけではなかった。日本側が四月二九日に入手した情報によると、高宗は閔應植《ミンウンシク》内務督弁に対し、次のように言い聞かせたという。

> 趙秉稷が督弁になった後、日本公使と会うたびに不平を漏らし、彼〔大石〕を難詰した。これは、我々の以前の過ち〔防穀令事件で日本の商人に被害を与えたこと〕を考えず、もっぱら〔防穀令を実施した〕趙秉式の面子だけを考えて賠償金を払おうとしない目論見である。あなたたちは袁世凱に同調して、唇歯の間に紛争を起こしたがっているが〔日朝を対立させたがっているが〕、一体どういう意図なのか。わが国はいま、わざわざ紛争を起こす時期ではない。ただ好意と丁寧な言葉を以て日本公使に謝罪し、以前閔種默督弁が提案した六万円余で幸いに妥結できたら、平和を害することなく親睦を厚くできるので、甚だ幸いであろう[81]。

大石が陸奥外務大臣に宛てた報告にも、高宗は「寧ロ賠償額ヲ増加シテ本件ヲ平和ノ間ニ結了セン事ヲ希望」していたとあった[82]。

袁世凱は、こうした難しい状況で行動しなければならなかった。要するに、日本に調停を依頼されたため、袁世凱自身は微妙な立場におかれることになったのである。さらに、李鴻章をつうじて伊藤博文から仲裁を要請されると、状況はいっそう複雑になる。

第三節　最後通告をめぐる対立と妥協

1．日本からの仲裁の要請

袁世凱は最終的に六万円で賠償金を確定させようとしていた。大石公使は朝鮮政府の背後に袁世凱がいるのではないかと疑ってはいたものの、日本政府の訓令に従い、袁世凱に仲裁を要請した。この際大石が袁世凱に提示した額は九万円であった。しかし、すでに六万円と決めていた袁世凱は、朝鮮政府の最終回答を代弁して、六万円以上は支払えないし、黄海道事件[83]については朝鮮政府に責任がないと言明した。袁世凱の仲裁が何の役にも立たないことを知ると、大石は最後通告を発令するよう陸奥外務大臣に要請した[84]。

こうして賠償交渉はいちだんと深刻な局面を迎える。大石の再三の要請を受け、日本の閣議は一八九三年五月二日、最後通告の期限を二週間後と決定し、翌日その旨大石に伝えた[85]。訓令を受けた大石は四日、朝鮮政府に対し、期限内に返答を求める最後の公文を送った。一方、日本政府は、袁の上官にあたる李鴻章に調停を要請し、賠償案を妥結してほしいと働きかけた。伊藤博文首相が直接李鴻章宛に書簡を送り、より高いレベルで無難に処理することを期待したのである。伊藤は大石が提示した金額を下げ、被害額だけを賠償させ利子を付けない九万円の案を提案した。(86)

伊藤の案を見た李は、五月五日、六万円より上がるが朝鮮政府に受け入れさせるよう袁に指示した。(87)李も袁世凱と同様、朝鮮側が最初に認めた六万円で妥結すべきと考えていたが(88)、伊藤との関係に加え、調停を強く求める荒川己次駐天津領事代理の勧告もあって(89)、賠償金を上げるよう指示したのである。伊藤の提案した九万円と三万円ほどしか違わないため、深刻な対立ではないと判断した可能性もある。李にとって、むしろこの程度の賠償を拒否して余計な紛争を招くほうがはるかに重大であった。

だが、清国の代表として朝鮮に駐在する袁の立場は、必ずしも李鴻章と同じではなかった。李から訓電が届いた翌日（五月六日）に袁は「機会をみて協議を進める」(90)と返事したものの、日本から最後通告が出たあとも、賠償金を上げる努力はそれほどしているようには見えない。むしろ、大石が高宗に謁見するのをやめさせようと画策し、最後通告に対する返答は慎重に考えている様子だった。(91)

一方、大石は最後通告を出して一週間経っても朝鮮側に何の変化もみられなかったため、五月一一日に陸奥外務大臣へ報告した。(92)陸奥はこの電報を受けると天津の荒川領事代理に打電し、李の調停の成り行きを確かめた。(93)日本側の働きかけを受けて、李は再び五月一二日に袁へ電報を打ち、局面を打開させるよう指示を与えた。(94)

李が袁に調停を命じるのは、これで二度目である。しかし、袁は上官である李の命令を積極的に実行に移さなかった。本国にいて指示を出す李鴻章と異なり、朝鮮で対応しなければならない袁は、この問題をどのように認識したのか。まず、一二日に袁が打った電報をみよう。

日本の賠償案〔北道案〕はきわめて不当である。朝鮮は六万円を賠償すると認めているのだ。諸外国の外交使節も、日本の要求はあまりに高いと言って、朝鮮にもっと下げるよう勧めたほどだ。朝鮮は日本人の不当な押しつけを恨み、清国に助けてほしいと願っている。そこで私はひそかに日本案への反論に協力したが、大石はますます理屈がねじ曲がり、返す言葉も無くなってしまった。いま大石は武力で脅しをかけ、あらゆる道理を葬り去ろうとしている。私は心から案じている。しかし、これ以上朝鮮に賠償額を上げるよう勧めては、清国にとって字小〔大国が小国をいたわる〕の体〔体面〕を失うことである。近頃何度も説得を繰り返して朝鮮はようやく一万円上げたくらいなのだ。日本には公使を交替させ、朝鮮には元金を賠償させて妥結をはかるべきと思われる。斟酌のうえ指示されたい。われわれはもっと日本人ににらみを効かせ、下手なことをしたら許さないという強い態度で臨むべきである。(95)

袁は翌日の午前九時、一二時、午後三時半に、一四日にも午後三時半、四時、九時半の三回にわたって李に打電した。(96)

これらの電報から、袁の微妙な立場がうかがえる。李の度重なる指示にもかかわらず、それほど力を入れて朝鮮に増額を勧めなかったのは、宗主国としての体面があったからであった。大石が赴任する前から警戒心を抱いていた朝鮮は、実際に交渉を始めるとその強硬で無礼な態度に強い嫌悪感を抱き、朝鮮駐在の各国公使たちもそれは同様であった。彼らはみな大石の要求が不当であるとみなしていた。袁の調停がうまく進まない原因の一つは、大石に対する朝鮮側の強い反感にあった。だから、なかなか増額に応じなかったのである。次の史料からも袁の気持ちが伝わってくる。

わたくしは宗主国〔原文には「上国」〕の役人なので、賠償金額を上げるよう強いるのは難しい。朝鮮に駐在する西洋人の官員らには非難され、朝鮮側には嫌われるからである。その板挟みになりながら斡旋するのは骨の折れる仕事である。[97]

かかる状況下で「字小の体」を云々しながら朝鮮を庇護する立場の清が、積極的に朝鮮側に増額を勧めるのはきわめて困難だったといわなければならない。しかも、リゼンドルが賠償金は一〇万円ほどで解決すると提案した時、袁はそれに反駁して四万七〇〇〇円を提示したのであった。[98] 内心は六万円で解決しようと考えていた袁が、リゼンドルの提示した案に近い九万円余を賠償せよと勧告することは、どうしてもやりづらいことだったろう。宗主国としての体面を損なうことなく、上司の李から指示された調停をはからねばならない袁は、大変微妙な状況に置かれたのである。

2．会談は東京で

一方で伊藤の依頼を受けた李鴻章からの命令、他方で朝鮮において上国としての面子を保持しなければならない立場。ればならない立場。そうした状況に置かれていた袁にとって、大石が朝鮮国王に無礼な態度をとったのは幸いなことでもあった。そのことが、清の仲裁を超え、交渉の場を東京に移す契機を生み出したからである。

最後通告が発令された五月四日、ちょうど朝鮮を訪問していた川上操六陸軍中将が高宗に謁見したが、大石は同席して防穀賠償案について自説を開陳した。この謁見は賠償交渉とは無関係であったにもかかわらず、大石は交渉の不満を直接高宗に訴えただけではなく、礼服姿ですらなかった(99)。この大石の態度に、高宗は機嫌を損ねた(100)。朝鮮政府は駐日公使権在衡《クォンゼヒョン》に打電し（五月六日）、日本外務省に大石の無礼を問責するよう指示した(101)。翌七日には袁に使者を送り、駐日清公使に日本政府の動静及び、朝鮮に対する意図について随時電報で知らせるよう頼んだ(102)。

大石を相手に交渉することへの嫌悪感が強まりつつあるなか、朝鮮政府は東京で会談し決着をつける方針へ転換する。五月一三日には、大石と交渉を続けてきた趙督弁に代えて南廷哲《ナムチョンチョル》を新しい督弁に任命した(103)。最後通告の期限が迫る時期に担当者を解任し、別の人間を登用すること自体、大石を相手にしないという意思の表れであった。

朝鮮側が大石に強い反感を持っているため、調停の成果を出せなかった袁にとっては、東京で交渉するという案は都合の良いものであった。一三日付の李宛ての電報で袁は、先ほど権公使から届いた電報によると、日本外務省は東京で賠償問題の決着をつけたいという。朝鮮政府は権公使に、〔日本政府が〕大石を叱責するのであれば賠償金を増やしてもよいと日本側へ伝えるよう、すでに命じた。

と報告している。[104] 袁にしてみれば、大石を排除でき、賠償金は増やせる良いチャンスだったに違いない。

一五日、朝鮮政府は再び権に打電した。東京で協議する際の妥協点などを指示したものと思われる。大石が朝鮮政府を侮っているので妥協が困難なこと、朝鮮政府はすでに六万円の賠償金を認めているが日本人商人が気の毒なので七、八〇〇〇円（元）増やせることなどを挙げて、もし日本政府がいくらか増額すべきだというなら、これで妥結をはかろうとする内容である。[105]

権はこの電報を陸奥外務大臣に見せた。陸奥は、大石の無礼と賠償金は別の問題であるという見解を示した。さらに、以前李に提案したとおり元金のみの賠償案を依然として堅持するとともに、ある程度の額をまず支払って、あとで支払期限を延ばすこともできるとつけ加えた。とりあえず、今は大石の出した最後通告の回答期限が二日前に迫っているので、陸奥は

朝鮮政府に電報を送って次のように報告してほしい。すなわち、必ず今日明日中に朝鮮政府から直接大石に返事をするか、あるいは日本駐在朝鮮公使館を通じて日本政府へ連絡をいただきたい[106]

と述べた。

陸奥のこの最後の発言は重要である。朝鮮政府としては前述のとおり、大石を外すことができれば、ある程度まで増額する用意はあった。もし、大石に対してではなく、日本駐在の権公使を通して日本政府に直接返答できるのならば、元金のみの賠償案を現実的な方策と受け入れる可能性は十分あったと思われる。高宗はこの案件を平和的に終結させたいと望んでおり、元金の賠償を南督弁に指示したという記録(107)もこの可能性を裏付ける。

東京で権公使と陸奥が会談した一五日の晩、李鴻章が調停役を退くという情報が日本政府に伝えられた(108)。李は袁から朝鮮政府が東京での協議を準備していると知らされ、そうなれば朝鮮側も増額を認めるだろうと判断したのである(109)。そこで、東京で協議すべきと日本側に勧めるとともに、自分にはこれ以上できることはないという意思を示した。陸奥は、権に対してすでに日本の立場を明らかにしたので、最後通告の回答期限の一七日までは待ってみようと考えたであろう。ただし、望んだような返事を得られなければそれ相応の措置をとる必要があったので、一六日に大石宛てに指示を待つようにと訓令を送った(110)。同時に、陸奥は翌日の一七日に閣僚が全て出席して政府の今後の戦略を決定すべきだという書簡を伊藤にも送ったのである(111)。

東京で協議して妥結を図ろうとする朝鮮政府の計画は、実現の可能性を帯びつつあった。朝鮮政府は、東京からの権公使の報告を待った。だが、陸奥との話しあいを知らせる電報は、一五日の台風の影響で電線が切れてしまったため、朝鮮政府へ届いていなかった(112)。

3．賠償交渉の決着

ここで、最後通告の期限である一七日前夜から妥結に至るまでを、朝鮮側から再構成してみよう。[113] この時点で朝鮮側は、すでに九万円の賠償を覚悟していた。事態が深刻であると考えた大臣たちは、元金の九万円までは払ってよいと決めていた。ただし、朝鮮側からはそれを先に言い出さないことにした。[114] 一六日の夜、南督弁は大石に、駐日公使の権が日本政府と直接協議すると伝えた。しかしこの時、東京ではすでに権と陸奥の会談が終わっていた。朝鮮政府は大石に告げる前に、東京での協議を始めさせていたのである。大石は即座に朝鮮政府の方針に反対し、翌一七日午前に陸奥宛に打電し、権駐日公使との交渉に応じないよう頼んだ。このころ朝鮮側は袁に対し、権公使から返事がなく、大石は東京の交渉を認めようとしないと報告した。袁は状況に応じて回答期限を延ばしてもらうように大石と相談して、権の電報を待つよう朝鮮側にアドバイスした。[115] その日の午前一一時、統理衙門（統署）に大石が到着し、協議が始まった。大石は、朝鮮側に賠償金額を言わせようとしたが、結局は自分から一一万八〇〇〇円（元山分九万八〇〇〇円と黄海道分二万円）はどうかと提案した。期限の今日（一七日）中に明確な返事を求める大石に、南督弁は政府内での議論と王の裁可には時間がかかると言い訳し、翌日の午前七時まで回答期限を延長してもらった。一七日の午後五時頃、朝鮮政府は東京の権公使に打電した。まだ返信が届いていないが、日本政府に反論して会談したのかと質問した。また、日本政府に書簡を送って大石公使を引き揚げないよう請願し、日本外務省と行った会談の様子を即時報告せよとの内容であった。[116] この時点でもまだ、朝鮮政府は電線が切れたため権から電報が届かなかったことを知らなかったのである。ただし、電線が切れた場合は（日本から清を経由してソウルに届く）西線を利用するようにとも指示していた。

翌朝一八日、午前七時の会談で、まだ権から返事がきていなかったため、朝鮮側はさらに大石に賠償金額を一一万円まで下げさせた。しかし、朝鮮側が態度を濁していると判断した大石は、ちょうど一七日の陸奥から届いた訓令[117]のとおりに、もう引き揚げると告げる。南督弁は午後四時まで待つよう懇願した。

おそらく、袁が朝鮮側に日本の要求をのむように勧めたのは、この一八日午前の会談の後だったであろう。午前一〇時に袁が李に宛てて出した電報によると、袁は朝鮮側から、電線が切れて権からの報告を受けられなかったと聞いた。それでも袁は最後まで権の報告を待とうとしたらしく、李鴻章に、伊藤に依頼して大石に静かに待つよう打電してほしいと頼んだ[118]。しかし同日朝八時頃、李は朝鮮側に増額を認めるよう、袁に宛てて指示する電報を打った[119]。李は、日本政府が一七日に大石に引き揚げの訓令を下したという情報に接し、訓電を送ったのである。また、日本政府に対しては、自分が再び調停をするので結果を待つよう伝えた。もし、日本側が報復措置として朝鮮に軍艦を派遣するならば、清も軍艦を派遣するという言葉も忘れなかった。

李から増額を命じられた袁は、やむなく態度を変え、朝鮮側に大石の案をのませるほかなかった。午後三時に李に宛てて、「厳しく叱責したり宥めたりしながら、方法を講ずる」と報告しており、その変化がうかがえるであろう[120]。

袁の勧告がなかったとしても、ここまでくるともはや朝鮮に選択の余地はなかっただろう。もし一五日に権から電報を受けることができていたら、大石を外して日本政府に直接返事をしたはずだった。九万円を支払う方針はすでに決まっていたわけだから、日本側と妥協する可能性は十分あったのである。しかし、権の電報を受けることができず、回答期限が過ぎたいまとなっては、もはや妥協の機会を逸してしまった。しかも、日本に強硬姿勢をとるべきだと主張し続けてきた袁が、一転して朝鮮政府に増額を勧めだしたのである。つまり、たとえ紛争が起こっても清の支援は期待できないことを意味した。朝鮮政府はやむなく一一万円の賠償を認め、大石に提示するほかなかった。

一八日午後五時、朝鮮側は大石に一一万円を賠償すると答えた。しかし大石は、支払方法などを朝鮮側が明示しなかったことを理由に、翌日ソウルから引き揚げると表明した。南は困惑し、明日一二時まで待ってほしいと再び頼んだ。一九日午後二時半、南督弁から支払方法を書いた文書が届き、大石は日本政府に許可の可否を電報で尋ねた。陸奥から承認の電信が届き、交渉はここに終結した。こうして日清両国が軍艦派遣に及ぶ危機もようやく回避できたのである(121)。

結局のところ袁世凱は、日本の要求を受けいれるよう朝鮮に勧告する役割を担うはめになった。日本に強硬に対応せよと主張してきた袁世凱の変化は、袁世凱に追随した朝鮮側の者たちはもちろん、高宗を激高させるのに十分だった。

上〔高宗〕ハ厳旨ヲ下シテ曰ク、汝等我ニ教ユルニ日人ヲ斥退シ不報賠償ス、若シ釁端アリトモ上国ノ来リテ助之意袁世凱ノ堅約明白ナリト云ヒ、数十回奏達セシニ、方ニ今日公使一筵ノ後ニ如是携弐ス。汝等ノ做事何ゾ。可不論罪ヤ。然レトモ賠償一款ハ汝等担当シ趙秉式ヲシテ出サシムベシ。政府ハ更ニ不言此等事ト仰セラル、ニヨリ、園台及ビ督弁ハ撫胸頓足シテ退去セシトナリ。[122]

高宗は袁が当初、賠償の要求に応じてはならない、もし紛争が起きれば支援すると約束していたにもかかわらず、前言をひるがえしたとして怒りを露わにした。そして、賠償金は趙秉式個人に払わせるよう指示し、政府はこれ以上賠償問題には関わらないことを表明したのである。

おわりに

以上、防穀賠償交渉の妥結に至るまでの過程を袁世凱と朝鮮側の立場を中心に検討した。まず、日朝間の調停にあたった袁の立場・活動に焦点をあてることで、清の朝鮮に対する影響力の実像を明らかにした。袁は宗主国としての地位や実際的支配力を行使しようとしたにもかかわらず、必ずしも思いどおりに朝鮮側を動かせたわけではないという、宗属関係の現実の一断面を提示した。

そして、賠償交渉の最終段階における朝鮮側の動向を検討した。大石を外した交渉案は最初から朝鮮側の構想であったと思われるが[123]、このような朝鮮政府と権公使との電報のやり取りは、筆者が初めて紹介するものである。これによって従来の研究では詳しく扱われることのなかった朝鮮側の対応、とりわけ東京交渉案の実態が明らかにされたと考える。

以上の諸点を踏まえつつ、最後にこの防穀賠償交渉の持つ意味について考えてみたい。伊藤内閣が清側に仲裁を依頼したことは、朝鮮における清の影響力を認めたうえで、それを利用して交渉を妥結させるためであった。しかしながら、日本の依頼により影響力を行使して賠償金の増額を呑ませるのは、朝鮮における清の威信を傷つけかねないことでもあった。ここに袁世凱の微妙な立場が生じたわけである。

一方、朝鮮にとって防穀賠償問題は緊急の政治的課題であったため、袁と必ずしも一致した見解を持っていたわけでもなく、独自の対応策を模索しつつあった。そうしたなかで、袁と朝鮮側の異なる立場がもたらした微妙なズレが、日本側が期待した結果に繋がらない要因となった。その現実に直面した伊藤内閣が最終的に取った選択肢が、最後通告だった。日本側の予想が外れた結果、この微妙なズレを乗り越えるために残された唯一の選択肢が強硬手段だったのである。換言すれば、朝鮮に対する清の宗主権の実態を日本が明確に把握していなかった結果として、日本の対応がエスカレートしたのであった。

袁世凱といえども朝鮮において随意に振る舞えたわけではなく、宗主国としての体面の保持に腐心せざるをえなかった。その一環として防穀賠償問題にも介入したのであるが、そうした不断の苦心によって維持されたのが宗属関係だったのかもしれない。防穀賠償交渉は、日本側がこうした朝清関係の一面を次第に理解していく契機を与えた。時には清国に頼りながらも、時には袁世凱とは異なる方針を展開した朝鮮の戦略的な事大主義政策は、朝鮮に対する清国の力を戦略的に利用しようとする日本側に、その力の限界を認識させることとなった。賠償交渉の妥結から一年後に勃発した日清戦争は、このような一八九三年の日朝清関係の延長線上でみることができると考える。

注

（1） この章の第一節の防穀令事件の概略は、拙稿「함경도방곡령사건（1889–1893년）과 조선에서의 일본의 세력확대（咸鏡道防穀令事件と朝鮮における日本の勢力拡大）」梨花女子大学校修士論文、二〇〇二年の一部を修正・加筆したものである。第二・三節は拙稿「防穀賠償交渉（一八九三年）における日清韓関係」『中国研究月報』第六三巻第六号、二〇〇九年の内容を修正・加筆したものである。

（2） 防穀令事件に関する先行研究として、田保橋潔「朝鮮国防穀賠償事件」『近代日鮮関係の研究　下』朝鮮総督府中枢院、一九四〇年、唐沢たけ子「防穀令事件」『朝鮮史研究会論文集』第六集、一九六九年、吉野誠「朝鮮開国後の穀物輸出について」『朝鮮史研究会論文集』第一二集、一九七五年、同「李朝末期における米穀輸出の展開と防穀令」『朝鮮史研究会論文集』第一五集、一九七八年、同「開港期の穀物貿易――仁川における防穀令事件を中心に」中村哲・安秉直編『近代朝鮮工業化の研究』日本評論社、一九九三年、同「咸鏡道防穀令事件――賠償請求案の検討」『東海大学紀要文学部』第六六輯、一九九六年、同「咸鏡道防穀令事件――事件の発生」『朝鮮文化研究』五号、一九九八年、同「防穀令事件の外交交渉――賠償請求から大石・趙交渉の停頓まで」『東海大学紀要文学部』第八八輯、二〇〇七年、同「防穀令事件の外交交渉――最後通告から妥結まで」『東海大学紀要文学部』第一〇〇輯、二〇一三年、高橋秀直「防穀令事件と伊藤内閣」朝尾直弘教授退官記念会編『日本国家の史的特質　近世・近代』思文閣、一九九五年（後に同『日清戦争への道』東京創元

社、一九九五年に再録）、金敬泰「갑오 이전 방곡령사건과 일본의 부당배상요구（甲午以前防穀令事件と日本の不当賠償要求）」『韓国近代経済史研究』創作과 批評社、一九九四年、権錫奉「防穀索賠妥結에 있어서의 청측개입（防穀索賠妥結における清側介入）」『中央史論』六集、一九八九年、崔碩莞「제국의회개설기의 청일협조문제（1890–1893）（帝国議会開設期の清日協調問題（一八九〇～一八九三））」『日本歴史研究』一二輯、二〇〇〇年、林明徳「「防穀令事件」的処理」『袁世凱與朝鮮』台北：中央研究院近代史研究所、一九七〇年などがある。

（3）高橋、前掲「防穀令事件と伊藤内閣」、田保橋、前掲「朝鮮国防穀賠償事件」。

（4）権錫奉と林明徳は、清が積極的に介入した結果交渉が妥結したと評価するものの、宗主国としての体面の保持、大石駐朝公使に対する朝鮮側の嫌悪感のために袁が増額の勧告を躊躇したとも述べている。しかし、宗主国としての清の動向を分析する際には、朝鮮側の対応をあわせて検討することが求められる。そうして初めて朝鮮に対する清国の影響力や、宗属「関係」の具体的な様相も判明するものと考える。

（5）沈祖憲輯録『養壽園電稿』台北：文海出版社、一九六六年。なお、『養壽園電稿』は、沈雲龍主編『袁世凱史料彙刊』（文海出版社、一九六六年）シリーズの三巻目の史料である。

（6）*Letter books, Correspondence and Memoranda: The Papers of Charles W. Le Gendre*, Jan. 11, 1893（米国議会図書館所蔵）. 以下、「リゼンドル文書」と略す。Le Gendre（1830–1899）は米国の軍人、外交家である。一八七二年に明治政府の顧問となり、台湾問題や対清外交に携わった。一八九〇年には朝鮮に渡り、朝鮮政府の協弁内務府事として起用された。

（7）外務省外交史料館蔵「韓国ニ於テ米穀輸出禁止一件」第七巻（分類番号 3.5.2.60）。以下、「米穀輸出禁止一件」と略す。

（8）一八八三年に締結された「在朝鮮国日本人民通商章程」第四二款は、通商章程及び海関税則を定めたものである。同通商章程第三七款は朝鮮政府の防穀実施権限を規定している。

（9）防穀令事件の経緯については、吉野、前掲「咸鏡道防穀令事件——事件の発生」が詳しい。田保橋、前掲

「朝鮮国防穀賠償事件」の防穀令発令の経緯における見解の間違いを指摘している点も注目に値する。

(10) 吉野、前掲「咸鏡道防穀令事件——事件の発生」五九頁の説明によると、朝鮮側が日本に通知した防穀令とは、元山港における「輸出禁止」令であり、咸鏡道内の穀物の乱売を禁止する防穀はすでに実施されていた。道内の防穀令の場合、朝鮮人民が対象のため、通商章程とは関係ないというのが趙秉式の立場であったという。近藤代理公使が「すでに防穀が実施されている」と抗議したのは、この道内の防穀令のことだった。近藤は、その禁令が朝鮮商民を対象にしていても、日朝修好条規第九款の自由貿易の規定に反すると抗議したのである。

(11) 明治二二年一一月一一日付、大隈重信外務大臣宛近藤真鋤代理公使報告『日本外交文書』(以下、『外文』)第二二巻、四〇五—四一一頁。

(12) 前掲『外文』第二二巻、四一〇—四一一頁。

(13) 明治二二年一二月八日付、青木周蔵外務大臣宛近藤代理公使報告『外文』第二二巻、四一二—四一三頁。

(14) 一二月八日に日本公使の要求に従い解禁令を送ったが、依然として実効がなかったので、一三日再び日本側は強硬に要求した。それで閔種默督弁は一五日に二回目の解禁令を咸鏡官営に送った(『外文』第二二巻、四一四—四一八頁)。

(15) 明治二二年一二月一九日付、閔督弁宛近藤代理公使書簡『外文』第二二巻、四二三—四二四頁。

(16) 明治二三年一月六日付、近藤代理公使宛閔督弁書簡『外文』第二三巻、二一三頁。

(17) 前掲『外文』第二二巻、四二三—四二四頁。

(18) 明治二三年一月八日付、閔督弁宛近藤代理公使書簡『外文』第二三巻、二一三—二一四頁。

(19) 明治二三年一月二七日付、青木外務大臣宛近藤代理公使報告『外文』第二三巻、二一六—二一八頁。

(20) 『承政院日記』高宗二七年一月七日条。

(21) 明治二三年一月三〇日付、青木外務大臣宛近藤代理公使報告『外文』第二三巻、二一八—二二〇頁。

(22) 明治二三年二月四日付、青木外務大臣宛近藤代理公使報告『外文』第二三巻、二二一頁。

(23) 『承政院日記』高宗二七年閏二月二九日条。

(24)『承政院日記』高宗二七年六月一二日条。
(25)明治二三年四月二二日付、青木外務大臣宛近藤代理公使報告『外文』第二三巻、二四七―二五〇頁。
(26)明治二三年四月二三日付、近藤代理公使宛青木外務大臣「防穀事件ニ付咸鏡道監司江原道監司ニ左遷セラレタル旨電報アリタルニ付本件終結ト看做スベキ旨訓達ノ件」『外文』第二三巻、二五五頁。
(27)明治二四年一二月七日付、閔督弁宛梶山鼎介弁理公使書簡『外文』第二五巻、二九四―二九五頁。なお、一八九一年の賠償請求から日朝間の賠償交渉に至る詳しい経緯については、吉野、前掲「防穀令事件の外交交渉――賠償請求から大石・趙交渉の停頓まで」を参照。
(28)高尾新右衛門編『元山発展史』(影印本)、景仁文化社、一九八九年、一四〇頁。
(29)明治二五年九月二六日付、原敬外務省通商局長宛陸奥宗光外務大臣訓令付属書「防穀事件覚書」『外文』第二五巻、三五四―三六三頁。以下この部分を引用する時には「防穀事件覚書」と略す。
(30)明治二一年六月一日付、釜山、仁川、元山、京城在勤各領事宛青木周蔵外務大臣訓令『外文』第二一巻、二四六―二五一頁。特に一八八八年以来日本外務省では各領事館から清の商人との競争により日本の商権が縮小していると報告が続いたため、その対策に力を注いだ。
(31)前掲「防穀事件覚書」『外文』第二五巻、三五六―三五七頁。
(32)以上元山居留日本商人の請願により、交渉を始めると決定するまでの過程については、高尾新右衛門編、前掲『元山発展史』一三九―一四二頁。
(33)大塚が係わっていた防穀令事件は咸鏡道北部防穀令事件といわれる。これは前述した趙秉式の防穀令が咸鏡道南部を対象としたのとは区別される。咸鏡道北部地方は咸鏡道監司ではなく、按撫使の管轄下にあった。大塚はこの地域(吉州・明川)を行商し大豆の買付を行ったが、咸鏡道按撫使による防穀令発令のため、買い取った大豆を搬出できなくなった。この事件が起こったのは一八八九年八月初旬であり、咸鏡道(南部)防穀令事件が起こる前のことだった。大塚は元山に戻り、領事館に訴えると、元山領事館は元山監理の公文を発給させた。大塚はその公文を代理人に与えて咸鏡道地方に行かせたが、今度は通行を禁止され、帰らざるを得なくなった。そこで大塚は、一八九〇年五月三一日に損害と利子代金の合計六〇〇〇〇円の賠償を該按撫使に要求するよう元山領事館に訴えたのである。領事館から報告を受けた梶山公使はこれを防穀のためと考え、咸鏡道(南部)防穀令事件とともに賠償要求をするのが妥当だと判断し、一八九一年七月四日に外務大臣に伝えた。その結果、咸鏡道防穀令事件の損害分と一括して朝鮮政府に賠償を要求することになった(前掲「防穀事件覚書」『外文』第二五巻)。

(34) 損害賠償請求書の内訳については、明治二五年一月二〇日付、榎本武揚外務大臣宛梶山鼎介弁理公使報告別紙一・二『外文』第二五巻、二九五―二九六頁。

(35) 同前報告付記付属二『外文』第二五巻、二九七頁。

(36) 同前、二九八頁。

(37) 同前。

(38) 明治二五年二月二五日付、榎本外務大臣宛梶山弁理公使報告『外文』第二五巻、三〇〇頁。

(39) 明治二五年八月四日付、梶山弁理公使宛閔督弁書簡『外文』第二五巻、三三七―三三八頁。

(40) 明治二五年五月五日付、榎本外務大臣宛梶山弁理公使報告『外文』第二五巻、三一三―三一四頁。

(41) 明治二五年八月二九日付、陸奥宗光外務大臣宛梶山弁理公使機密書簡『外文』第二五巻、三四三―三四六頁。

(42) 朝鮮の財政事情では賠償金の支払いが困難であると考えた陸奥は、若干の減額案を考慮するよう指示した。しかし、朝鮮側の主張する六万円以上はもらうべきと強調した。賠償金の支払いに関しては、朝鮮の財政上一括支払は不可能だから、毎年いくらずつ納付させることにするかを協議するよう指令した。三番目の指令は財政的に賠償金の支払いが到底無理な場合、その代償として被害商民のほしい物とは何かを調査し、それを要求しろという内容であった。明治二五年九月二六日付、原敬外務省通商局長宛陸奥宗光外務大臣訓令『外文』第二五巻、三五二―三五四頁。

(43) 同前、三五四頁。

(44) 損害賠償が請求された黄海道防穀令事件は次の二件である。以下は前掲「防穀事件覚書」『外文』第二五巻、三五七―三五八頁による。

①一八八九年五月、黄海道金川・助浦地方で大豆と栗等を購入し運送しようとした仁川居留日本商人磯部と石井は、黄海道監司の防穀令実施のため、運送を禁じられた。この防穀令は日本公使の抗議により解除されたが、これら二名の商人の雇用主が損害額八七七円四五銭七厘の賠償を要求した。

②一八八九年九月、二人の日本商人が穀物買付のため黄海道と平安道に赴いた。この二人は一八九〇年三月の黄海道監司の防穀令により、買付けた穀物が輸出できなくなった。彼らは仁川領事に訴え、近藤公使を通じて統理衙門に防穀の解除を要請した。その結果、防穀は解除されたが、該地方官が各種の方策をとって、穀物の運送輸出を禁止したので、二人の商人は被害を受けたのである。一八九一年四月一日、彼らは損害額合計八万一三三四円三六銭三厘及びこの損害賠償要求書の提出日から要求金を受ける日までの利子を朝鮮政府が賠償することを要求した。日本外務省はそのうち六万九四六九円二八銭九厘を損害額として認めて朝鮮政府に請求した。

(45) 原敬の朝鮮における活動を紹介した最近の韓国語論文として、김영숙（金ヨンスク）「외무성 통상국장 하라 다카시（原敬）의 조선출장과 외교활동（外務省通商局長原敬の朝鮮出張と外交活動）」『日本学報』七四号、二〇〇八年がある。

(46) 明治二五年一一月九日付、陸奥外務大臣宛原通商局長意見書『外文』第二五巻、三六七―三七〇頁。

(47) 大澤博明「明治前期の朝鮮政策と統合力」『年報政治学一九九八・日本外交におけるアジア主義』岩波書店、一九九九年、八五頁。大石正巳『富強策』博文堂、一八九一年。

(48) なお、大石派遣に関する日本政府の意図については、大澤、前掲「明治前期の朝鮮政策と統合力」、高橋、前掲「防穀令事件と伊藤内閣」の指摘によると、政府の日清協調論の一環として説明されている。一方、大石が日本国内にいると問題を起こしかねないので、朝鮮公使として派遣したという説もある（Spencer J. Palmer ed. *Korean-American Relations, vol. II*, University of California Press, 1963, p. 283）。また、大石自身によると自ら「買って出た」という（安岡昭男「駐韓公使大石正己と防穀賠償交渉」『土佐史談』第二三四号、二〇〇七年、大石正巳「買って出た韓国公使」東京朝日新聞社政治部編『その頃を語る』東京朝日新聞発行所、一九二八年。なお、安岡論文は大石の墓碑名に従い、「大石正己」と記している)。大石派遣をめぐる日本側の立場については別の機会に論じたい。

(49) 朝鮮政府顧問としてのリゼンドルに関する先駆的な研究は、金賢淑「한말고문관 李善得（C. W. Le Gendre）의 근대화정책과 황권수호활동（韓末顧問官李善得（C. W. Le Gendre）の近代化政策と皇権守護活動）」韓国政治外交史学会『旧韓末顧問官研究』二〇〇一年二月二八日発表資料である。本章はこの論文から大変示唆を受けた。

(50) 金賢淑「대한제국기 미국인 고문관 문서조사와 해제（大韓帝国期米国人顧問官文書調査と解題）」『美国所在韓国史資料調査報告Ⅳ』国史編纂委員会、二〇〇四年、三九頁。

(51) 以下本文の内容は前掲「リゼンドル文書」による。この報告書は一八九三年一月一一日付の全六七頁にわたる手書きのものである。"What was stated in the letter cited above has been verified by the events that took place after the date of the letter..."と始まることから、ある書信の内容に関する報告書と思われる。全体を概観すると、日本国会（帝国議会）における野党の政府批判と、それを抑えるために日本政府がとった朝鮮政策、その一環として大石公使の起用及び賠償交渉問題が述べられている。その外、漁業協商に関する記述もみられる。本文で紹介した内容を含め原文の一部を紹介すると、以下のとおりである（判読不可の文字は＝＝＝と表示）。

（前略）Mr. Mutsu, Minister of Foreign affairs has been and is endeavouring to silence the opposition party in the Corean matters. But the present Japanese Cabinet seems as if desirous to make a certain compromise with the opposition party. Some influential members of the Government, whose power Mr. Mutsu could not overcome, recommended the appointment of Mr. Oishi to the post of the Japanese Minister Resident to Corea, not out of ill will against Corea, but as a sort of compromise with the opposition party, whose growing power commences to be feared by the Government. Now, Mr. Oishi is an intimate friend of Count Okuma, who is the leader of Kaishinto, and Kaishinto is the party that is most vehement in opposing the present Japanese Government. Mr. Mutsu says that although Oishi was appointed to the post of Japanese Minister Resident in Corea by the recommendation of some of his colleagues, yet he is under the control of him (Mr. Mutsu), and that he (Mr. Mutsu) will not allow Oishi to act according to his own inclinations or will. And Mr. Mutsu is very friendly towards Corea. Nevertheless, when we consider that Mr. Oishi is an intimate friend of Count Okuma, who is the leader of Kaishinto, a party in opposition with Japanese Government, and that Kim Ok Kuin is on very friendly terms with Count Okuma, the appointment of Oishi to the post of Japanese Minister Resident in Corea furnishes us with a great subject to be thought upon. For, this fact shows how Kim Ok Kuin, being on friendly terms with the opposition party in Japan, can direct, through the help of that party, terrible blows against the men who are vested with power in the Government of Corea, because his actions will be in conformity with the ordinary course of international intercourse, so that the laws of Japan, under which he found his refuge, can not find fault with him, nor is he within the reach of the Corean Government.

Well, then, how shall we deal with the case? Those who, in the opposition party, applaud Oishi's appointment to his present post, argue that owing to the procrastination in the part of the Corean Government in the negotiations about the settlement of the Corn Export Stoppage case, the friendly feelings between Corea and Japan is slackening gradually; that it requires an able person to settle the question, and that Mr. Oishi has a good knowledge of the state of affairs in Corea----a fact sufficiently === in the book he has recently published----, so that he is best qualified to take the positon of Japanese Minister Resident in Corea. Moreover they say that they expect great things from Oishi in Corea, and that he will bring about internal complications in Corea as a means of accomplishing his purpose. In this position our best plan would be to take steps to prevent him to accomplish his purpose. This may be done either to refuse to receive him as Minister to Corea, or, if this can not be done and he comes here as Minister, to withdraw from him any opportunity to do us harm. As our reason for refusing to receive him as Minister at this Court, we might argue that he has insulted Corea in general and Prima Min & others in the book he recently published. To quote, now, a few passages from his book : ... (以下引用文は省略) <See Nippon no Ni Dai Sei Saku, "The Two

Great Political Measures of Japan" by Oishi Masami, pp. 17–31>

If steps for preventing Oishi to come to Corea are to be taken, they should be taken before he leaves Japan. He will, it is said, leave Japan for Corea on the 28th day this month. The business should therefore be transacted by telegraph.

If the Government desires to take that step, Vice President Le would, if so instructed, tell them how to proceed. After Oishi is arrived at his post of duty, it would be difficult to have the Government of Japan, ----a nation so proud as it is ----, recall him back. （中略）

Now, the best thing that the Japanese opposition party are expecting in Oishi is the settlement of the Corn Export Stoppage case. Therefore the Corean Government should settle this case before Oishi comes here, leaving him nothing to do in this case, - but this not according to the demands of the Japanese merchants, if their demands are found unjust, but according to the requirements of right and justice, which is all that Mr. Mutsu requests. For this purpose all the documents concerning the Corn Export Stoppage case should be sent to Vice-Presidents Le and Great with instructions to examine them, and to see one of the agents of the claimants who is in Seoul, and to give their joint opinions on the merits of the case, and settle the question at once if possible. There are other reasons why this case should be speedily settled. If the settlement of the case be delayed, not only nothing will be gained thereby, but it may do us harm. Mr. Hayashi, Japanese Vice Minister of Foreign Affairs once said to Vice-President Le that when Oishi comes to Corea, the Japanese Government will press their merchants' claim on the Corean Government, for in the presence of the opposition party who are watchful for every mismanagement of the Government, the Japanese Government find it impossible to === to further delays on the question to meet with the desires of the Corean Government. Japan will certainly not resort to war measure. But she may instruct her merchants in Corea to pay their export and import taxes to their Consuls in Corea till a sufficient amount of money will have been collected to liquidate the claims of the Japanese merchants. As a retaliating measure, Corea could, of course, then direct her people not to buy anything from Japanese. But this would bring about discussions and disorder, greatly injurious the Corean Japanese trade, and if this trade be injured and decline, the Corean Government will loose a large part of their customs revenue, for the large portion of the Customs Revenue is the outcome of the Corean Japanese trade, and the customs form a large portion of the yearly revenue of the Government.

One thing should be said here concerning Oishi. He is reported to have said to a certain gentleman, “If I go to Corea, all that I shall do will be plain and right. My plain conduct === will === the suspicious === by those who have read my book, as the wind scatters the dusts.” If such be the case, then perhaps, Oishi may not have in view anything else but the introduction in Corea of reforms according to his own ideas. If so, no harm is to be apprehended from him; for then it will be only necessary for us only to remind him that he is merely a Minister of his country sent here for the transaction of international affairs between the two countries, and that he can not be allowed to meddle with the domestic affairs of the Kingdom; and should he still persist in his endeavors to interfere with our internal affairs, we would then apply to his Government to recall him back.（後略）

（52） 光緒一九年一月二八日上午一一点（一八九三年三月一六日午前一一時）付、李鴻章宛袁世凱電報、前掲『養壽園電稿』（以下もすべて李宛の袁電報なので、日付と『養壽園電稿』とだけ記す）七二頁。明治期外交資料研究会編『日清講和関係調書集』第四巻、クレス出版、一九九四年、三一五頁。なお、注49で取り上げた金賢淑論文にも同じ見解が示されている（一一三頁）。

（53） Palmer, *Korean-American Relations, vol. II*, pp. 279–283. 続けて一八九三年三月二七日付報告では、大石公使が多額の賠償金を求め、粘り強く交渉を行うので、朝鮮側の不安や緊張状態が一層顕著となっていたと伝えた（*Ibid.*, pp. 283–284）。

（54） 国史編纂委員会編『韓国近代史資料集成16　프랑스외무부문서（フランス外務部文書）6　朝鮮V　1893–1894』国史編纂委員会、二〇〇七年。この資料はフランス外務部所蔵史料の *Correspondance Politique (1888–1896), Corée Tome 5 (1893–1894)* の原文と韓国語訳を一緒に収録したものである。以下『フランス外務部文書』

6と記す。
(55) 前掲書、一八―二一頁。仏語原文は二八三―二八八頁。
(56) 大石正巳『日本之二大政策』青木嵩山堂、一八九二年、一七頁。句読点は筆者による。
(57) 大澤、前掲「明治前期の朝鮮政府と統合力」八五頁には「朝鮮は大石と金玉均とのかかわりに恐怖心を以てその赴任を迎えるという事態となった」と書いている。
(58) 「再又接金玉均来書、仍以交換失計為設、擬只送示韓王、不予答書」。光緒一八年一一月八日（一八九二年一二月二六日）『養壽園電稿』五六―五七頁。
(59) 光緒一八年一二月五日（一八九三年一月二二日）付、寄朝鮮袁、顧廷龍・葉亜廉編『李鴻章全集二　電稿二』上海人民出版社、一九八六年、五二一頁。以下『李全集』二と略す。
(60) 光緒一八年一二月六日（一八九三年一月二三日）『養壽園電稿』六一頁。
(61) 光緒一八年一二月一四日（一八九三年一月三一日）付、北洋大臣来電『清光緒朝中日交渉史料』巻一二、一三（台北：文海出版社、一九六三年。以下『中日交渉史料』と略す）、及び『李全集』二、五二四頁。これは李鴻章が総理衙門に送ったものであり、袁世凱からの電報の内容を報告している。なお、五国使とは高宗が任命した欧州五カ国（英独露伊仏）への全権公使。
(62) 光緒一八年一二月六日（一八九三年一月二三日）『養壽園電稿』六一頁。
(63) 注61と同様。
(64) 岡本隆司『属国と自主のあいだ――近代清韓関係と東アジアの命運』名古屋大学出版会、二〇〇四年、三七九頁。
(65) 高橋、前掲「防穀令事件と伊藤内閣」三八六―三八七頁。
(66) 一八九三年の大石弁理公使と趙秉稷督弁の交渉の経緯については、吉野、前掲「防穀令事件の外交交渉――賠償請求から大石・趙交渉の停頓まで」参照。
(67) 交渉の詳しい記録は『外文』第二六巻、二七二―三一五頁。

(68) 明治二六年三月一〇日付、陸奥宛大石報告付属書「三月九日趙督弁ヨリ大石弁理公使宛書翰」『外文』第二六巻、二八四—二九三頁。
(69) 前掲『フランス外務部文書』6、四三—四八頁。仏語原文は三一九—三二八頁。
(70) **Palmer**, *Korean-American Relations, vol. II* の一八九三年の記録。
(71) 光緒一九年一月一二日（一八九三年二月二八日）付北洋大臣来電（『中日交渉史料』巻一二、一四）及び『李全集』五三〇—五三一頁。一月一八日上午八点（一八九三年三月六日）『養壽園電稿』七〇頁。
(72) 明治二六年二月二四日・三月二一日付、陸奥宛大石機密信『外文』第二六巻、二八〇頁、二九三頁。
(73) 注71、注75参照。
(74) 権錫奉『清末対朝鮮政策史研究』一潮閣、一九八六年、三四二—三四三頁。
(75) 光緒一九年一月二一日下午八点（一八九三年三月九日）「近以倭索賠款、二酋〔リゼンドル及び米国人グレートハウス〕勧韓許十万、代擬文駁減許四万余元、王甚感、而憎二酋」『養壽園電稿』七一頁。句読点は筆者による。光緒一九年三月二日「近自請任弁倭人索賠禁豆案、輒擬許倭十万元、職道因又嗾人排之、王立意辞去」『清季中日韓関係史料』（以下、『中日韓』と略す）第五巻、台北：中央研究院近代史料研究所、一九七二年、三一三五頁。
(76) 明治二六年四月六日付、大石宛陸奥訓令「防穀要償事件ニ関シ通告ノ件」『外文』第二六巻、三一七頁。
(77) 光緒一九年一月一八日上午八点（一八九三年三月六日）『養壽園電稿』七〇頁。光緒一九年三月二日『中日韓』第五巻、三一二〇頁。
(78) 明治二六年五月一九日付、陸奥宛大石請訓「元山黄海道防穀損害事件結局ニ関シ請訓之件」『外文』第二六巻、三八四—三八九頁。
(79) 前掲『外文』第二六巻、三八五頁。
(80) 光緒一九年一月二一日下午八点（一八九三年三月九日）『養壽園電稿』七一頁。
(81) 「趙秉稷為督弁之後、毎与日公使図詰埋怨者、不念我先失之過、特念趙秉式之顔面、不報賠償之計也。卿等諸人符同袁世凱、意欲生釁於唇歯者、是誠何意耶、国家事勢、不敢取釁之時也。特以好意善辞、謝過於日公使、而以前督弁閔種黙之照会六万余元、幸為報償妥結、勿傷和気、以全交厚之地、幸莫大焉」（明治二六年五月一九日付陸奥宛大石機密信第四一号別紙イ号「今日初九日〔四月九日〕招致閔應植」前掲「米穀輸出禁止一件」第七巻）。なお、この史料は、国立国会図書館憲政資料室蔵「陸奥宗光関係文書」（以下、「陸奥文書」と略す）72、「防穀令事件」にも収録されている。

(82) 前掲『外文』第二六巻、三八六頁。

(83) 本章注44参照。

(84) 明治二六年四月二九日付、陸奥宛大石電報（四月三〇日接受）『外文』第二六巻、三三八―三三九頁。

(85) 明治二六年五月三日付、大石宛陸奥訓令「五月二日閣議ニテ決定セシ大石公使ヘノ電信案」『外文』第二六巻、三四一―三四二頁。

(86) 明治二六年五月三日付、荒川己次天津領事代理宛陸奥電報「防穀要償事件解決ニ関スル李鴻章宛伊藤博文依頼送付通告ノ件」『外文』第二六巻、三四二―三四三頁。

(87) 光緒一九年三月二〇日（一八九三年五月五日）付、寄朝鮮袁道「（前略）相機勧韓酌増、了此葛藤」『李全集』二、五四九―五五〇頁）。

(88) 明治二六年五月七日付、陸奥宛荒川報告「防穀要償事件ニ関スル伊藤博文宛李鴻章回答報告ノ件」『外文』第二六巻、三六九―三七〇頁。

(89) 明治二六年五月九日付、陸奥宛荒川報告「李鴻章宛伊藤博文英文書翰」『外文』第二六巻、三七三―三七五頁。

(90) 光緒一九年三月二一日上午九点（一八九三年五月六日）『養壽園電稿』八三頁。

(91) 同前、及び光緒一九年三月二一日（一八九三年五月六日）、北洋大臣来電2、『中日交渉史料』巻一二、一四及び『李全集』二、五五〇頁。原文は以下のとおりである。「袁道電。倭使照会外署称、奉其外部電、限十四日妥結北道黄道両案。又函限一日内訂期見王。凱已代擬函稿、先駁阻見王、徐再酌復其文云。」（句読点は筆者による）。

(92) 明治二六年五月一一日付、陸奥宛大石請訓「朝鮮国ノ回答ニヨリテハ引上クヘキ旨請訓ノ件」『外文』第二六巻、三七五頁。

(93) 明治二六年五月一一日付、荒川宛陸奥訓令「防穀事件解決李鴻章ニ依頼スヘキ旨訓令ノ件」『外文』第二六巻、三七五頁。

(94) 「仍望相機妥與籌議、並勧大石転圜」。光緒一九年三月二七日(一八九三年五月一二日)付、寄朝鮮袁道『李全集』二、五五二頁。

(95) その原文は以下のとおりである。「中堂鈞鑒密。北道案倭極無理、韓許賠六萬、各洋員均謂太多、勧韓減償。韓深恨倭人無理淩圧、望華助。凱因暗助駁弁、至大石理曲詞窮、今欲以力要挟全昧案理、殊可慮。然強勧韓増、失字小体。近頗費唇舌、始増萬元、意須換使乃全償本、可否乞酌示。倭人如生事華不允等意、以剪狡思」(『養壽園電稿』八八頁。句読点は筆者による)。なお、小国が大国につかえる「事大」に対し、「字小」とは大国が小国をいたわるという意味で用いる。

(96) 『養壽園電稿』八八―九一頁。なお、高橋は、李鴻章が調停の依頼に応じてからも朝鮮側の対応には変化が無かったとしている。さらに、この時期東学党が決起したこともあって、朝鮮政府も袁も防穀令事件にまで手が回らなかったと解釈した(三九三頁)。その根拠として五月七日より一四日までの李宛袁電報には防穀令事件に関するものがないことを挙げている(四〇二頁の註20)。しかし、『養壽園電稿』には五月七日から一四日に賠償問題に関する電報がいくつか収録されているのは前述のとおりである。

(97) 光緒一九年四月二一日「(前略)職道為上国人員、自不便強令多加、至遣諭于洋員、啓嫌于韓人、左右其間、頗費唇舌。」『中日韓』第五巻、三一六三頁。なお、袁は最後の交渉の際にも以下のような電報を李鴻章に送っている。「(前略)凱已囑照允並托人告王似須先電汪、告以示上国体而免猜忌」。光緒一九年四月三日(一八九三年五月一八日)『養壽園電稿』九四頁。

(98) 光緒一九年一月二一日(一八九三年三月九日)『養壽園電稿』七一頁。

(99) 光緒一九年三月二〇日上午一二点(一八九三年五月五日)『養壽園電稿』八二頁。癸巳三月二一日(一八九三年五月六日）付、統理衙門来電・癸巳三月二二日（一八九三年五月七日）付、内務府来電、前掲「米穀輸出禁止一件」第七巻。

(100) 同前、及び『承政院日記』高宗三〇年四月五日条（一八九三年五月二〇日）。

(101) 癸巳三月二一日（一八九三年五月六日）付、統理衙門来電、前掲「米穀輸出禁止一件」第七巻。なお、翌日の五月七日には内務部から権公使に同様の内容の電報を送った。

(102) 三月二一日上午七点・二二日下午一点半（一八九三年五月六日・七日）『養壽園電稿』八三頁。

(103) 高宗三〇年三月二八日（一八九三年五月一三日）亜細亜問題研究所韓国近代史料編纂室編『旧韓国外交関係附属文書　第五巻　統署日記3』高麗大学校出版部、一九七三年、九二頁。以下、「統署日記」3と略す。

(104) 「頃権来電云、倭外部欲在東京弁結。韓已電令権就商韓意、倭廷但肯責斥大石、即可加償」。三月二八日下午三点半（一八九三年五月一三日）『養壽園電稿』九〇頁。句読点は筆者による。

(105) 「電悉。大石侮我廷、難与妥結、或仍駐此我認価、只照閔〔種黙〕督弁所許六万零、如査日本商民実困苦、願加恤七八千元、若日廷査弁〇〇合交際公例、〇加恤〇合為〇万零〇〇、所損本数即以此意、〇〇在東京与日外部、妥貼〇〇〇〇〇淩。答覆知」。（〇は伏せ字の箇所）癸巳三月三〇日（一八九三年五月一五日）付、統理衙門・内務府合電、前掲「米穀輸出禁止一件」第七巻。この電報には伏せ字が多いため、史料の完全な解釈は難しいが、その前後の電報と当時の状況に照らして解釈した。

(106) 「請以此電、稟貴政府。必於今明間、或由貴政府〔朝鮮〕、直覆于大石、或由貴署、転通于此處」。癸巳三月三〇日（一八九三年五月一五日）付、京城去電、前掲「米穀輸出禁止一件」第七巻。

(107) 一八九三年五月一九日付、陸奥宛大石請訓「元山黄海道防穀損害事件結局ニ関シ請訓之件」『外文』第二六巻、三八六頁。

(108) 一八九三年五月一五日付、陸奥宛荒川報告「李鴻章ノ依頼報告ノ件」『外文』第二六巻、三七八頁。

(109) 光緒一九年四月一日（一八九三年五月一六日）付、北洋大臣来電一『中日交渉史料』巻一二、一六。

(110) May 16, 1893, Mutsu to Oishi「秘電送第一一六号」、前掲「米穀輸出禁止一件」第七巻。

(111) 一八九三年五月一六日付、伊藤宛陸奥書簡、伊藤博文関係文書研究会編『伊藤博文関係文書』七巻(塙書房、一九七九年)二七〇頁。

(112) 権公使が朝鮮に送った電報は五月一五日付。同日大石宛の陸奥電報には以下のような書き込みが後になされている。「大風ノ為メ電線断絶スルコト二日ニ及ビタルヲ以テ此電信ヲ先方ヘ達セズシテ止ム」(前掲「米穀輸出禁止一件」第七巻)。

(113) この過程を再構成する際に使った史料は、『外文』第二六巻、三八四—三九三頁。前掲「陸奥文書」72、前掲『養壽園電稿』九二—九四頁。

(114) 明治二六年五月一九日付、陸奥宛大石機密信第四一号別紙イ号「北豆事昨日」(二十六年五月十七日接)、前掲「米穀輸出禁止一件」第七巻及び前掲「陸奥文書」72。原文は以下のとおりである。

宗廟挙動時、諸大臣会于軍幕、而以日本撤使事為憂、令見今報恩擾乱、又諒以日本之事、人心尤欲鎮定矣。其本事則閔督弁其時善為裁弁、則雖不賠亦可、而馴致今日之是非。到今事勢当為賠給無事、而日人云拾四万元、閔督弁云六万七千元、趙督弁云四万余元、難以定数。云四万元則日人必無順従之理、先以四万六万両段言之、答至九万弐千元本銭而止、則幸矣。亦不必自我先言九万元、則彼必不従矣、雖至九万余元賠償之境、此則不得不速行云々。(後略)

(115) 四月二日上午一〇点(一八九三年五月一七日)「頃南廷哲遣告権無回電、昨照商大石、告以已在東京商辦、意渠不収、約今午来署商云。凱告以相機商展限、以待権覆。(後略)」『養壽園電稿』九二頁、句読点は筆者による。

(116) 癸巳四月二日(一八九三年五月一七日)付、闞電、前掲「米穀輸出禁止一件」第七巻。『外文』第二六巻、三八四頁からも同電報を確認できる。

(117) 一八九三年五月一七日付、大石宛陸奥訓令「満足ナル回答ナキトキハ通告ノ上仁川迄引上クヘキ旨訓令ノ件」『外文』第二六巻、三七八—三七九頁。

(118) 光緒一九年四月三日上午一〇点(一八九三年五月一八日)『養壽園電稿』九三頁。

(119) 光緒一九年四月三日(一八九三年五月一八日)付、寄朝鮮袁道『李全集』二、五五九—五六〇頁。
(120) 光緒一九年四月三日(一八九三年五月一八日)『養壽園電稿』九四頁。
(121) 高宗三〇年四月三・四日(一八九三年五月一八・一九日)、前掲「統署日記」。光緒一九年四月三日(一八九三年五月一八日)付、北洋大臣来電『中日交渉史料』巻一二、一七及び『李全集』二、五六一頁。
(122) 明治二六年五月一九日付、陸奥宛大石機密信第四一号別紙イ号「十九日後朝家族略」、前掲「米穀輸出禁止一件」第七巻、前掲「陸奥文書」72。
(123) このような可能性は伊藤が陸奥に送った書簡から見て取れる。「韓廷今日之情況侮辱云々ヲ以主眼問題トスルモ、是レ必竟彼ノ希望スル所ニシテ偶以石氏ガ其術中ニ陥リタルノ挙動ヲ作シ、彼ヲシテ内心一転機ヲ得タリト思惟セシムルノ観ナキ能ハス(後略)」明治二六年五月一四日付、陸奥宛伊藤書簡、前掲「陸奥文書」書翰の部。

終章　戦略的な事大主義政策の射程

本書では、一八七六〜一八九三年の朝鮮の対日外交における主体的な動きを検討した。従来の日本外交史研究では日清関係を中心に検討されていたが、朝鮮の動きを詳細に考察することにより、朝鮮の戦略が一九世紀後半の東アジア史に影響を与えたことを明らかにした。朝鮮の戦略に関しては、これまでも朝鮮史の穏健開化派の研究で指摘されていた。しかし、本書ではそれを戦略的な事大主義政策と捉え、穏健開化派の研究では必ずしも十分掘り下げていなかった実態に迫った。さらに、従来の朝清関係史では、朝鮮が「自主」領域を確保すべく工夫する姿を明らかにしてきた。それに対して本書では、日朝関係を中心に据えることで、朝鮮が清との関係を対日外交に活用する側面を捉えることができた。これにより、朝清関係における外交研究ではカバーしきれなかった一八九〇年代前半まで視野を広げ、朝鮮の主体的な動きをより長いスパンで考察できたのである。

以下、本論で検討した朝鮮の主体的動向を戦略的な事大主義政策の側面からまとめる。

日朝修好条規以来、朝鮮政府は日本との条約関係がもたらした新たな変化に対応していくなかで、次第に条約に基づく外交のしかたを学んでいった。その過程で朝鮮はアメリカと条約を結ぶことを決め、保守派が強硬に反対するなかでそれを成し遂げるために、華夷秩序内の宗主国たる清国の権威を利用する戦略を繰り広げた。自国の懸案を解決するために戦略的な事大主義政策をとったのである。

本書ではこの戦略的な事大主義政策を、朝鮮の主体的外交の特徴の一つとして捉えた。日朝関係においてそれが現れるのは、一八八二年の壬午軍乱後、朝清章程が成立してからのことである。一八八三年の日朝通商章程における関税交渉では、まだ清国が日朝間に直接的に関わることはなかった。ただし、日本政府が、朝清章程で清国に許可した優待条項の「均霑」を要求すると、朝鮮は清国との関係を利用し、その要求を退けようとする戦略を駆使する。朝清間の宗属関係が対日外交へ不利に作用するときに、むしろその宗属関係の性格を逆利用し、宗主国からの支援を引き出すことで日本の要求を切りぬけようとしたのである。本書でいう戦略的な事大主義政策に他ならない。関税交渉においては、清国へ章程の改正を要求する形で現れた。なお、このような対応はイギリスの要求に対しても同様であった。

このように、戦略的な事大主義は清に対してのみならず、日本など他の国との関係においても朝鮮に有利な交渉を展開するために用いられたことがわかる。

甲申政変の後、朝鮮で清の宗主権が強まる時期においても戦略的な事大主義政策は、清国の実質的な影響力を活用するうえで現実的な外交戦略であったと思われる。本書の第五章で検討したように、南路電線の架設においては、朝鮮政府は清国を日本との交渉に引き込んで、難局を切り抜けようとした。清の援助を得て南路電線架設の件が解決されると、朝鮮側は同電線架設のための条約文に電線架設は朝鮮の自主によるという自主条項を入れようとした。結果的にそれは失敗に終わったものの、このように清の影響力を適切に借用して日本との交渉を一段落させ、そのうえで自分たちの意図を交渉の最終段階に盛り込もうとする、朝鮮外交の戦略的事大主義政策をここでも確認できるのである。

興味深いことに、もともとは清の朝鮮に対する影響力を最小限に抑えて朝鮮外交を展開しようと工夫を続けた日本政府も、甲申政変で朝鮮内の親日派勢力がほぼ全滅すると、朝鮮に要求を呑ませるために、清に働きかけるという戦略を駆使する。表面では清の朝鮮における影響力の行使を認めないものの、裏では清の朝鮮での影響力を逆利用して朝鮮に圧力をかけ、日朝交渉を日本に有利な方向へ展開しようとしたのである。

以上のように、日朝とも対清外交を適切に活用し、自国の利益を図ろうとしたため、清の立場は微妙なものになっていった。一方では宗主国として属邦の朝鮮を助ける役割を果たしつつ、他方では宗主国として朝鮮に影響力を行使するよう要請する日本の依頼にも応じなければならなかったのである。そうしたなかで、第六章で検討した防穀賠償交渉は、かかる日朝清三国の外交が行き詰まった危機的状況をよく示している事例である。日朝関係が困難に直面するたびに清に頼る外交を展開してきた朝鮮が、今度は清の仲裁に従わずに自分の方針を貫こうとした。そのため、清国の影響力を利用して朝鮮との問題を解決しようとした日本側は、その効果を見いだせなくなったのである。

防穀賠償交渉の事例からわかるように、朝鮮の戦略的な事大主義は、朝鮮の利益を守るために宗主国の力を借り、対日外交において清と方針が大きく異なる場合には、朝鮮の立場に沿った外交を展開するものであった。こうした朝鮮の戦略的な事大主義政策に対して、日本側は清の影響力の限界を認識し、最後通告を発するに至ったのである。日朝とも活用した清国という要因が、交渉の妥結をもたらすどころか、危機を招くことになったのである。

それでは、このような戦略的な事大主義政策が東アジア国際関係に及ぼした影響について考えてみたい。対日外交において、朝鮮は時には清に依存する戦略を、時には清の影響力から脱しようとする戦略をと一見矛盾した政策を選択した。しかし、朝鮮の生き残る道を模索した外交担当者にとって、それは現実的な政策だった。清に依存することが有利だと判断した時には戦略的に事大主義政策を取り、朝鮮の自主を訴えることが有益だと判断した時には清にあらがいながら対日外交を展開した。

それでは、このような朝鮮の戦略的な外交を日本はどのように捉えたのか。朝鮮が清に戦略的に依存していたころ、日本もまた清の影響力を認め、むしろそれを利用して対朝鮮外交を展開していった。これを先行研究は、日本が朝鮮問題を清と協力して解決しようとした、いわゆる「日清協調路線」と解釈してきた。だが、日本は、実際には清の影響力を使って朝鮮に圧力を加え、日朝外交の懸案を日本に有利に解決しようとしたのである。もちろん日本は表面上は日朝二国間の交渉という形を堅持したが、裏では清の官吏に朝鮮を説得するよう要請したり、朝鮮に清と相談するよう勧めたりしたのであった。このことを「日清協調路線」、あるいは本書の「戦略的」という表現を使うのであれば日本の「戦略的な対清提携論」と評価できるかもしれない。いずれにせよ、そこには朝鮮の戦略的な事大主義政策と連動するものがあったと言えよう。

問題は、清の影響力を借りるという朝鮮の戦略は、朝清の思惑にずれが生じるにつれて必然的に破綻する可能性を孕んでいたことである。こうして朝鮮で発揮される清国の影響力は、日本側の期待にそわないことが次第に明らかになってゆく。すなわち、朝鮮の戦略的な外交の特徴の一つである、清に対する矛盾した姿勢が日本の対朝鮮外交に影響を与え、日朝関係は新たな局面を迎えるのである。清の影響力が期待したほどではないと判断した日本は、防穀賠償交渉の最終段階で最後通告を発令したように、朝鮮との外交交渉で強硬姿勢をとるに至ったからである。

朝鮮が自国の利益を守りつつ時代に柔軟に対応するために、宗主国の清や国際社会に対してとった戦略的な事大主義政策は、朝鮮をめぐって日本と清国の対立を深化させる要因にもなった。防穀賠償交渉がようやく終結した翌年の一八九四年に勃発した日清戦争は、こうした朝鮮外交と日清両国の対応の結果としても理解できると考える。

そして日清戦争以降、日朝外交はまた新たな局面を迎えることになるのである。清国という要因がなくなったところに、今度はどのような要因が入るのか。朝鮮半島に清国のような影響力を発揮するほかのパワーが現れることとなったろうか。そのパワーの要因をめぐって再び戦略的な「事大主義」政策が展開するのだろうか。その後の詳細な過程については今後の課題にしておきたい。

あとがき

本書は、二〇一五年に東京大学総合文化研究科に提出した博士論文「戦略的な事大主義政策と朝鮮の対日外交（1876～1893）」に加筆・修正したものである。

日本に留学してきたばかりの頃は、日本そのものへの関心と興味が多かった。そもそも日本の近代政治外交史に魅了されて日本まで来たのである。ところで、近代日本外交史を勉強しているうちに、日本ではこれだけ詳細に日本側の交渉戦略や交渉の具体的な展開過程を明らかにする研究が豊富であるのに対して、同時期の朝鮮はそれほど詳細に描かれていないのではないかという素朴な疑問が生じた。無論、史料の数や性格における差もあるだろうが、それにしてもなぜ朝鮮側の具体的な外交や戦略を分析したものが少ないだろうか。朝鮮の動向を中心に一九世紀末を描いてみると、どのような図が浮かんでくるだろうか。同時期の朝鮮外交において、朝鮮の「戦略」に注目する研究はそれほど多くなく、そもそも朝鮮は戦略なんか持ちえない受動的な存在としてのイメージが多かった。最近は朝鮮側の動向に注目してその実態を明らかにした研究も増えており、うれしいことである。そうした最近の研究動向のなかで、本書が一九世紀末の朝鮮の対日外交の様相を明らかにするうえで小さな助けとなれば幸いである。

博士論文を終えるまで、またそれをこのように一冊の本にまとめるまで、沢山の方々にお世話になった。まず、梨花女子大学政治外交学科の陳徳奎先生は研究の世界へと私を導いてくださった方である。史料に基づいた政治学研究をいつも強調なさった先生のもとで歴史政治学を学んだ。陳先生の大学院ゼミで初めて明治期の日本政治史に接して、日本近代史の面白さに目覚めた。それが以後私を日本へ導いたのである。

修士課程の時の指導教官であった車南姫先生からは、最後まで丁寧に、あきらめずに向き合う姿勢を教わった。指導は厳しかったが、とても心遣いの深い方であった。留学生活中の弟子のことをいつも思いやってくださった。

大学院在学中に日本の青山学院大学で交換留学する機会を得た。山田央子先生のゼミで初めて福沢諭吉と中江兆民と出会った。知的刺激の多かった山田先生のゼミに一年間参加して、私は初めて、日本でもっと長く勉強したいと思うようになった。その後、日本に長期留学に来てからも先生は生活面においてまでいつも優しく面倒をみてくださり、私の研究に対しても絶えず応援してくださった。

交換留学を終えて韓国に戻ってから修士論文を書き始めた。一九世紀の日本史と関連のあるテーマにしたくて、この時期の日韓関係に関する論文をあれこれ読んでいたある日、吉野誠先生の防穀令事件についての論文を読んだ。とにかく面白かった。それが以後の留学や博士論文までつながるとは当時は全然想像もできなかった。

ところが、防穀令事件をテーマに日韓外交史を研究するためには、まず外交文書は避けられない。交換留学をしたとはいえ、日本外交文書はまだまだ高い壁であった。誰か、指導してくれる人がいないかと探しているときに、先輩から偶然ある日本語の先生を紹介してもらった。申クァンシク先生である。先生のところに毎日通いながら外交史料を読む楽しさを思う存分教えてもらった。先生に大変感謝申し上げたい。

史料に基づく政治学研究は、楽しいだけに大変でもあった。修士論文を無事に提出してからは、これからもこの道を歩みつづけられるかと悩んでいた。その私にもう一度、日本留学への機会がやってきた。幸いにも日本文部省から奨学金を受けることになったのである。

東京大学総合文化研究科の研究生の時に指導してくださった木宮正史先生は、私の修士論文での問題意識を評価してくださり、その問題意識を活かしていくよう指導してくださった。近代外交史の研究を続けるよう、酒井哲哉先生を紹介してくださったのも木宮先生である。おかげで私は修士論文での研究課題や問題意識をずっと追求していくことができた。私の問題関心に興味を示し、支援してくださった先生に感謝申し上げたい。

本郷で吉野誠先生の授業を直接受講する機会に恵まれて、初めて先生にお目にかかった時を忘れられない。吉野先生は、防穀令事件を研究するという素人の私のことを喜んでくださり、私のために勉強会を始めてくださった。先生には言葉で言い尽くせないほど大変お世話になった。博士論文の最終審査もお引き受けくださった。心から感謝申し上げたい。

史料講読については駒場の三谷博先生と川島真先生に大変お世話になった。両先生のゼミは史料をどう読むべきか、史料に対する異なる解釈や議論をする、とても刺激の強い学びの場であった。特に、和様漢文の基礎を丁寧に教えてくれた塩出浩之氏、中国の外交文書の講読にいつも力を貸してくれた金東建氏、古谷創氏、朱琳氏、周東怡氏に深く感謝したい。

駒場の村田雄二郎先生の授業では近代東アジア史をどうみるべきか、深くて広い視野を教わった。実際に博士論文のプロポーザルを準備していくなかで特にインスピレーションを受けた授業でもある。近代朝鮮の外交担当者が模索したことを当時の目線で考えるうえで大変示唆を受けた。

また、史料の講読を丁寧に指導してくださった糟谷憲一先生と吉澤誠一郎先生をはじめ、平野聡先生、平石直昭先生、月脚達彦先生、並木頼寿先生、木畑洋一先生、五百旗頭薫先生にも感謝申し上げたい。先生たちの授業からも知的刺激を沢山いただいた。

博士論文の審査委員でコロキアムのときからお世話になった後藤春美先生にも感謝申し上げたい。授業で教わったことはないが、コロキアム、そして最終審査のときにも先生の西洋史の観点からのご指摘から教わることは多かった。

研究会や学会でも多くの方々にお世話になった。石田憲先生は世界政治研究会でお目にかかり、その後私に報告やコメントの機会をくださるなど、私の研究の実質的な面においてはもちろん、論文が終わるまで絶えず応援してくださった。自分が悩んでいるときにいつも肯定的な方向へ導いてくださり、励ましてくださった先生にも深く感謝申し上げたい。東アジア近代史学会でお目にかかった安岡昭男先生、佐々木揚先生、小林隆夫先生、原田環先生にも大変お世話になった。先生たちはわざわざ私に研究のための論文を送ってくださり、小林先生と佐々木先生は拙稿について丁寧に指摘してくださった。大変感謝申し上げたい。それから、韓国の田上俶先生と具仙姫先生にも感謝申し上げたい。

私が日本で博士号を無事にもらえたのは、師匠、酒井哲哉先生のおかげである。酒井先生のゼミはいつも知的な刺激に溢れる素晴らしいものであった。私はその知の世界に圧倒されるばかりであった。理解力も遅く、出来も良くなかった私を、先生は忍耐強く、信じて待ってくださった。私が気づくまで、悟るまで、熱心にご指導くださった。先生の深いお気遣いに心から感謝申し上げたい。また、この本を出版できたのもすべて先生のおかげである。言葉では言い尽くせない感謝の気持ちを、これからの研究にもっと励んでいくことで応えたいと思う次第である。

大変たくさんの先生方々にお世話になったが、ほかの研究者の方々からの助けがなければ、史料講読も、論文完成もできなかったであろう。駒場で研究生だった時は、松田春香氏のおかげで修士論文を日本語で翻訳し、博士課程へ無事に上がることができた。彼女はそれ以外にも研究におけるさまざまなことを紹介してくれた。西澤美穂子氏は忙しいなかでも毎週わざわざ時間を作って、手書きの外務省史料の講読を教えてくれた。また、研究で落ち込んだ時もいつもユーモア溢れる話と優しい心で慰めてくれ、支えてくれた。博論の最後のネイティブチェックも忙しいなかやってくれた。大変感謝申し上げたい。ネイティブチェックを自ら快く担当してくださった防衛研究所の室岡鉄夫先生にも大変感謝申し上げたい。おかげで客観的な目線で自分の書いたものを見ることができた。

素晴らしい論文で私の博論の糸口を与えてくれた相沙希子氏、先輩である春名展生氏の助言や応援はとても励みとなった。同じ酒井先生の門下である春名氏とは同じ時期にコロキアムをし、互いに励まし合う仲間であった。同じく神田豊隆氏、平野達志氏の応援と友情は駒場での留学生活をより特別なものにしてくれた。いつも応援してくれた安在媛氏、徐珉廷氏、片山義隆氏、姜相圭先生、家族のように面倒をみてくれた李恩政先輩と Werner Kamppeter 氏、佐藤信子氏、高橋直美先生、田中恵先生、そして親友のタオとゴーシャにも深く感謝申し上げたい。

このように多くの諸先生方と仲間たちに助けてもらったものの、論文というものはやはり手ごわいものであった。先がみえず、不安な中でも論文を実際に書きつづけられたのは、友人たちと作った自称「博論勉強会」のおかげである。私と清末民国期の教育史を研究する周東怡氏と植民地期朝鮮の医療衛生史を研究する金穎穂氏の三人でつくったものである。我々三人は、同じ時期にコロキアムに取り組み、励まし合いながら、初歩的な構想の段階から実際の執筆、それから最後の審査準備まですべて勉強会を通して分かち合った。その意味で二人の親友は、私の論文とこの本の共同著者でもある。最高の研究仲間に心から深く感謝を伝えたい。本当に、ありがとう。

博論を含め、この本が出版されるまですべての過程を隣で熱心に応援しつつ支えてくれた夫、山下大輔にも感謝する。最初の縁は悪夢の崩し字のおかげだった。大変お世話になった。また、彼は私の博論の最初の読者であり、ネイティブチェックという重要な役目を果たし、大変な論文が終わると、今度はこの本のためにまた私とともに苦労する羽目になってしまった。大変申し訳なかったが、一番心強かった。本当にありがとう。

物心両面で支援をおしまなかった韓国の家族にも大変感謝する。いつも私を信じてくれる家族の存在は、離れていてもとても心強いベースキャンプとなってくれた。また、表現の粗さが目立つ原稿を、読みやすくわかりやすく魔法のように直してくれた法政大学出版局の奥田のぞみ氏にも大変感謝申し上げたい。ただし、それにもかかわらず、おかしな表現や理解しづらい文章はすべて筆者の責任である。

最後に、この本は韓国学中央研究院・海外韓国学中核大学育成事業出版助成（東京大学韓国学研究部門の韓国学研究助成金）の支援をいただいたものであることを断っておく。このような機会を得たことを大変感謝する次第である。日韓関係史研究に、東アジア国際関係史に少しでも寄与できれば幸いである。

二〇一六年夏

李　穂枝

＊付記：이 저서는 2014 년 대한민국 교육부와 한국학중앙연구원（한국학진흥사업단）을 통해 해외한국학중핵대학육성사업의 지원을 받아 수행된 연구임（AKS-2014-OLU-2250002）

著者紹介

李穂枝（い すじ）

1974 年韓国ソウル生まれ。梨花女子大学政治外交学科修士課程修了。

東京大学大学院総合文化研究科国際社会科学専攻国際関係論コース博士課程単位取得満期退学。博士（学術）。

現在東京大学大学院総合文化研究科学術研究員，昭和女子大学，東海大学非常勤講師。

主要論文に「防穀賠償交渉（1893 年）における日清韓関係」『中国研究月報』第 63 巻第 6 号，2009 年，「一八八五年の日朝海底電線条約続約締結交渉について」『朝鮮学報』第 232 輯，2014 年など。

サピエンティア **47**

朝鮮の対日外交戦略
日清戦争前夜 1876–1893

2016年 8 月31日　初版第 1 刷発行

著　者　李穂枝
発行所　一般財団法人　法政大学出版局
〒102-0071 東京都千代田区富士見2-17-1
電話03 (5214) 5540／振替00160-6-95814
製版・印刷　平文社／製本　誠製本
装　幀　奥定泰之

ISBN 978-4-588-60347-1　　Printed in Japan

事項索引

た　行

な　行

は　行

や　行

ら　行

わ　行

人名索引

あ　行

か　行

155, 157, 159, 180, 182, 193–194, 202–203, 223, 228, 230, 233, 250, 252, 259, 261, 264, 266, 269–270, 282
グレートハウス（Clarence Ridgeby Greathouse） 259, 283
玄昔運（ヒョン・ソクウン） 69
洪英植（ホン・ヨンシク） 173, 194, 198, 201
洪時中（ホン・シジュン） 100
洪佑昌（ホン・ウチャン） 30, 41–44, 50–51
呉慶錫（オ・ギョンソク） 93, 132
呉大澂 202–203, 233
黄遵憲 57–58, 60, 63, 113, 115, 117, 134
近藤真鋤 29–31, 35–36, 76, 241–245, 274, 277
権在衡（クォン・ゼヒョン） 264–270, 286–287

さ 行

佐々木高行 195–196, 207, 212, 220
鮫島尚信 29, 31
シューフェルト（Robert W. Shufeldt） 103, 107–111, 113–114, 117, 119–129, 137–138, 147
周馥（周玉山） 120, 122–123
尚澐（サンウン） 194
徐相雨（ソ・サンウ） 124
徐昌宇 204
申櫶（シン・ホン） 28, 47, 124, 142
杉村濬 179

た 行

大院君（テウォングン，興宣大院君） 25, 93, 95–96, 101, 132, 151–152, 193
高平小五郎 207–218, 220–226, 228
卓挺埴（タク・ジョンシク） 100
竹添進一郎 150, 155, 159–163, 166–168, 171, 173–175, 182, 191–193, 197–199, 201–202, 208–209, 233
田中長介 245
譚賡堯 209–210, 213–215, 217, 221, 224–226
趙寅熙（チョ・インヒ） 28–30
趙寧夏（チョ・ヨンハ） 198
趙準永（チョ・ジュンヨン） 124
趙秉世（チョ・ビョンセ） 258
趙秉鎬（チョ・ビョンホ） 17, 53, 68–71, 73, 75, 81, 87, 89, 146, 148
趙秉式（チョ・ビョンシク） 239, 241–244, 258–259, 270, 274–275, 283
趙秉稷（チョ・ビョンジク） 77, 249, 254–256, 258–259, 264, 282–283, 287
陳允頤 204
沈舜澤（シム・スンテク） 40, 85, 233
丁汝昌 123
鄭藻如 111
鄭範朝（チョン・ボムジョ） 258
デニー（徳尼） 253
寺島宗則 29, 35–39, 61

な 行

南廷哲（ナム・チョンチョル） 264, 266–269, 287

は 行

ハード（Augustine Heard） 250
パークス（Harry S. Parkes） 159, 163–164, 169
花房義質 35–44, 50–51, 53–55, 57–62, 64–68, 70–71, 74, 80–81, 85, 98–99, 115, 145, 147–150, 168, 170, 179, 183
原敬 247, 277

馬建常　155, 160, 233
馬建忠　113, 123–128, 130, 140, 142–143, 147, 155, 180
閔泳駿（ミン・ヨンジュン）　258
閔泳翊（ミン・ヨンイク）　194
閔泳韶（ミン・ヨンソ）　258
閔泳達（ミン・ヨンダル）　258
閔泳穆（ミン・ヨンモク）　166, 171, 175, 199, 201
閔應植（ミン・ウンシク）　223, 258, 259, 284
ビンガム（John Armor Bingham）　174
閔謙鎬（ミン・キョムホ）　150–151
閔種黙（ミン・ジョンムク）　77, 80, 89, 241–243, 246–247, 254, 259, 274, 284, 286
閔妃（ミンビ）　193
フート（Lucius H. Foote, 呼徳）　155, 171–175, 185–186
フランデン（Hippolyte Frandin）　250–251, 255
卞元圭（ビョン・ウォンギュ）　109
朴泳孝（パク・ヨンヒョ）　132, 156–162, 173, 189
朴珪寿（パク・キュス）　93, 132

ま　行

松方正義　245
宮本小一　28–30, 46, 74, 77–78
陸奥宗光　247, 253, 255–259, 261, 265–269, 276
メレンドルフ（Paul Georg von Möllendorff, 穆麟徳）　154–156, 164–166, 173, 175, 187, 193

や　行

山県有朋　245
山之城祐長　34–37
吉田清成　38, 49, 174

ら　行

李應浚（イ・ウンジュン）　103, 120, 123, 138
李鑛永（イ・ホンヨン）　77–80
李鴻章　75, 88, 102–123, 125, 127–129, 137–140, 154–155, 160–161, 164–165, 192–194, 202–204, 206, 240, 252, 254–255, 260–266, 268, 282, 285
李最應（イ・チェウン）　97
李載先（イ・ジェソン）　101
リゼンドル（Charles W. Le Gendre, 李善得）　240, 248–251, 255–256, 259, 263, 273, 283
李祖淵（イ・ジョヨン）　69–70, 75, 99, 107–108, 123, 137, 152, 175
李東仁（イ・ドンイン）　100, 113, 115–117
李萬稙（イ・マンジク）　33
李晩孫（イ・マンソン）　100–101
李容粛（イ・ヨンスク）　57, 102, 136
劉元植（ユ・ウォンシク）　100
黎庶昌　202–203
ロー（Frederick F. Low）　93

参考文献

1　未刊行史料

外務省外交史料館蔵「韓国ニ於テ米穀輸出禁止一件」(分類番号 3.5.2.60)
外務省外交史料館蔵「各国ニ於テ外国人傭聘関係雑件一（韓国之部)」(分類番号 3.9.3.20–1)
外務省外交史料館蔵「丁抹国大北電信会社ト海底電線沈架陸揚ニ関スル約定締結一件」(分類番号 2.7.1.1–2)
外務省外交史料館蔵「日韓海底電線条約続約締結一件」(分類番号 2.7.1.6)
国会図書館憲政資料室蔵「井上馨関係文書」
国会図書館憲政資料室蔵「陸奥宗光関係文書」

韓国学中央研究院王室図書館藏書閣所蔵「中東新聞抄」
韓国学中央研究院王室図書館藏書閣所蔵，李王職実録編纂室編「善隣始末」巻四～巻八
ソウル国立中央図書館所蔵「信行別単」(「同文彙考附編」に収録)
ソウル大学校奎章閣所蔵「李案」
ソウル大学校奎章閣所蔵「電案」巻之一（奎章閣図書番号 17740)
釜山市立市民図書館所蔵，在釜山日本総領事館編「(明治十二年）朝鮮事務始末撮要三冊」日本写本 1879 年（明治 12 年)

The Library of Congress (Washington D.C.) 所蔵 *Letter books, Correspondence and Memoranda: The Papers of Charles W. Le Gendre*

2　デジタル史料

「竹添弁理公使ヨリ朝鮮事務報告」JACAR（アジア歴史資料センター）Ref. A03023651600，公文別録・朝鮮事変始末・明治十五年・第七巻・明治十五年（国立公文書館)
「朝鮮国信使税則談判概略書ノ件」JACAR（アジア歴史資料センター）Ref. A01100221000，公文録・明治十五年・第十五巻・明治十五年四月・外務省 (国立公文書館)
「朝鮮国ニ於テ日本国人民貿易規則及税目設立ノ顚末外務卿復命ノ件」JACAR（アジア歴史資料センター）Ref. A03023613900，公文別録・外務省・明治十

五年～明治十八年・第二巻

韓国学中央研究院王室図書館蔵書閣デジタール・アーカイブ所蔵「倭使日記」
逓信省通信局編『朝鮮電信誌』(1895年, 韓国国立中央図書館蔵デジタル資料)

3　刊行史料

日本語

市川正明編『日韓外交史料2　壬午事変』原書房，1979年
市川正明編『日韓外交史料3　甲申政変・天津条約』原書房，1979年
伊藤博文関係文書研究会編『伊藤博文関係文書』6・7巻，塙書房，1978～1979年
伊藤博文編『秘書類纂・外交編』原書房，1970年
岩壁義光・広瀬順晧編『影印原敬日記』第2巻，北泉社，1998年
外務省編『日本外交文書』日本國際連合協會，1947～1954年
北原スマ子ほか編『資料新聞社説に見る朝鮮』緑蔭書房，1995年
金正明編『日韓外交資料集成』第1・2巻，巌南堂書店，1966年
国際ニュース事典出版委員会編『外国新聞に見る日本　第2巻　1874～1895』毎日コミュニケーションズ，1990年
春畝公追頌会編『伊藤博文伝』原書房，1970年
原敬文書研究会編『原敬関係文書』第5巻，日本放送出版協会，1986年
文献資料刊行会編『立憲改進党々報』柏書房，1979年
明治期外交資料研究会編『明治期外務省調書集成　日清講和関係調書集』第3～6巻，クレス出版，1994年
郵政省編『郵政百年史資料』第2巻，吉川弘文館，1970年

韓国語

高麗大学校亜細亜問題研究所編『旧韓国外交文書』高麗大学校出版部，1965～73年
高麗大学校亜細亜問題研究所編『旧韓国外交関係附属文書　第五巻「統署日記」』高麗大学校出版部，1973年
『高宗実録』探求堂，1970年
『旧韓末条約彙纂（1876-1945）』上・中・下，韓国国会図書館立法調査局，1964～65年
国史編纂委員会編『韓国近代史資料集成16　프랑스외무부문서（フランス外務部文書）1～6　朝鮮』国史編纂委員会，2002～2007年
近代韓国外交文書編纂委員会編『近代韓国外交文書　第三巻　朝日修好条規』

東北亜歴史財団，2012 年
近代韓国外交文書編纂委員会編『近代韓国外交文書　第四巻　朝美修好通商条約』東北亜歴史財団，2012 年
金允植『陰晴史』（国史編纂委員会編『韓国史料叢書』第 6 巻，1958 年）
金允植『金允植全集』亜細亜文化社，1980 年
김종학『심행일기――조선이 기록한 강화도조약（沁行日記――朝鮮が記録した江華島条約）』푸른역사，2010 年
朴泳孝「使和記略」『古典国訳叢書 88　海行摠載』XI，民族文化推進会，1982 年再版，1977 年初版
서울（ソウル）大学校　人文大学　독일학（ドイツ学）研究所訳『한국근대사에 대한 자료――오스트리아 헝가리 제국 외교 보고서（1885～1913）（韓国近代史に関する資料――オーストリア・ハンガリー帝国外交報告書（1885～1913））』신원문화사，1998 年
石坡學術研究院編『興宣大院君史料彙編』玄音社，2005 年
宋炳基編訳『개방과 예속――대미수교관련 수신사기록（1880）초（開放と隷属――対米修交関連　修信使記録（1880）鈔）』단국대학교 출판부，2000 年
宋炳基訳『국역 윤치호 일기（国訳尹致昊日記）』1，연세대학교 출판부，2001 年
『承政院日記』民族文化推進会，1994 年
魚允中『従政年表』（国史編纂委員会編『韓国史料叢書』第 6 巻，1958 年）
尹致昊『尹致昊日記』1 巻（国史編纂委員会編『韓国史料叢書』第 19 巻，1973 年）
李鑢永「日槎集略」『古典国訳叢書 88　海行摠載』XI，民族文化推進会，1982 年再版，1977 年初版
『日省録』서울大学校奎章閣，1996 年
장인성・김현철・김종학編『近代韓国　国際政治観　資料集　第一巻　開港・大韓帝国期』서울대학교 출판문화원，2012 年
鄭喬著，趙珖編『大韓季年史』巻 1，소명出版，2004 年
漢陽大学校附設国学研究院編『倭使日記　東京日記』漢陽大学校国学研究院，1975 年
黄遵憲著，趙一文訳『朝鮮策略』建国大学出版会，2001 年
黄玹著，임형택外訳『梅泉野録』文学과　知性社，2005 年
許東賢編『朝士視察団関係資料集』8・9 巻，国学資料院，2000 年
O. N. Denny 著，申福龍訳註『清韓論』集文堂，1999 年

中国語

故宮博物院編『清光緒朝中日交渉史料』台北：文海出版社，1963 年

顧廷龍・戴逸主編『李鴻章全集』合肥：安徽教育出版社，2008 年

顧廷龍・葉亜廉編『李鴻章全集二　電稿二』上海：上海人民出版社，1986 年

沈祖憲輯録『養壽園電稿』台北：文海出版社，1966 年（沈雲龍主編『袁世凱史料彙刊』3）

王彦威輯『清季外交史料』台北：文海出版社，1964 年

呉汝綸編『李文忠公全集』台北：文海出版社，1962 年

趙中孚・張存武・胡春恵編『近代中韓関係史資料彙編』第 10・11・12 冊，台北：国史館，1987～1990 年

中央研究院近代史研究所編『清季中日韓関係史料』台北：中央研究院近代史研究所，1972 年

英語

McCune, George M. and Harrison, John A. eds., *Korean-American Relations: Documents Pertaining to the Far Eastern Diplomacy of the Unite States, vol. I, The initial period, 1883–1886*, Berkeley and Los Angeles: University of California Press, 1951

Nish, Ian ed., *British Documents on Foreign Affairs-Reports and Papers from the Foreign Office Confidential Print. Part I, From the Mid-nineteenth Century to the First World War. Series E, Asia, 1860–1914. Vol. 2 Korea, the Ryukyu Islands, and North-East Asia, 1875–1888*, University Publications of America, 1989

Palmer, Spencer ed., *Korean-American Relations: Documents Pertaining to the Far Eastern Diplomacy of the Unite States, vol. II, The period of growing influence, 1887–1895*, Berkeley and Los Angeles: University of California Press, 1963

Park, Il-ken ed., *Anglo-American Diplomatic Materials Relating to Korea (1866–1886)*, Seoul: Shin Mun Dang, 1982

4　単行本・論文

日本語

秋月望「朝中貿易交渉の経緯――1882 年，派使駐京問題を中心に」『九州大学東洋史論集』第 13 号，1984 年

秋月望「朝中間の三貿易章程の締結経緯」『朝鮮学報』第 115 輯，1985 年

五百旗頭薫『条約改正史――法権回復への展望とナショナリズム』有斐閣，2010 年

伊藤之雄「日清戦前の中国・朝鮮認識の形成と外交論」古屋哲夫『近代日本のアジア認識』緑蔭書房，1996 年

井上角五郎『漢城之残夢』春陽堂，1891 年
井上寿一『日本外交史講義』岩波書店，2003 年
入江昭『日本の外交』中公新書，1966 年
入江昭「世界史の中の国際関係史」『東アジア近代史』第 3 号，ゆまに書房，2000 年
岩井茂樹「清代の互市と“沈黙外交”」夫馬進編『中国東アジア外交交流史の研究』京都大学学術出版会，2007 年
大石正巳『富強策』博文堂，1891 年
大石正巳『日本之二大政策』青木嵩山堂，1892 年
大澤博明「天津条約体制の形成と崩壊 1885–94」一・二『東京大学社会科学研究所紀要』第 43 巻第 3・4 号，1991 年
大澤博明「日清共同朝鮮改革論と日清開戦」『熊本法学』第 75 号，1993 年
大澤博明「対英依存から日英同盟へ」坂野潤治編『シリーズ日本近現代史 2・資本主義と「自由主義」』岩波書店，1993 年
大澤博明「明治外交と朝鮮永世中立化構想の展開——1882〜84 年」『熊本法学』第 83 号，1995 年
大澤博明「朝鮮永世中立化構想と近代日本外交」『青丘学術論集』第 12 集，1998 年
大澤博明「明治前期の朝鮮政策と統合力」『年報政治学 1998・日本外交におけるアジア主義』岩波書店，1999 年
大澤博明「日清天津条約（一八八五年）の研究」一・二『熊本法学』106 号・107 号，2004・2005 年
大畑篤四郎「東アジアにおける国際法（万国公法）の受容と適用」『東アジア近代史』第 2 号，ゆまに書房，1999 年
岡忠雄『太平洋域に於ける電気通信の国際的瞥見』通信調査会，1941 年
岡本隆司『属国と自主のあいだ——近代清韓関係と東アジアの命運』名古屋大学出版会，2004 年
岡本隆司「「朝鮮中立化構想」の一考察」『洛北史学』第 8 号，2006 年
岡本隆司「「朝貢」と「互市」と海関」『史林』第 90 巻第 5 号，2007 年
岡本隆司「「洋務」・外交・李鴻章」『現代中国研究』第 20 号，2007 年
岡本隆司『馬建忠の中国近代』京都大学学術出版会，2007 年
岡本隆司『世界のなかの日清韓関係史——交隣と属国，自主と独立』講談社，2008 年
岡本隆司『李鴻章——東アジアの近代』岩波書店，2011 年
岡本隆司・川島真編『中国近代外交の胎動』東京大学出版会，2009 年
奥平武彦『朝鮮開国交渉始末』刀江書院，1935 年

糟谷憲一「閔氏政権上層部の構成に関する考察」『朝鮮史研究会論文集』第27集，1990年
糟谷憲一「近代的外交体制の創出」荒野泰典・石井正敏・村井章介編『アジアのなかの日本史II　外交と戦争』東京大学出版会，1992年
糟谷憲一『朝鮮の近代』山川出版社，1996年
糟谷憲一「日本における朝鮮近代史研究の成果と課題」『日韓相互認識』第3号，2010年
加藤陽子『戦争の日本近現代史』講談社，2002年
唐沢たけ子「防穀令事件」『朝鮮史研究会論文集』第6集，1969年
川島真「中国における万国公法の受容と適用」『東アジア近代史』第2号，ゆまに書房，1999年
川島真「中国における万国公法の受容と適用・再考」『東アジア近代史』第3号，ゆまに書房，2000年
川島真『中国近代外交の形成』名古屋大学出版会，2004年
川島真・服部龍二編『東アジア国際政治史』名古屋大学出版会，2007年
菊池秀明『ラストエンペラーと近代中国』講談社，2005年
北原スマ子「朝鮮の対西洋開国決定とロシア認識」『朝鮮史研究会論文集』第33集，1995年
北原スマ子「第三次修信使の派遣と「日朝通商章程」の改定・課税交渉」『朝鮮学報』第192輯，2004年
狐塚裕子「一八八一年朝鮮朝士視察団（紳士遊覧団）の日本派遣――日本側から見た派遣経緯」『清泉女子大学紀要』第51号，2003年
狐塚裕子「一八八一年朝鮮朝士視察団（紳士遊覧団）の来日（一）――外務省の対応を中心に」『清泉女子大学紀要』第56号，2008年
狐塚裕子「一八八一年朝鮮朝士視察団（紳士遊覧団）の釜山集結と新聞報道」『清泉女子大学人文科学研究所紀要』第29号，2008年
狐塚裕子「一八八一年朝鮮朝士視察団（紳士遊覧団）の来日（二）――朝士の視察状況を中心に」『清泉女子大学紀要』第57号，2009年
金鳳珍「朝鮮の万国公法の受容（上）――開港前夜から甲申政変に至るまで」『北九州大学外国語学部紀要』第78号，1993年
金鳳珍「朝鮮の万国公法の受容（下）――開港前夜から甲申政変に至るまで」『北九州大学外国語学部紀要』第80号，1994年
金鳳珍「東アジア三国の「開国」と万国公法の受容」『北九州大学外国語学部紀要』第84号，1995年
金鳳珍「「礼」と万国公法の間――朝鮮の初期開化派の公法観」『北九州大学外国語学部紀要』第102号，2001年

金容九「朝鮮における万国公法の受容と適用」『東アジア近代史』第2号，ゆまに書房，1999年
小林隆夫『19世紀イギリス外交と東アジア』彩流社，2012年
崔蘭英「近代朝鮮の外交政策の一側面――「朝貢関係」と「条約関係」」『朝鮮学報』第184輯，2002年
崔蘭英「一八八〇年代初頭における朝鮮の対清交渉――『中国朝鮮商民水陸貿易章程』の締結を中心に」『朝鮮学報』第226輯，2013年
酒井哲哉『近代日本の国際秩序論』岩波書店，2007年
酒井裕美「甲申政変以前における朝清商民水陸貿易章程の運用実態――関連諸章程と楊花津入港問題を中心に」『朝鮮史研究会論文集』第43集，2005年
酒井裕美「開港期の朝鮮外交主体・統理交渉通商事務衙門の対内活動――甲申政変前の外交関連政策を中心に」『一橋社会科学』第2号，2007年
酒井裕美「開港期朝鮮の外交主体・統理交渉通商事務衙門に関する一考察――甲申政変前における地方官庁との関係，とくに財政政策を一例として」『朝鮮学報』第204輯，2007年
酒井裕美「朝清陸路貿易の改編と中江貿易章程――甲申政変以前朝清関係の一側面」『朝鮮史研究会論文集』第46集，2008年
酒井裕美「開港期朝鮮の関税「自主」をめぐる一考察」『東洋学報』第91巻第4号，2010年
酒井裕美「統理交渉通商事務衙門の構成員分析」『日韓相互認識』第3号，2010年
酒井裕美「最恵国待遇をめぐる朝鮮外交の展開過程――朝清商民水陸貿易章程成立以後を中心に」『大阪大学世界言語研究センター論集』第6号，2011年
酒井裕美「朝米修好通商条約（一八八二年）における最恵国待遇をめぐる一考察」『朝鮮学報』第229輯，2013年
佐々木揚『清末中国における日本観と西洋観』東京大学出版会，2000年
佐道明広・小宮一夫・服部龍二編『人物で読む近代日本外交史――大久保利通から広田弘毅まで』吉川弘文館，2009年
佐藤誠三郎『「死の跳躍」を越えて――西洋の衝撃と日本』千倉書房，2009年
芝原拓自ほか編『日本近代思想大系12　対外観』岩波書店，1988年
杉村濬『明治廿七八年在韓苦心録』杉村陽太郎，1932年
高尾新右衛門編『元山発展史』影印本，景仁文化社，1989年
高橋秀直「一八八〇年代の朝鮮問題と国際政治」『史林』第71巻6号，1988年
高橋秀直「壬午事変後の朝鮮問題」『史林』第72巻5号，1989年
高橋秀直「維新政府の朝鮮政策と木戸孝允」『人文論集』第26巻第1・2号，1990年

高橋秀直「征韓論政変と朝鮮政策」『史林』第75巻2号，1992年
高橋秀直「防穀令事件と伊藤内閣」朝尾直弘教授退官記念会編『日本国家の史的特質　近世・近代』思文閣出版，1995年
高橋秀直『日清戦争への道』東京創元社，1995年
田保橋潔『近代日鮮関係の研究』上・下，朝鮮総督府中枢院，1940年
崔碩莞（チェ・ソグァン）『日清戦争への道程』吉川弘文館，1997年
朝鮮史研究会編『朝鮮史研究入門』名古屋大学出版会，2011年
朝鮮総督府逓信局編『朝鮮通信事業沿革小史』1914年
趙景達「朝鮮における大国主義と小国主義の相克――初期開化派の思想」『朝鮮史研究会論文集』第22集，1985年
趙景達「朝鮮近代のナショナリズムと東アジア――初期開化派の「万国公法」観を中心に」『中国：社会と文化』4号，1989年
趙景達『近代朝鮮と日本』岩波書店，2012年
月脚達彦「近代朝鮮の改革と自己認識・他者認識」『歴史評論』614号，2001年
月脚達彦「近代朝鮮の条約における「平等」と「不平等」――日朝修好条規と朝米修好通商条約を中心に」『東アジア近代史』第13号，2010年
月脚達彦訳註『朝鮮開化派選集――金玉均・朴泳孝・兪吉濬・徐載弼』平凡社，2014年
鶴田啓『対馬からみた日朝関係』山川出版社，2006年
寺内威太郎「一九世紀後半期の朝米関係」『アジア周縁から見たアメリカ 1850年～1950年』彩流社，2010年
東京朝日新聞社政治部編『その頃を語る』東京朝日新聞発行所，1928年
鳥谷部春汀『明治人物評論』博文館，1898年
中塚明『日清戦争の研究』青木書店，1968年
長田彰文「朝鮮の対米開国と両国間における「理想主義」と「現実主義」の相剋」『東京大学アメリカ太平洋研究』4，2004年
並木頼寿『日本人のアジア認識』山川出版社，2008年
並木頼寿・井上裕正『中華帝国の危機』中央公論社，1997年
濱下武志『近代中国の国際的契機――朝貢貿易システムと近代アジア』東京大学出版会，1990年
濱下武志「朝貢と条約――東アジア開港場をめぐる交渉の時代　1834–94」溝口雄三・浜下武志・平石直昭・宮嶋博史編『アジアから考える3　周縁からの歴史』東京大学出版会，1994年
原田環「一八八〇年代前半の閔氏政権と金允植」『朝鮮史研究会論文集』第22集，1985年
原田環『朝鮮の開国と近代化』溪水社，1997年

坂野潤治「「東洋盟主論」と「脱亜入欧論」——明治中期アジア進出論の二類型」佐藤誠三郎・R. ディングマン編『近代日本の対外態度』東京大学出版会, 1974 年
坂野潤治『明治・思想の実像』創文社, 1977 年
坂野潤治『近代日本政治史』岩波書店, 2006 年
坂野正高『現代外交の分析——情報・政策決定・外交交渉』東京大学出版会, 1971 年
坂野正高『近代中国政治外交史』東京大学出版会, 1973 年
東アジア近代史学会編『日清戦争と東アジア世界の変容』上・下, ゆまに書房, 1997 年
広瀬和子「アジアにおける近代国際法の受容と適用」『東アジア近代史』第 3 号, ゆまに書房, 2000 年
福島新吾「壬午・甲申・閔妃事件関連の「杉村君日記」——研究と史料解読」『専修史学』21, 1989 年
藤村道生『日清戦争』岩波書店, 1973 年
藤村道生『日清戦争前後のアジア政策』岩波書店, 1995 年
夫馬進編『中国東アジア外交交流史の研究』京都大学学術出版会, 2007 年
古田和子『上海ネットワークと近代東アジア』東京大学出版会, 2000 年
古屋哲夫編『近代日本のアジア認識』緑蔭書房, 1996 年
彭澤周『明治初期日韓清関係の研究』塙書房, 1969 年
細谷雄一『外交』有斐閣, 2007 年
三谷博・並木頼寿・月脚達彦編『大人のための近現代史　19 世紀編』東京大学出版会, 2009 年
宮島博史・金容得編『近代交流史と相互認識』1, 慶応義塾大学出版会, 2001 年
陸奥宗光『蹇蹇録』岩波書店, 2005 年
村田雄二郎ほか編『万国公法の時代——洋務・変法運動』岩波書店, 2010 年
茂木敏夫『変容する近代東アジアの国際秩序』山川出版社, 1997 年
茂木敏夫「中国における近代国際法の受容」『東アジア近代史』第 3 号, ゆまに書房, 2000 年
森万佑子「朝鮮政府の駐津大員の派遣（1883–1886）」『史学雑誌』第 122 編第 2 号, 2013 年
森万佑子「朝鮮近代の外交実務担当者に関する基礎的研究——「統理交渉通商事務衙門続章程」制定に着目して」『東京大学アジア地域文化研究』第 9 号, 2013 年
森山茂徳『近代日韓関係史研究』東京大学出版会, 1987 年
森山茂徳『日韓併合』吉川弘文館, 1992 年

安岡昭男「万国公法と明治外交」『政治経済史学』第 200 号，1983 年
安岡昭男「花房義質の朝鮮奉使」『花房義質関係文書』北泉社，1996 年
安岡昭男『明治前期大陸政策史の研究』法政大学出版局，1998 年
安岡昭男「日本における万国公法の受容と適用」『東アジア近代史』第 2 号，ゆまに書房，1999 年
安岡昭男「駐韓公使大石正己と防穀賠償交渉」『土佐史談』第 234 号，2007 年
山辺健太郎『日韓併合小史』岩波書店，1966 年
山村義照「朝鮮電信線架設問題と日朝清関係」『日本歴史』第 587 号，1997 年
吉野誠「朝鮮開国後の穀物輸出について」『朝鮮史研究会論文集』第 12 集，1975 年
吉野誠「李朝末期における米穀輸出の展開と防穀令」『朝鮮史研究会論文集』第 15 集，1978 年
吉野誠「朝鮮史研究における内在的発展論」『東海大学紀要文学部』第 47 輯，1987 年
吉野誠「開港期の穀物貿易——仁川における防穀令事件を中心に」中村哲・安秉直編『近代朝鮮工業化の研究』日本評論社，1993 年
吉野誠「咸鏡道防穀令事件——賠償請求案の検討」『東海大学紀要文学部』第 66 輯，1996 年
吉野誠「咸鏡道防穀令事件——事件の発生」『朝鮮文化研究』第 5 号，1998 年
吉野誠『明治維新と征韓論——吉田松陰から西郷隆盛へ』明石書店，2002 年
吉野誠『東アジア史のなかの日本と朝鮮——古代から近代まで』明石書店，2004 年
吉野誠「防穀令事件の外交交渉——賠償請求から大石・趙交渉の停頓まで」『東海大学紀要文学部』第 88 輯，2007 年
吉野誠「防穀令事件の外交交渉——最後通告から妥結まで」『東海大学紀要文学部』第 100 輯，2013 年
李穂枝「防穀賠償交渉（1893 年）における日清韓関係」『中国研究月報』第 63 巻第 6 号，2009 年
李穂枝「一八八五年の日朝海底電線条約続約締結交渉について」『朝鮮学報』第 232 輯，2014 年
劉傑・三谷博・楊大慶編『国境を越える歴史認識——日中対話の試み』東京大学出版会，2006 年
渡辺浩・朴忠錫編『韓国・日本・「西洋」』慶応義塾大学出版会，2005 年
渡辺浩・朴忠錫編『「文明」・「開化」・「平和」』慶応義塾大学出版会，2006 年
和田春樹ほか編『岩波講座　東アジア近現代通史　第一巻　東アジア世界の近代　19 世紀』岩波書店，2010 年

韓国語
姜相圭『19 세기 동아시아의 패러다임 변환과 제국일본（19 世紀東アジアのパラダイム変換と帝国日本）』논형，2007 年
姜相圭「일본의 류큐병합과 동아시아 질서의 변동——한반도와의 정치적 관계를 중심으로（日本の琉球併合と東アジア秩序の変動——韓半島との政治的関係を中心に）」『地方史와　地方文化』2007 年
姜相圭『19 세기 동아시아의 패러다임 변환과 한반도（19 世紀東アジアのパラダイム変換と韓半島）』논형，2008 年
高柄翊「穆麟徳의 고빙과 그 배경（メレンドルフの雇聘とその背景）」『震檀学報』第 25〜27 号，1964 年
具汰列「동・서양 국제질서관의 충돌과 새로운 질서관의 형성（東・西洋国際秩序観の衝突と新しい秩序観の形成）」『国際政治論叢』28–1，1988 年
具汰列『韓国国際関係史研究』I，歴史批評社，1995 年
具仙姫『韓国近代　対清政策史　研究』혜안，1999 年
具仙姫「청일전쟁의 의미——조청‘속방’관계를 중심으로（日清戦争の意味——朝・清‘属邦’関係を中心に）」『韓国近現代史研究』37，2006 年
国史編纂委員会編『한국사（韓国史）』37〜39，国史編纂委員会，2003 年
国際関係研究会編『근대국제질서와 한반도（近代国際秩序と韓半島）』을유文化社，2003 年
権錫奉『清末対朝鮮政策史研究』一潮閣，1986 年
権錫奉「防穀索賠妥結에 있어서의 청측개입（防穀索賠妥結における清側介入）」『中央史論』6 集，1989 年
権赫秀『19 세기말 한중관계사연구（19 世紀末韓中関係史研究）』白山資料院，2000 年
権赫秀『근대한중관계사의 재조명（近代韓中関係史の再照明）』혜안，2007 年
金敬泰『한국근대경제사연구（韓国近代経済史研究）』創作과　批評社，1994 年
金敬泰「갑오 이전 방곡령사건과 일본의 부당배상요구（甲午以前防穀令事件と日本の不当賠償要求）」『韓国近代経済史研究』創作과　批評社，1994 年
金敬泰「불평등조약 개정교섭과 방곡문제（不平等条約改正交渉と防穀問題）」『韓国近代経済史研究』創作과　批評社，1994 年
金基赫「19 세기 중반기의 동아시아 정세（19 世紀中半期の東アジア情勢）」国史編纂委員会編『한국사（韓国史）』37，国史編纂委員会，2003 年
金東澤「근대국민과 국가개념 수용에 관한 연구（近代国民と国家概念の受容に関する研究）」『大東文化研究』41，2002 年
金明昊『초기 한미관계의 재조명——셔먼호사건에서 신미양요까지（初期韓米関係の再照明——シャーマン号事件から辛未洋擾まで）』歴史批評社，

2005 年
金成根『朝・清 외교관계 변화연구——朝貢・冊封을 중심으로（朝・清外交関係変化研究——朝貢・冊封を中心に）』韓国学術情報（株），2010 年
金聖培『유교적 사유와 근대 국제정치의 상상력（儒教的思惟と近代国際政治の想像力）』창비，2009 年
金世民『한국근대사와 만국공법（韓国近代史と万国公法）』景仁文化社，2002 年
金壽岩「韓国의 近代外交制度 研究——外交官署와 常駐使節을 중심으로（韓国の近代外交制度研究——外交官署と常駐使節を中心に）」서울大学校外交学科博士論文，2000 年
김영숙「외무성 통상국장 하라 다카시（原敬）의 조선출장과 외교활동（外務省通商局長原敬の朝鮮出張と外交活動）」『日本学報』第 74 号，2008 年
金容九『세계관 충돌과 한말외교사（世界観衝突と韓末外交史），1866 ～ 1882』文学과知性社，2001 年）
金容九『임오군란과 갑신정변（壬午軍乱と甲申政変）』図書出版원，2004 年
金容九『万国公法』小花，2008 年
金容九『거문도와 블라디보스토크（巨文島とウラジオストック）』西江大学校出版部，2009 年
金容九「외교 개념 연구（外交概念研究）」『学術院論文集』第 50 集 1 号，2011 年
金容九・河英善共編『한국 외교사 연구（韓国外交史研究）』나남，1996 年
金源模「원세개의 한반도 안보책（1886）（袁世凱の韓半島安保策（1886））」『東洋学』第 16 輯，檀国大学交東洋学研究所，1986 年
金源模「朝美条約締結研究」『東洋学』第 22 輯，1992 年
金源模「이홍장의 열국입약통상권고책과 조선의 대응（1879～1881）——조미수교교섭을 중심으로（李鴻章の列国立約通商勧告策と朝鮮の対応（1879～1881）——朝米修交交渉を中心に）」『東洋学』第 24 輯，1994 年
金正起「서로전선（仁川—漢城—義州）의 가설과 반청의식의 형성（西路電線（仁川—漢城—義州）の架設と反清意識の形成）」『金哲埈博士華甲紀念史学論叢』知識産業社，1983 年
金正起「청주지선의 전선가설과 충청도 동학농민전쟁（清州支線の電線架設と忠清道東学農民戦争）」『湖西文化論叢』第 11 輯，1997 年
金鐘圓「조・중상민수륙무역장정에 대하여（朝・中商民水陸貿易章程について）」『歴史学報』32 輯，1966 年
金鐘憲「슈페이예르와 러시아공사 베베르의 조선내 외교활동—— 1884 ～ 1894（スペイエルとロシア公使ウェーベルの朝鮮内外交活動—— 1884 ～

1894)」洪熊活外著『수교와 교섭의 시기 한러관계（修交と交渉の時期韓露関係)』선인，2008年
金賢淑「구한말 고문관 데니（O. N. Denny: 德尼）의 반청외교활동의 성격과 경제개방정책（旧韓末顧問官デニーの反清外交活動の性格と経済開放政策)」『梨大史苑』第29集，1996年
金賢淑「구한말 고문관 데니의『청한론』분석（旧韓末顧問官デニーの『清韓論』分析)」『梨花史学研究』第23～24号，1997年
金賢淑「한말고문관 리젠드르의 화폐개혁안과 산업개발안——부국책을 중심으로（韓末顧問官リゼンドルの貨幣改革案と産業開発案——富国策を中心に)」『経済史学』第30巻1号，2001年
金賢淑「한말고문관　李善得（C. W. Le Gendre）의 근대화정책과 황권수호활동（韓末顧問官李善得（C. W. Le Gendre）の近代化政策と皇権守護活動)」韓国政治外交史学会『旧韓末顧問官研究』2001年2月28日発表資料
金賢淑「대한제국기 미국인 고문관 문서조사와 해제（大韓帝国期米国人顧問官文書調査と解題)」『美国所在韓国史資料調査報告』IV，国史編纂委員会，2004年
金賢淑「묄렌도르프（Möllendorff）의 외교정책과 경제개발정책의 성격（メレンドルフの外交政策と経済開発政策の性格)」『湖西史學』第34輯，2004年
金亨根「朝清商民水陸貿易章程의 개정 과정과 의미（朝清商民水陸貿易章程の改正過程と意味）（1882–1884)」高麗大学校韓国史学科修士論文，2011年
김흥수『한일관계의 근대적 개편 과정（韓日関係の近代的改編過程)』서울大学校出版文化院，2009年
董德模『한국의 개국과 국제관계（韓国の開国と国際関係)』서울大学校出版部，1980年
柳永益「조미조약（1882）과 초기 한미관계의 전개（朝米条約（1882）と初期韓米関係の展開)」『東洋学』第13輯，1983年
朴日根「한미수호조약으로 본 미・중의 대한외교정책——고종의 비밀외교를 중심으로（韓米修好条約からみた米中の対韓外交政策——高宗の秘密外交を中心に)」『韓国政治学会報』第11輯，1977年
朴日根『미국의 개국정책과 한미 외교관계（米国の開国政策と韓米外交関係)』一潮閣，1982年重版，初版1981年
朴漢珉「두모진 수세사건의 배경과 조일교섭（豆毛鎭収税事件の背景と朝日交渉)」高麗大学校韓国史学科修士論文，2009年
朴漢珉「1878년 두모진 수세를 둘러싼 조일 양국의 인식과 대응（1878年豆毛鎭収税をめぐる朝日両国の認識と対応)」『韓日関係史研究』第39輯，2011年

方香「開港後　한국의　対清通商交渉의 변화와　近代外交関係의 수립（開港後韓国の対清通商交渉の変化と近代外交関係の樹立）」延世大学校史学科博士論文，2013 年
夫貞愛「조선해관의 창설경위（朝鮮海関の創設経緯）」『韓国史論』1，1973 年
孫湞淑『한국 근대 주한 미국공사 연구（韓国近代駐韓米国公使研究）』韓国史学，2005 年
孫炯富「박규수의 대미개국론과 조미수교（朴珪寿の対米開国論と朝米修交）」『全北史学』第 10 輯，1986 年
宋炳基「김윤식・이홍장의 보정・천진회담――한미조약체결（1882）을 위한 조청교섭（金允植・李鴻章の保定・天津会談――韓米条約締結（1882）のための朝清交渉）」上・下『東方学志』第 45・46 輯，1984 年
宋炳基『近代韓中関係史研究―― 19 세기말의 연미론과 조청교섭（19 世紀末の連米論と朝清交渉）』檀大出版部，1985 年
申福龍・金雲卿訳註『묄렌도르프 자전（외）（メレンドルフ自伝（外））』집문당，1999 年
辛太甲「전신선의 가설문제를 통해서 본 한중관계（電信線の架設問題を通してみた韓中関係）」『考古歴史学誌』第 5 ～ 6 号，1990 年
相沙希子（아이 사키코）「부산항 일본인 거류지 연구（釜山港日本人居留地研究）（1876～1883）」高麗大学校韓国史学科修士論文，2006 年
安外順「개항전 조일관계와 대일정책――1864～1873 년을 중심으로（開港前朝日関係と対日政策――1864～1873 を中心に）」『東洋学』第 2 輯，1996 年
安外順「高宗의 初期（1864–1873）対外認識　変化와　新政――遣清回還使召見을 중심으로（遣清回還使召見を中心に）」『韓国政治学会報』30 輯 2 号，1996 年
安外順「대원군 집권기 권력구조에 관한 연구（大院君執権期権力構造に関する研究）」梨花女子大学校政治外交学科博士論文，1996 年
安鍾哲「친정전후 고종의 대외관과 대일정책（親政前後高宗の対外観と対日政策）」『韓国史論』第 40 号，1998 年
延甲洙「갑신정변 이전 국내 정치세력의 동향（甲申政変以前の国内政治勢力の動向）」『国史館論叢』第 93 輯，2000 年
延甲洙「조선의 문호개방과 근대화（朝鮮の門戸開放と近代化）」『東洋学』第 31 輯，2001 年
延甲洙『고종대 정치변동 연구（高宗代政治変動研究）』일지社，2008 年
殷丁泰「고종친정 이후 정치체제개혁과 정치세력의 동향（高宗親政以後の政治体制改革と政治勢力の動向）」『韓国史論』第 40 号，1998 年
李普珩「Shufeldt 제독과 1880 년의 조미교섭（Shufeldt 提督と 1880 年の朝・

米交渉)」『歴史学報』第 15 輯，1961 年
李普珩「이조말기에 있어서의 한국과 미국（李朝末期における韓国と米国)」『亜細亜研究』第 10 巻 2 号（通巻 26 号)，1967 年
李瑄根『朝鮮最近政治史』正音社，1950 年
李穂枝「함경도방곡령사건（1889～1893 년）과 조선에서의 일본의 세력확대（咸鏡道防穀令事件（1889～1893 年）と朝鮮における日本の勢力拡大)」梨花女子大学校政治外交学科修士論文，2002 年
五百旗頭薫（이오키베 카오루)「관세자주권의 회복을 둘러싼 리더십의 경합（関税自主権の回復をめぐるリーダーシップの競合）――메이지（明治）초년의 大隈重信와 寺島宗則」『東洋政治思想史』第 1 巻 2 号，2002 年
李憲柱「제 2 차 수신사의 활동과『朝鮮策略』의 도입（第 2 次修信使の活動と『朝鮮策略』の導入)」『韓国史学報』第 25 号，2006 年
李憲柱「1880 년대 초반 강위의 연미자강론（1880 年代初期姜瑋の聯美自強論)」『韓国近現代史研究』第 39 輯，2006 年
임경석・김영수・이항준共編『韓国近代外交事典』成均館大学校出版会，2012 年
電気通信事業八十年史編纂委員会編『電気通信事業八十年史』逓信部，1966 年
全在晟「‘사대’의 개념사적 연구（‘事大’の概念史的研究)」河英善・孫洌編『근대한국의 사회과학 개념 형성사（近代韓国の社会科学概念形成史)』2，창비，2012 年
鄭璣千「근대전기통신도입의 사상적 배경과 삼로전신선의 가설（近代電気通信導入の思想的背景と三路電信線の架設)」成均館大学校修士論文，1995 年
鄭台燮・韓成敏「개항후（1882～1894）청국의 치외법권행사와 조선의 대응（開港後（1882～1894）清国の治外法権行使と朝鮮の対応)」『韓国近現代史研究』43，2007 年
陳錤洪「韓国逓信史」高麗大学校民族文化研究所編『韓国文化史大系 III――科学技術史』1988 年（第 3 版）
崔徳壽외『조약으로 본 한국근대사（条約からみた韓国近代史)』열린책들，2010 年
崔文衡『한국을 둘러싼 제국주의열강의 각축（韓国をめぐる帝国主義列強の角逐)』知識産業社，2001 年
崔碩莞「제국의회개설기의 청일협조문제（1890～1893)（帝国議会開設期の清日協調問題（1890～1893))」『日本歴史研究』12 輯，2000 年
崔碩莞「근대 일본과 동아시아의 조공체제（近代日本と東アジアの朝貢体制)」河政植・兪長根編『근대 동아시아 국제관계의 변모（近代東アジア国際関係の変貌)』혜안，2002 年

崔碩莞「청일전쟁과 일본의 조선침략——조선보호권의 획득책의 정착（日清戦争と日本の朝鮮侵略——朝鮮保護権の獲得策の定着）」『韓日関係史研究論集』7，2005 年
崔泰鎬『개항전기의 한국관세제도（開港前期の韓国関税制度）』韓国研究院，1976 年
河英善・孫洌編『근대한국의 사회과학 개념 형성사（近代韓国の社会科学概念形成史）』2，창비，2012 年
河元鎬「개항후 방곡령실시의 원인에 관한 연구（開港後防穀令実施の原因に関する研究）」上・下，『韓国史研究』49，50・51 合集，1985 年
河政植・兪長根編『근대 동아시아 국제관계의 변모（近代東アジア国際関係の変貌）』혜안，2002 年
韓国書誌事業会編『旧韓末古文書解題目録』韓国図書館協会，1970 年
韓国歴史研究会編『1894 년 농민전쟁 연구（1894 年農民戦争研究）』3，歴史批評社，1993 年
韓国政治外交史学会編『한국외교사（韓国外交史）』I，集文堂，1993 年
韓圭茂「19 세기 청・조선간 종속관계의 변화와 그 성격（19 世紀清・朝鮮間宗属関係の変化とその性格）」河政植・兪長根編『근대 동아시아 국제관계의 변모（近代東アジア国際関係の変貌）』혜안，2002 年
韓承勳「조영조약（1883.11）과 불평등조약체제의 재정립（朝英条約（1883.11）と不平等条約体制の再定立）」『韓国史研究』135 集，2006 年
韓佑劤「개항당시의 위기의식과 개화사상（開港当時の危機意識と開化思想）」『韓国史研究』2 号，1968 年
韓佑劤『한국개항기의 상업연구（韓国開港期の商業研究）』一潮閣，1970 年
韓哲昊「開化期（1887–1894）주일조선공사의 파견과 활동（駐日朝鮮公使の派遣と活動）」『韓国文化』27，2001 年
韓哲昊『한국근대개화파와 통치기구 연구（韓国近代開化派と統治機構研究）』선인，2009 年
許東賢「1881 년 朝鮮朝士日本視察団에 관한 一研究——“聞見事件類”과《随聞録》을 중심으로（1881 年朝鮮朝士日本視察団に関する一研究——“聞見事件類”と《随聞録》を中心に）」『韓国史研究』52，1986 年
許東賢『近代韓日関係史研究——조사시찰단의 일본관과 국가구상（朝士視察団の日本観と国家構想）』国学資料院，2000 年
洪熊浩외『수교와 교섭 시기의 한러관계（修交と交渉の時期の韓露関係）』선인，2008 年

中国語

孔祥吉・村田雄二郎編『中島雄其人與《往復文信目録》——日本駐京公使館與總理衙門通信目録（1874–1899）』北京：国家図書館出版社，2009年

林明徳『袁世凱與朝鮮』台北：中央研究院近代史研究所，1970年

王信忠『中日甲午戦争之外交背景』国立清華大学，1937年

徐万民『中韓関係史』北京：社会科学文献出版社，1996年（전홍석，진전바오訳『근대편 중한 관계사』일조각，2009年）

英語

Conroy, Hilary, *The Japanese Seizure of Korea 1868–1910*, Philadelphia: University of Pennsylvania Press, 1960.

Fairbank, John King ed, *The Chinese World Order*, Cambridge: Harvard University Press, 1968.

Kim, Key-Hiuk, *The Last Phase of the East Asian World Order: Korea, Japan, and the Chinese Empire, 1860–1882*, Berkeley: University of California Press, 1980.

Larsen, Kirk W., *Tradition, Treaties, and Trade Qing Imperialism and Choson Korea, 1850–1910*, Cambridge and London: Harvard University Asia Center, 2008.

Lee, Yur-Bok, *West goes East*, Honolulu: University of Hawaii Press, 1988.

Lensen, George Alexander, *Balance of Intrigue*, Tallahassee: University Press of Florida, 1982.

Malozemoff, Andrew, *Russian Far Eastern Policy 1881–1904*, University of California Press, 1958（석화정訳『러시아의 동아시아 정책』지식산업사，2002年）.

Patterson, Wayne, *In the Service of His Korean Majesty: William Nelson Lovatt, the Pusan Customs, and Sino-Korea Relations, 1876–1888*, Berkeley: University of California, 2012.

Paullin, Charles Oscar, “The Opening of Korea by Commodore Shufeldt,” *Political Science Quarterly*, 25–3, 1910.

Senghaas, Dieter, *The Clash within Civilizations*, London and New York: Routledge, 2002.

Swartout, Jr, Robert R., *Mandarins, Gunboats, and Power Politics: Owen Nickerson Denny and the International Rivalries in Korea*, Honolulu: The University Press of Hawaii, 1980.

Tsiang, T. F., “Sino-Japanese Dipolmatic Relations, 1870–1894,” *The Chinese Social and Political Science Review*, Vol. XVII, No. 1, April, 1933.

年号対照表

西暦	干支	韓国王号	朝鮮開国年号	日本年号	中国年号
1864	甲子	高宗 1 年	開国 473 年	元治 1 年	同治 3 年
1865	乙丑	高宗 2 年	開国 474 年	慶應 1 年	同治 4 年
1866	丙寅	高宗 3 年	開国 475 年	慶應 2 年	同治 5 年
1867	丁卯	高宗 4 年	開国 476 年	慶應 3 年	同治 6 年
1868	戊辰	高宗 5 年	開国 477 年	明治 1 年	同治 7 年
1869	己巳	高宗 6 年	開国 478 年	明治 2 年	同治 8 年
1870	庚午	高宗 7 年	開国 479 年	明治 3 年	同治 9 年
1871	辛未	高宗 8 年	開国 480 年	明治 4 年	同治 10 年
1872	壬申	高宗 9 年	開国 481 年	明治 5 年	同治 11 年
1873	癸酉	高宗 10 年	開国 482 年	明治 6 年	同治 12 年
1874	甲戌	高宗 11 年	開国 483 年	明治 7 年	同治 13 年
1875	乙亥	高宗 12 年	開国 484 年	明治 8 年	光緒 1 年
1876	丙子	高宗 13 年	開国 485 年	明治 9 年	光緒 2 年
1877	丁丑	高宗 14 年	開国 486 年	明治 10 年	光緒 3 年
1878	戊寅	高宗 15 年	開国 487 年	明治 11 年	光緒 4 年
1879	己卯	高宗 16 年	開国 488 年	明治 12 年	光緒 5 年
1880	庚辰	高宗 17 年	開国 489 年	明治 13 年	光緒 6 年
1881	辛巳	高宗 18 年	開国 490 年	明治 14 年	光緒 7 年
1882	壬午	高宗 19 年	開国 491 年	明治 15 年	光緒 8 年
1883	癸未	高宗 20 年	開国 492 年	明治 16 年	光緒 9 年
1884	甲申	高宗 21 年	開国 493 年	明治 17 年	光緒 10 年
1885	乙酉	高宗 22 年	開国 494 年	明治 18 年	光緒 11 年
1886	丙戌	高宗 23 年	開国 495 年	明治 19 年	光緒 12 年
1887	丁亥	高宗 24 年	開国 496 年	明治 20 年	光緒 13 年
1888	戊子	高宗 25 年	開国 497 年	明治 21 年	光緒 14 年
1889	己丑	高宗 26 年	開国 498 年	明治 22 年	光緒 15 年
1890	庚寅	高宗 27 年	開国 499 年	明治 23 年	光緒 16 年
1891	辛卯	高宗 28 年	開国 500 年	明治 24 年	光緒 17 年
1892	壬辰	高宗 29 年	開国 501 年	明治 25 年	光緒 18 年
1893	癸巳	高宗 30 年	開国 502 年	明治 26 年	光緒 19 年
1894	甲午	高宗 31 年	開国 503 年	明治 27 年	光緒 20 年
1895	乙未	高宗 32 年	開国 504 年	明治 28 年	光緒 21 年

略年表

1876. 2.26	日朝修好条規調印
1876. 5	第一次修信使（正使金綺秀）渡日
8.24	日朝修好条規附録・修好条規附録ニ附属スル通商章程調印
1878.10	釜山海関収税事件
1880. 8	第二次修信使（正使金弘集）渡日
1881. 1	統理機務衙門新設
5	朝士視察団渡日
10	第三次修信使（正使趙秉鎬）渡日
11	朝鮮，領選使金允植と留学生らを清国に派遣
1882. 5.22	朝米修好通商条約調印
6. 6	朝英修交通商条約調印
7.23	壬午軍乱
8.30	済物浦条約・日朝修好条規続約調印
9	特命全権大臣兼修信使朴泳孝を日本に派遣
10	朝清商民水陸貿易章程成立
1883. 3. 3	釜山口設海底電線条款（日朝海底電線設置条約）調印
7.25	日朝通商章程・日朝通商章程続約調印
1884.12. 4	甲申政変
1885. 1. 9	漢城条約調印（日朝）
4.18	天津条約調印（日清）
7.17	義州電線合同（朝清電線条約）調印
12.21	日朝海底電線設置条約続約調印
1889.11	咸鏡道防穀令事件
1893. 5	日本が朝鮮に最後通告，防穀賠償交渉妥結
1894. 7	日清戦争

＊上記年表は本書に出てくる内容を中心にまとめたものである。日付はすべて西暦。